Stephan Pflicht
Musical-Führer

Serie Musik
ATLANTIS · SCHOTT
Band 8365

Die Musical Comedy, kurz Musical genannt und um 1900 in den USA entstanden, hat sich auch im deutschsprachigen Raum seit Mitte des letzten Jahrhunderts zu einer der beliebtesten Bühnengattungen entwickelt. Musicals wie *West Side Story* und *My Fair Lady* sind längst Allgemeingut geworden, später feierten die europäischen Produktionen von *Cats* bis *Ludwig II.* Erfolge. Zusätzliche Popularität verschaffte der Film, zumeist nach Broadway-Stücken, dem Genre. In diesem Buch werden über einhundert der wichtigsten Musicals aus dem Repertoire von Bühne, Film, Fernsehen und Tonträgern vorgestellt. Der Leser findet Angaben zu Autoren und Komponisten, Handlung und Personen, Premiere und deutscher Erstaufführung sowie ein Verzeichnis der Aufnahmen und Verfilmungen.

Stephan Pflicht, geboren 1936 in Danzig; Studium der Theaterwissenschaft, Germanistik, Geschichte, Musikwissenschaft und Soziologie in München, Mainz und Köln; Promotion. Lebt als freischaffender Autor in München. Zahlreiche Veröffentlichungen und Rundfunksendungen zur Geschichte von Theater, Film, Kabarett, Chanson und Unterhaltungsmusik.

Stephan Pflicht

Musical-Führer

Die erfolgreichsten Musicals von A bis Z

Atlantis Musikbuch-Verlag

SERIE MUSIK ATLANTIS · SCHOTT

Die von Christoph Brehler und Tilman Frege verfaßten Nachträge im Werkteil sind mit den Initialen CB bzw. TF gekennzeichnet.

ISBN 3-254-08365-2

8. Auflage 37.–40. Tausend Oktober 2001
Umschlag: Szenenfoto aus dem Musical *Cats*, Stuttgart 2001
(Foto: Brinkhoff/Mögenberg, Hamburg)
Printed in Germany · BSS 48993

Inhalt

Vorwort

Nach der Katastrophe des Zweiten Weltkriegs ergab sich für den deutschsprachigen Raum, der mit Ausnahme der Schweiz über ein Jahrzehnt von allen wichtigen internationalen Kulturentwicklungen abgeschnitten war, ein umfassender Nachholbedarf. Moderne fremdsprachige Literatur erschien erstmals wieder auf dem deutschen Buchmarkt. Jazz und moderne Tanz- und Unterhaltungsmusik eroberten rasch das deutsche Publikum. Zeitgenössische moderne bildende Kunst und internationale Spitzenfilme fanden begeisterte Resonanz. Auf dem Gebiet des Theaters wurde dieser Nachholbedarf zunächst vor allem von der Sprechbühne gedeckt. Im Musiktheater, das seit den dreißiger Jahren gewaltsam von allen internationalen Entwicklungstendenzen isoliert war, setzten Neuorientierungen und Neuentwicklungen später, dann aber um so nachhaltiger ein. Dabei wurde das deutsche Publikum mit Novitäten konfrontiert, die im Grunde gar nicht so neu waren, sondern mit denen sich das deutsche Musiktheater in den zwanziger Jahren schon einmal fruchtbar auseinandergesetzt hatte und deren kontinuierliche Weiterentwicklung uns über ein Jahrzehnt lang vorenthalten worden war. Das gilt auch für den amerikanischen Musikfilm und für das klassische und moderne amerikanische Musical. Um diesen Nachholbedarf auszugleichen und ein Anknüpfen an die internationale Entwicklung zu ermöglichen, haben sich vor allem das Bayerische Staatstheater am Gärtnerplatz in München, die Wiener Volksoper, dann auch das Theater an der Wien, das Berliner Theater des Westens, das Hamburger Operettenhaus, das Deutsche Theater in München und bald auch andere Bühnen mit vielen deutschsprachigen Erstaufführungen und vorbildlichen Produktionen amerikanischer Musicals große Verdienste erworben. Damit wurde einem breiten Publikum das amerikanische Musical-Repertoire nahegebracht und eine deutsche Eigenentwicklung vorbereitet, die dann vor allem das Gelsenkirchener Musiktheater im Revier zu zahlreichen Experimenten eines modernen deutschen Musicalschaffens ermunterte.

In der deutschsprachigen Literatur über das Musical hat dann Siegfried Schmidt-Joos 1965 erstmals den Versuch unternommen, eine Bestandsaufnahme der amerikanischen Musical-Entwicklung vorzunehmen.

Heute hat das deutschsprachige Musical-Theater die Sprechbühne überrundet. Neueste Statistiken belegen, daß in der Spielzeit 1977/78 die Besucherzahlen des Schauspiels zurückgingen, während sie für den Bereich des Musicals zunahmen. Das gilt ebenso für Inszenierungen großer amerikanischer Erfolgsmusicals wie für Neuschöpfungen. Daraus ergibt sich die Notwendigkeit einer erneuten Bestandsaufnahme, die zugleich dem Theaterbesucher Hilfestellung leistet, das einzelne Werk und seinen Komponisten besser verstehen und in die Gesamtentwicklung einordnen zu können. Zwangsläufig schloß die Arbeit an einem solchen neuen Musical-Führer die Rezeption der jüngsten Entwicklung ein, da man inzwischen im deutschsprachigen Raum durchaus von einem vielfältigen Interesse am Musical sprechen kann.

Das Auswahlprinzip des vorliegenden Buches geht davon

aus, neben den klassischen amerikanischen Musicals vor allem die Werke und Komponisten zu berücksichtigen, die im deutschsprachigen Theater heimisch geworden sind und oft auch durch den Film allgemein bekannt wurden. Dabei blieben Formprobleme dieses Genres unberücksichtigt. Es kann nicht Aufgabe eines Musical-Führers sein, darüber zu befinden, was ein Musical in seiner formalen Struktur ist und was es einerseits von der Operette und andererseits von der Revue unterscheidet. Gewiß bedarf es noch vieler musik- und theaterwissenschaftlicher Einzeluntersuchungen, um eindeutige Abgrenzungen definieren zu können, die ohnehin für die Theaterpraxis nur von sekundärer Bedeutung sind. Wesentlicher für das lebendige Theater ist seine auch für das musikalische Unterhaltungstheater gültige Kultur- und Bildungsfunktion. Das schließt die ganze musikalische und stoffliche Vielfalt dieses Genres von zeit- und gesellschaftskritischen Werken bis zu solchen Musicals ein, die primär Entspannung, Heiterkeit und Lebensfreude vermitteln. So stehen Werke wie »Show Boat«, »Anatevka«, »Pajama Game«, »Hair«, »Pippin« oder »Evita« gleichberechtigt neben »No, No, Nanette«, »Lady Be Good«, »Funny Face«, »Kiss Me, Kate«, »Hello, Dolly« oder »Gigi«.

Über die allgemein üblichen Angaben hinaus liefert der neue Musical-Führer Informationen, die den spezifischen Gegebenheiten dieses von Amerika nach Europa übertragenen Genres entsprechen. Das gilt besonders für die Angaben über Buchautor und Songtexter, Regisseur, den Choreographen und den Produzenten der ersten Broadway-Aufführung sowie für die Hinweise auf Verfilmungen und Schallplattendokumentationen. Dabei ist anzumerken, daß die amerikanische Theaterpraxis ein Werk erst dann als gültig anerkennt, wenn es am Broadway herausgekommen ist. Die meisten Stücke werden vorher »on the road« in sogenannten Tryouts in der Provinz ausprobiert. Je nach Publi-

kumsresonanz ist das Stück dann gestorben oder wird nach mehr oder weniger einschneidenden Veränderungen am Broadway herausgebracht. Im Gegensatz zur europäischen Theaterpraxis gilt dann die erste Broadway-Aufführung als Uraufführung. Dieses Datierungsprinzip wurde von den amerikanischen Musical-Chronisten übernommen. Aus dieser grundsätzlich anderen Theaterpraxis und Theaterchronik ergeben sich oft Mißverständnisse und widersprüchliche Datierungen in deutschen Publikationen. Besonders problematisch ist dieses Prinzip bei den sogenannten Off-Broadway-Produktionen, die außerhalb des streng abgegrenzten Broadway-Bereichs herauskommen und dann später in ein Broadway-Theater überwechseln. So ist beispielsweise das Musical »Hair« 1967 als Off-Broadway-Produktion im Public Theatre herausgekommen und erschien dann erst 1968 am Broadway. Die ausschließlich auf den Broadway konzentrierte Theatergeschichtsschreibung geht so weit, daß Werke, die nicht am Broadway erschienen, jedoch in London oder Tokio erfolgreich waren, sogar dann ignoriert werden, wenn es sich um bedeutende amerikanische Musicalkomponisten handelt.
Um unnötige Verwirrungen zu vermeiden, wurde im vorliegenden Buch das amerikanische Datierungsprinzip übernommen und bei Broadway-Produktionen als Uraufführungsdatum jeweils die erste Broadway-Aufführung angegeben. Bei den Biographien der Komponisten wurde jedoch von der starren Broadway-Fixierung der amerikanischen Chronisten abgesehen und auch solchen Werken Rechnung getragen, die außerhalb des Broadways herauskamen.
Eine andere Problematik ergibt sich für den deutschen Chronisten daraus, daß bei Übersetzungen oft mehr oder weniger gravierend vom Original abgewichen wird, das Handlungsgefüge und die Musikfolge verändert und nicht selten auch Musiknummern gestrichen und durch Nummern

aus anderen Werken des gleichen Komponisten ersetzt werden. Da diese Eingriffe meistens nicht gekennzeichnet sind, war der Vergleich mit dem jeweiligen Original unerläßlich. Die Inhaltsangaben des vorliegenden Buches sowie die Personen der Handlung und ihre Schreibweisen und auch die Nummernfolgen der Songs sind jeweils an den Originalen orientiert.

Ich habe den Prozeß der Einbürgerung des amerikanischen Musicals im deutschsprachigen Raum sowie die verschiedenen Entwicklungstendenzen des modernen europäischen Musicals von den ersten Anfängen bis zur unmittelbaren Gegenwart nicht nur aus persönlicher Anteilnahme miterlebt. In meiner Eigenschaft als Autor musikdokumentarischer Rundfunksendungen konnte ich zugleich die Theaterpraxis und das Aufführungsniveau anderer Länder kennenlernen und als Musikreporter auch speziell über die Musical-Entwicklung in der DDR berichten und ihre wichtigsten Ergebnisse hier erstmals berücksichtigen. Diese ständige Auseinandersetzung mit dem zeitgenössischen Musical-Theater veranlaßte mich zum systematischen Sammeln von Musical-Schallplatten. Die Discographie des vorliegenden Buches stützt sich im wesentlichen auf diese Sammlung. Dabei ist zu bedauern, daß die von der amerikanischen Schallplattenindustrie vorbildlich gepflegte Musical-Dokumentation keine deutsche Entsprechung hat.

Die beachtliche Zahl von 82 Werken und 54 Komponisten, die im vorliegenden Buch behandelt werden, zeugt davon, daß es heute in den deutschsprachigen Ländern ein vielseitiges Musical-Theater gibt. Gewiß wird sich die hier fixierte Theatersituation immer wieder verändern, aber das liegt in der Natur jeder lebenskräftigen Kunstgattung, die sich kontinuierlich entwickelt, ihren Höhepunkt erreicht und dann wieder abstirbt, um neuen Formen des ewig lebendigen Musiktheaters zum Durchbruch zu verhelfen.

Das vorliegende Buch ist nicht zuletzt auch das Ergebnis unvergeßlicher Theatererlebnisse und persönlicher Begegnungen mit Exponenten des Musical-Theaters, mit Komponisten, Textdichtern, Intendanten, Regisseuren, Dirigenten und Darstellern, die in freundschaftlichen Gesprächen und Interviews meine Arbeit unterstützt haben und denen ich hiermit danken möchte. Das gilt vor allem für die Intendanten Rolf Kutschera, Kurt Pscherer, Karl Vibach und Günter Könemann, für die Komponisten Mischa Spoliansky, Franz Grothe, Peter Kreuder, Charles Kalman, Lotar Olias, Charly Niessen, Paul Kuhn, Gerd Natschinski und Guido Masanetz, für die Textdichter Robert Gilbert, Günther Schwenn, Max Colpet, Marcel Prawy und Jürgen Degenhardt, für Franz Allers, den Dirigenten vieler Musical-Uraufführungen, sowie für die Altmeister des musikalischen Unterhaltungstheaters Johannes Heesters, Joséphine Baker, Zarah Leander, Hans Albers, Marika Rökk, Greta Keller, Lilli Palmer, Hildegard Knef, Hanne Wieder, Helen Vita, Walter Slezak, Sári Barabás und Harry Friedauer.
Meinen Dank auch dem Ensemble der Londoner »Show Boat«-Produktion von 1971 für viele instruktive Gespräche, insbesondere dem Musikdirektor Ray Cook und den Interpreten Lorna Dallas, André Jobin und Cleo Laine, sowie dem amerikanischen Songwriter, Entertainer und Produzenten Rod McKuen, der diese Londoner Produktion als erste Schallplatten-Gesamtaufnahme des Musicals »Show Boat« herausgebracht hat.
Zugleich bin ich den Broadway-Chronisten Stanley Green, Gerald Bordman, Cecil Smith, David Ewen und Miles Kreuger zu Dank verpflichtet, deren Arbeiten meinem Buch außerordentlich dienlich waren.
Sehr herzlich danke ich auch meinem Rundfunk-Mentor Jimmy Jungermann und meinem Kollegen Rainer Wallraf, dem Musicalspezialisten des Bayerischen Rundfunks, für

ihre verständnisvolle Unterstützung meiner Arbeit. Auch den Musik- und Bühnenverlagen, den Dramaturgen der deutschen und österreichischen Theater, dem Schallarchiv und der Notenbibliothek des Bayerischen Rundfunks sowie den Schallplattenfirmen habe ich für tatkräftige Hilfe zu danken.
Besonders herzlich danke ich vor allem dem Schriftsteller Günter Pössiger, der mein Theater- und Musikinteresse seit fast drei Jahrzehnten freundschaftlich fördert und mir auch hier zur Seite stand.

Dr. Stephan Pflicht

Die Werke

Anatevka
Fiddler on the Roof

Nach den Tevje-Geschichten von Scholem Alejchem
Buch von Joseph Stein
Gesangstexte von Sheldon Harnick
Musik von Jerry Bock

New York, Imperial Theatre, 22. September 1964

Produzent	Harold Prince
Regie und Choreographie	Jerome Robbins

Deutschsprachige Fassung von Rolf Merz
Hamburg, Operettenhaus, 1. Februar 1968

Mimos-Verlag, Arlesheim/Basel

Deutschsprachige Fassung von Johannes Felsenstein
unter dem Titel »Der Fiedler auf dem Dach«
Berlin, Komische Oper, 26. Januar 1971

PERSONEN Tevje, der Milchmann – Golde, seine Frau – Zeitel, Hodel, Chava, Sprintze und Bielke, ihre Töchter – Oma Zeitel, Goldes verstorbene Großmutter – Jente, Heiratsvermittlerin – Mottel Kamzoil, Schneider – Schandel, seine Mutter – Perchik, Student – Lazar Wolf, Metzger – Fruma Sarah, seine verstorbene erste Frau – Motschach, Gastwirt – Der Rabbi – Mendel, dessen Sohn – Awram, Buchhändler – Jussel, Hutmacher – Nachum, Bettler – Der Wachtmeister – Fedja, ein junger Russe – Ein russischer Sänger – Der Fiedler auf dem Dach – Dorfbewohner und russische Miliz

ORT UND ZEIT Anatevka, ein kleines ostjüdisches Dorf in der russischen Ukraine, kurz vor Ausbruch der revolutionären Unruhen von 1905

In diesem Musical wird das von dem Maler Marc Chagall phantasievoll gestaltete volkstümliche Leben der Ostjuden im alten Rußland zur Bühnenwirklichkeit. Um sich als Minderheit in der politisch gärenden Umwelt behaupten zu können, hält die jüdische Dorfgemeinde von Anatevka eng zusammen und pflegt die alten Traditionen, Sitten und Bräuche. Der Milchmann Tevje lebt von einem Tag zum andern in der ständigen Hoffnung, daß es für ihn, seine Frau Golde und seine fünf Töchter einmal bessere Zeiten geben wird. Trotzdem ist er voller Güte, Humor und Lebensfreude. Mutter Golde möchte ihre Töchter gut verheiraten. Die Wirklichkeit steht allerdings im konfliktreichen Gegensatz zu ihren ehrgeizigen Plänen. So hat Tevje seine älteste Tochter Zeitel dem verwitweten reichen Metzger Lazar Wolf versprochen, doch sie hat sich bereits mit dem armen Schneider Mottel heimlich verlobt. Tevje fühlt sich in seiner väterlichen Autorität verletzt, gibt aber schließlich nach. Mit Hilfe einer List gelingt es ihm, auch seine Frau davon zu überzeugen, daß Zeitel nicht durch Reichtum, sondern durch diese Liebesheirat glücklich werden wird. Die zweite Tochter Hodel liebt den revolutionären Studenten Perchik, dem Tevje väterlich zugetan ist, obwohl er die Familie mit den politischen Unruhen in Rußland konfrontiert. Als Perchik nach Sibirien verbannt wird, geht Hodel mit ihm. Tevjes dritte Tochter Chava heiratet gegen den Willen des Vaters den Russen Fedja, mit dem sie sich christlich trauen läßt. Ohne Erfolg bemüht sich Chava um eine Aussöhnung mit dem Vater, der für ihren Glaubensverrat kein Verständnis hat. Das weitere Familienschicksal entscheiden dann die Ereignisse der russischen Judenpogrome. Als es auch in Anatevka zu provozierten Ausschreitungen zwischen Russen und Juden kommt, benutzt die zaristische Regierung diesen Vorwand zur Ausweisung der Juden. Mit wenigen Habseligkeiten verlassen sie ihre Heimat. Zeitel und Mottel

Shmuel Rodensky in »Anatevka«
Hamburg, Operettenhaus (1968)

ziehen nach Warschau, Chava und Fedja nach Krakau. Tevje emigriert mit seiner Frau Golde und den beiden jüngsten Töchtern nach Amerika.

SONGS Tradition – Matchmaker (Jente, o Jente) – If I Were a Rich Man (Wenn ich einmal reich wär) – Sabbath Prayer (Sabbat-Gebet) – To Life (Zum Wohl) – Tevye's Dream (Tevjes Traum) – Sunrise, Sunset (Jahre kommen, Jahre gehen) – Now I Have Everything (Nun hab ich, was ich will) – Do You Love Me (Ist es Liebe) – Far from the Home I Love (Abschied vom Elternhaus) – Anatevka

⊙ Original Broadway-Besetzung
mit Zero Mostel, Maria Karnilova, Joanna Merlin, Julia Migenes, Tanya Everett, Beatrice Arthur, Austin Pendleton, Bert Convy, Michael Granger, Sue Babel, Carol Sawyer, Leonard Fry und Paul Lipson
Orchester und Chor unter Leitung von Milton Greene
RCA RECORDS

Schallplatten-Besetzung
mit Robert Merrill, Molly Picon, Sylvia King, Barbara Moore, Patricia Whitmore, Mary Thomas, Margaret Eaves, Margaret Savage, James Tullett, Robert Bowman, Andy Cole und Eddie Lester
Orchester und Chor unter Leitung von Stanley Black
LONDON RECORDS

Schallplatten-Besetzung
mit Bernard Spear, Stella Moray, Lorraine Smith, Margaret Vickers, Mary Murphey, Peter Reeves und Tony Adams
Orchester und Chor unter Leitung von Alyn Ainsworth
EMI RECORDS – MFP

Original-Besetzung Hamburg, Operettenhaus
mit Shmuel Rodensky, Lilly Towska, Eva Berthold/Marion Maar, Ute Hertz/Sigrun Kiesewetter, Dagmar Laurens/Irmgard Jedamzik, Marianne Hachfeld, Haide Lorenz, Herbert Dubrow, Michael Rüth, Rolf Arndt, Josta Hoffmann, Peter Drescher, Erich Uhland, Julius Skoda und Walter Grüters
Orchester und Chor unter Leitung von Dalibor Brazda
TELDEC Telefunken-Decca

Original-Besetzung Wien, Theater an der Wien (1969)
mit Yossi Yadin, Lya Dulizkaya, Eva Pilz, Sylvia Anders, Ursela Monn, Grita Kral, Gretl Elb, Peter Fröhlich, Hermann Schmid, Rudolf Wasserlof, Dany Sigel, Walter Varndal, Heinz Zuber, Peter Göller, Hubert Tscheppe und Ted Gärtner
Orchester und Chor unter Leitung von Johannes Fehring
PREISER RECORDS

Melodienfolge
mit Shmuel Rodensky, Liesel Dieden und Peter Frankenfeld
Orchester und Chor unter Leitung von Werner Twardy
EMI Electrola

Original Film-Soundtrack
mit Chaim Topol, Norma Crane, Rosalind Harris, Michèle Marsh, Neva Small, Patience Collier, Ruth Madoc, Molly Picon, Leonard Frey, Michael Glaser, Paul Mann, Shimen Ruskin und Barry Dennen
Orchester und Chor unter Leitung von John Williams
UNITED ARTISTS RECORDS

Film-Soundtrack der deutschsprachigen Synchronisation
(Dialoge und Gesangstexte von Rolf Merz und Marcel Valmy)
mit Yossi Yadin, Lya Dulizkaya, Eva Pilz, Sigrun Kiesewetter, Inge Brück, Margit Weinert, Alice Franz, Peter Fröhlich, Peter Cornehlsen, Erik Jelde, Klaus W. Krause, Ulf Söhmisch und John van Kesteren
Orchester und Chor unter Leitung von Bert Grund
UNITED ARTISTS RECORDS

FILM United Artists (1971)
Regie: Norman Jewison
Choreographie: Jerome Robbins

Annie Get Your Gun

Buch von Herbert und Dorothy Fields
Musik und Gesangstexte von Irving Berlin

New York, Imperial Theatre, 16. Mai 1946

Produzenten	Richard Rodgers und Oscar Hammerstein II
Regie	Joshua Logan
Choreographie	Helen Tamiris

Deutschsprachige Fassung von Marcel Prawy
Wien, Volksoper, 27. Februar 1957

Deutschsprachige Fassung von Robert Gilbert
Berlin, Theater des Westens, 5. September 1963

Bühnenverlag Felix Bloch Erben, Berlin

PERSONEN Buffalo Bill – Frank Butler, Meisterschütze – Annie Oakley – Minnie, Jessie, Nellie und Jake, ihre Geschwister – Charlie Davenport – Dolly Tate – Winnie, ihre Tochter – Tommy Keeler – Mac, Requisiteur – Sitting Bull, Sioux-Häuptling – Schanghai Bill – Foster Wilson, Hotelbesitzer – Ein Eisenbahnschaffner, Cowboys und -girls, Indianer, Artisten, Partygäste, Kellner, Kinder und Show-Publikum
ORT UND ZEIT Amerika um dic Jahrhundertwende

Howard Keel, Betty Hutton und Louis Calhern
in dem Film »Annie Get Your Gun« (1949)

Frank Butler ist Meisterschütze von Buffalo Bills Wildwest-Show, die von Stadt zu Stadt durch Amerika zieht und sich aus bescheidenen Anfängen zur Weltattraktion entwikkelt. In einem kleinen Ort bei Cincinnati lernt Frank die junge Annie Oakley kennen, die mit ihren Geschwistern in armseligen Verhältnissen lebt und deren Leidenschaft das Schießen ist. Sie verliebt sich sofort in Frank und tritt dann bei einem Wettschießen siegreich gegen ihn an. Das verhilft ihr zu einem Engagement in der Wildwest-Show. Auch Frank fühlt sich zu Annie hingezogen, wacht aber eifersüchtig darüber, daß sie nicht zu groß herausgestellt wird. Als es dann im Staate Minnesota zu einem gleichzeitigen Gastspiel von Buffalo Bill und dem konkurrierenden Unternehmen von Schanghai Bill kommt, wagt Annie kühne Kunststücke, um die Konkurrenz zu übertrumpfen. Sie hat damit einen so sensationellen Erfolg, daß sich sogar der berühmte Sioux-Häuptling Sitting Bull der Truppe Buffalo Bills anschließt. Durch Annie in seinem Ehrgeiz verletzt, wechselt Frank zu Schanghai Bill über. Während er nun als Star der Truppe von Schanghai Bill in Amerika Triumphe feiert, geht Buffalo Bills Show mit Annie Oakley und Sitting Bull auf eine große Europa-Tournee, die Annie viele Orden und Ehrungen einbringt. Nach Amerika zurückgekehrt, fusionieren die beiden Unternehmen, und so ist eine Auseinandersetzung zwischen Frank und Annie unausweichlich. Es kommt zu einem Schießduell, das Annie verliert, da Sitting Bull das Visier von Annies Gewehr heimlich verstellt hat, um den beiden Liebenden zu einer Versöhnung zu verhelfen. Damit ist Franks Renommee als Meisterschütze gerettet, und Annie wird seine Frau.

SONGS Colonel Buffalo Bill (Oberst Buffalo Bill) – I'm a Bad, Bad Man (Bin ein Bösewicht) – Doin' What Comes Natur'lly (Weil es ganz von selber geht) – The Girl That I Marry (Die Frau meiner Träume) – You Can't Get a Man with a Gun (Am Schießeisen beißt keiner an) – There's No Business Like Show Business – They Say It's Wonderful (Man sagt, verliebt sein, das wäre wundervoll) – Moonshine Lullaby (Schlummerpunsch) – I'll Share It All with You (Alles teil' ich mit dir) – My Defenses Are Down (Ich bin wehrlos vor ihr) – I'm an Indian Too (Weil ich immerhin Indianerin bin) – I Got Lost in His Arms (Als der Mond purpurrot wie Burgunder war) – Who Do You Love, I Hope (Zufällig trifft man sich) – I Got the Sun in the Morning (Ich habe die goldne Sonne und den Silbermond) – Anything You Can Do, I Can Do Better (Alles, was du kannst, das kann ich viel besser)

⊙ Original Broadway-Besetzung
mit Ethel Merman und Ray Middleton
Orchester und Chor unter Leitung von Jay Blackton
MCA RECORDS / DECCA RECORDS

Original-Besetzung London, Coliseum (1947)
mit Dolores Gray
STANYAN RECORDS

Original TV-Soundtrack (1958)
mit Mary Martin
CAPITOL RECORDS

Original-Besetzung New York, Lincoln Center (1966)
mit Ethel Merman,Bruce Yarnell, Rufus Smith, Jerry Orbach, Benay Venuta und Ron Carroll
Orchester und Chor unter Leitung von Franz Allers
RCA RECORDS

Schallplatten-Besetzung
mit Ethel Merman und Neilson Taylor
LONDON/DECCA RECORDS

Schallplatten-Besetzung
mit Doris Day, Robert Goulet, Leonard Stokes, Renée Winters und Kelly Brown
Orchester und Chor unter Leitung von Franz Allers
COLUMBIA RECORDS – CBS

Melodienfolge
mit Maggie Fitzgibbon und Gordon Boyd
ARIOLA EURODISC / EMI RECORDS – WRC

Original-Besetzung Berlin, Theater des Westens
mit Heidi Brühl, Robert Trehy, Walter Suessenguth, Edgar Walther, Colette Warren, Helmut Wallner, Ilja Richter, Oscar Sabo jr., Hans Meissner, Horst Hesse und Roland Frank
Orchester und Chor unter Leitung von Franz Allers
PHONOGRAM – Philips

Melodienfolge
mit Margot Eskens, Heinz Hoppe, Wolfgang Anheisser und Wolfgang Kieling
Orchester und Chor unter Leitung von Heinz Geese
POLYDOR

Melodienfolge
mit Rita Paul und Sven Martin
Orchester und Chor unter Leitung von Franz Allers, Heinz Alisch und Heinz Noack
PHONOGRAM – Philips

Melodienfolge
mit Nana Gualdi und Bruce Low
Orchester und Chor unter Leitung von Charles Nowa
ARIOLA-EURODISC

Melodienfolge
mit Cornelia Froboess, Willy Hagara, Greetje Kauffeld und Paul Kuhn
Orchester und Chor unter Leitung von Wolfram Röhrig
EMI Electrola

Melodienfolge
mit Dagmar Koller und Claudio Nicolai
Orchester und Chor unter Leitung von Heinz Gietz
EMI Electrola

Original Film-Soundtrack
mit Betty Hutton, Howard Keel, Louis Calhern und Keenan Wynn
Orchester unter Leitung von Adolph Deutsch
MGM RECORDS

FILM MGM (1949)
Regie: George Sidney
Choreographie: Robert Alton

Das Appartement
Promises, Promises

Nach der amerikanischen Filmkomödie »The Apartment«
von Billy Wilder und I. A. L. Diamond
Buch von Neil Simon
Gesangstexte von Hal David
Musik von Burt Bacharach

New York, Shubert Theatre, 1. Dezember 1968

Produzent	David Merrick
Regie	Robert Moore
Choreographie	Michael Bennett

Deutschsprachige Fassung von Werner Wollenberger und Charly Niessen
Berlin, Theater des Westens, 16. April 1970

Bühnenverlag Felix Bloch Erben, Berlin

Wiener Fassung von Gerhard Bronner
Wien, Theater an der Wien, 8. November 1973

PERSONEN Chuck Baxter – Fran Kubelik – Karl, ihr Bruder – Mister Sheldrake, Personalchef – Miss Olson, seine Sekretärin – Mister Dobitch – Sylvia, seine Freundin – Mister Kirkeby – Ginger, seine Freundin – Mister Eichelberger – Vivien, seine Freundin – Jesse Vanderhof – Miss Kreplinski, Sprechstundenhilfe – Doktor Dreyfuss, Arzt – Marge MacDougall – Miss Kelly, Miss Jones, Miss Della Hoya und andere Büroangestellte – Eine Telefonistin, der Betriebsarzt, eine Krankenschwester, eine Kellnerin, ein Wachmann und ein Assistenzarzt
ORT UND ZEIT New York in der Gegenwart

Chuck Baxter ist ein kleiner Angestellter eines großen Versicherungskonzerns in der Riesenstadt New York und führt ein unbeachtetes Durchschnittsleben. Eines Tages bittet ihn Mister Dobitch, der Direktor der Hypotheken- und Darlehensabteilung, um die Gefälligkeit, ihm sein Junggesellen-Appartement für ein Rendezvous mit der Telefonistin Sylvia zur Verfügung zu stellen. Baxter bringt es nicht fertig, dieses ungewöhnliche Ansinnen abzuschlagen, zumal ihm Mister Dobitch berufliche Vorteile für sein Entgegenkommen verspricht. Zu Baxters Überraschung häufen sich die Bitten verschiedener verheirateter Abteilungsleiter um den Schlüssel für sein Apparement, da sie mit ihren Freundinnen nicht ins Hotel gehen möchten. An seiner beruflichen Situation ändert sich jedoch trotz vieler Versprechungen zunächst gar nichts. Dann wendet sich sogar der Personalchef Sheldrake mit dem gleichen Anliegen an ihn, fordert strengste Diskretion und verlangt, den Appartementschlüssel künftig nur noch an ihn auszuhändigen. Dafür wird Baxter zum Direktionsassistenten befördert. Er erhält Gehaltserhöhungen, bekommt Sonderurlaub und macht unaufhaltsam Karriere. Durch einen Zufall entdeckt er, daß der Personalchef ein Verhältnis mit der Angestellten Fran Kubelik hat, die Baxter selbst schüchtern verehrt. Am Weihnachtsabend findet er Fran, die nach einer Auseinandersetzung mit Sheldrake eine Überdosis Schlaftabletten genommen hat, in seinem Bett. Er steht ihr hilfreich bei, und so kommen sich die beiden näher. Sheldrakes Frau hat von dem Verhältnis ihres Mannes mit Fran erfahren und will sich scheiden lassen. Da Sheldrake nach seiner Scheidung Fran heiraten und für das Zusammensein mit ihr nun wieder den Schlüssel haben möchte, verweigert ihm Baxter die weitere Benutzung des Appartements, verzichtet auf seinen Posten und beginnt mit Fran Kubelik ein neues Leben.

Jack Lemmon in dem Film »The Apartment« (1960)

SONGS Half As Big As Life (Null Prozent von Rockefeller) – Grapes of Roth – Upstairs (Dort im zweiten Stock) – You'll Think of Someone (Na ja, irgendeinem) – It's Our Little Secret (Das bleibt ein Geheimnis) – She Likes Basketball (Sie mag Eishockey) – Knowing When to Leave (Doch zu wissen, wann es Zeit ist) – Where Can You Take a Girl (Wo kommt man als Ehemann) – Wanting Things (Immer mehr) – Christmas Party – Turkey Lurkey Time (Zur Wie-Wa-Weihnachtszeit) – A Fact Can Be a Beautiful Thing (Wenn man weiß, woran man ist) – Whoever You Are, I Love You (Für ein Herz nur Platz, für dein Herz) – Christmas Day – A Young Pretty Girl Like You – I'll Never Fall in Love Again (Die Liebe ist bei mir passé) – Promises, Promises (Leere Versprechungen)

⊙ Original Broadway-Besetzung
mit Jerry Orbach, Jill O'Hara, Edward Winter, Paul Reed, Norman Shelly, Vince O'Brien, A. Larry Haines, Dick O'Neill, Marian Mercer, Donna McKechnie, Margo Sappington, Baayork Lee, Kay Oslin, Rita O'Connor, Julane Stites und Neil Jones
Orchester unter Leitung von Harold Wheeler
UNITED ARTISTS RECORDS

Applaus
Applause

Nach der Erzählung »The Wisdom of Eve« von Mary Orr
und dem Film »All About Eve« von Joseph L. Mankiewicz
Buch von Betty Comden und Adolph Green
Gesangstexte von Lee Adams
Musik von Charles Strouse

New York, Palace Theatre, 30. März 1970

Produzenten	Joseph Kipness und Lawrence Kasha mit Nederlander Productions und George M. Steinbrenner III
Regie und Choreographie	Ron Field

Deutschsprachige Fassung von Klaus-Peter Bauer und Karl Vibach
Lübeck, Bühnen der Hansestadt, 4. Mai 1975

Mimos-Verlag, Arlesheim/Basel

PERSONEN Margo Channing – Eve Harrington – Howard Benedict, Produzent – Bill Sampson, Regisseur – Buzz Richards, Autor – Karen, seine Frau – Juan Fox, Maskenbildner – Bert, Inspizient – Stan Harding, Journalist – Bonnie – Peter, Theateragent – Bob, Rechtsanwalt – Ein Moderator und der Veranstalter der Tony-Preisverleihung, Fans, Bühnenpersonal, Bar- und Partygäste, Musiker, ein Fernsehteam, Tänzerinnen und Tänzer
ORT UND ZEIT New York und Umgebung, Ende der sechziger Jahre

Margo Channing wird als Star am Broadway gefeiert. Ihre neueste Premiere war wieder ein triumphaler Erfolg. Dennoch ist die vierzigjährige Schauspielerin, die den wesentlich jüngeren Regisseur Bill Sampson liebt, von Zukunftsängsten geplagt. Sie fürchtet das Älterwerden. Bill muß für einige Zeit nach Rom, um dort einen Film zu drehen. Da lernt Margo die Nachwuchsschauspielerin Eve Harrington kennen, die ihr während der Trennung von Bill nicht mehr von der Seite weicht. Eve ist ein Fan von Margo und kennt alle ihre Filme. Sie hat angeblich ihren Mann in Vietnam verloren und verbirgt sehr geschickt ihren geheimen Ehrgeiz, um jeden Preis Karriere zu machen. Zunächst benutzt sie Howard Benedict, den Produzenten von Margos neuem Erfolgsstück, und den Inspizienten Bert dazu, als Zweitbesetzung engagiert zu werden. Als Margos Freund aus Rom zurückkehrt, versucht sie, auch ihn für sich zu gewinnen. Margo ist überarbeitet und überreizt und reagiert deshalb unbeherrscht auf diese Intrigen. Sie macht Bill Eifersuchtsszenen und verletzt ihre Freunde mit anmaßenden Starallüren. Buzz Richards, der Autor des Stücks, und seine Frau Karen, in deren Landhaus sich Margo zu einem Besuch aufhält, wollen ihr einen Denkzettel geben und richten es so ein, daß sie nicht rechtzeitig zu ihrer Vorstellung nach New York zurückkehren kann und Eve die Chance erhält, als Zweitbesetzung einzuspringen. Da die gesamte Presse zu Eves Debüt erscheint und lobend darüber berichtet, begreift Margo das abgekartete Spiel. Zielstrebig untergräbt Eve weiter Margos Starruhm, indem sie sich mit dem prominenten Journalisten Stan Harding einläßt und ihn veranlaßt, in seiner vielgelesenen Kolumne Eves Jugend gegen den alternden Star auszuspielen. Dann bringt sie den von ihrem Talent begeisterten Buzz Richards dazu, sein in Arbeit befindliches neues Stück für sie umzuschreiben. Der Produzent Howard Benedict durchschaut ihre Karrieresucht und entdeckt, daß Eves angeblich gefallener Mann noch lebt. Er erpreßt sie und macht sie zu seiner Geliebten. Eves Weg nach oben ist nicht mehr aufzuhalten. Margo, die weiß, daß auch Eve erfahren wird, wie vergänglich die Jugend und der Starruhm sind, zieht sich von der Bühne zurück und heiratet Bill.

SONGS Backstage Babble (Gebrabbel hinter den Kulissen) – Think How It's Gonna Be (Denk nur, wie schön es wird) – But Alive (Ich bin da) – The Best Night of My Life (Mein allerschönster Tag) – Who's That Girl (Wer ist die) – Applause (Applaus) – Fasten Your Seat Belts (Anschnallen, bitte) – Welcome to the Theatre (Komm nur zum Theater) – Inner Thoughts (Geheime Gedanken) – Good Friends (Wenn du Freunde hast) – She Is No Longer a Gypsy (Sie ist kein Gypsy mehr) – One of a Kind (Einzigartig) – One Hallowe'en – Something Greater (Ja, das ist wichtig)

Original Broadway-Besetzung
mit Lauren Bacall, Penny Fuller, Robert Mandan, Len Cariou, Brandon Maggart, Ann Williams, Lee Roy Reams und Bonnie Franklin
Orchester und Chor unter Leitung von Donald Pippin
ABC RECORDS

FILM MCA (1973)
Fernseh-Produktion mit Lauren Bacall, Larry Hagman und Penny Fuller
Regie und Choreographie: Ron Field

Bel Ami

Nach dem gleichnamigen Roman von Guy de Maupassant
Buch von Therese Angeloff und Franz Gribitz
Gesangstexte von Therese Angeloff
Musik von Peter Kreuder

Wien, Raimundtheater, 25. Mai 1960

Theaterverlag Kurt Desch GmbH, München

PERSONEN Georges Duroy, genannt Bel Ami – Monsieur Laroche, Kolonialminister – Monsieur Clermont, Besitzer der Zeitung »La Vie Française« – Adrienne, seine Frau – Suzanne, beider Tochter – Monsieur Forestier, Chefredakteur – Madeleine, seine Frau – La Cobra, Journalistin – Monsieur Potin, Journalist – Woprschalek, Frackverleiher – Clotilde de Marelle – Monsieur Croissant – Graf Latour – Henri, sein Sohn – Rachel, Tänzerin – Margot, Prostituierte – Der Polizeikommissar – Ein Butler – Zeitungsverkäufer, Polizisten, Tänzerinnen und Tänzer
ORT UND ZEIT Paris um die Jahrhundertwende

Georges Duroy ist ein aus dem Algerienkrieg nach Paris heimgekehrter französischer Soldat mit zweifelhafter Vergangenheit. Er ist mittellos und verfügt auch sonst über wenig Talente, dafür hat er aber großen Erfolg bei Frauen, die ihn Bel Ami nennen und ihm zu Geld und beruflichem Aufstieg verhelfen. Sein ihm verpflichteter Freund Forestier, der Chefredakteur einer einflußreichen Zeitung, stellt ihn dem französischen Kolonialminister Laroche vor, von dem er den Auftrag erhält, eine Artikelserie über Algerien zu schreiben. Da er dazu nicht in der Lage ist, hilft ihm Madeleine, die Frau des Chefredakteurs. Sie verfaßt auch die Artikel ihres Mannes und unterstützt dabei die mit Börsenspekulationen verquickte Politik des Kolonialministers. Als ihr Mann bei einem als Jagdunfall deklarierten Duell vom Kolonialminister erschossen wird, avanciert Bel Ami zum Chefredakteur und heiratet Madeleine. Das ist für ihn jedoch kein Hindernis, auch weiterhin den Bel Ami zu spielen. So wird er von einer seiner Freundinnen gewarnt, daß ihn der Kolonialminister wieder fallenlassen will. Eine andere hilft ihm dann, den Kolonialminister als Liebhaber seiner Frau zu überführen. So kann er Laroche zum Rücktritt zwingen und selbst Kolonialminister werden. Er läßt sich von Madeleine scheiden und heiratet Suzanne, die Tochter seines Amtsvorgängers. Als ihn dieser wegen in Algerien begangener Straftaten verhaften lassen will, verfügt Bel Ami als Minister seine eigene Amnestierung. So erreicht der während seiner Militärzeit in Algerien wegen Unterschlagung, die er für seinen Freund Forestier beging, verurteilte und dann aus der Gefängnishaft geflüchtete Georges Duroy in der korrupten Pariser Gesellschaft um die Jahrhundertwende den Gipfel seiner Macht.

SONGS Sensationen – Eine Zeitung – Ça c'est Paris – Komm mit, Chérie – Braungebrannt und abgebrannt kam aus Algier ich nach Haus – Was lernt man schon bei den Soldaten – Bel Ami, schöner Freund – Song des Frackverleihers – In Algier fließen Honig, Milch und Öl – Raus aus den Klamotten und der alten Lebensweise – Ich steh am Start – Wenn die Mutti sagt, ich muß ins Bett – Es rauschen in Algerien die Palmen im Winde – Heute lernt die Welt mich kennen – Wenn man dir Geld gibt – Klagelied einer jungen Witwe – Jetzt geb ich Kontra – Das Auge des Gesetzes wacht – Ein Skandal, das darf nicht sein – Bel Ami

⊙ Original-Besetzung Düsseldorf, Theater am Worringer Platz (1968)
mit Peter Kraus, Karel Otto, Kurt Großkurth, Helga Kruck, Teeny May, Harry Tagore, Kai Fischer, Ursula Borsodi, Franco Steinberg, Walter Müller, Barbara Lundbeck, Heinz Kiesel, Hannelore Gray und Hans Lobitz
Orchester unter Leitung von Boris Jojic
EMI Electrola

Der Boyfriend
The Boyfriend

Buch, Gesangstexte und Musik von Sandy Wilson

London, Wyndham's Theatre, 14. Januar 1954

Produktion	The Players Theatre
Regie	Vida Hope
Choreographie	John Heawood

Deutschsprachige Fassung von Karl Vibach und Marianne Schubart
Schleswig, Nordmark-Landestheater, 31. Januar 1960

Deutschsprachige Fassung von Max Colpet
München, Theater in der Leopoldstraße, 21. August 1969

Verlag Chappell & Co. Ltd., London

PERSONEN Madame Dubonnet – Hortense, ihre Zofe – Percival Browne – Polly, seine Tochter – Lord Brockhurst – Lady Brockhurst – Tony, beider Sohn – Maisie, Dulcie, Fay und Nancy, Internatsschülerinnen – Bobby van Husen, Marcel, Pierre und Alphonse, ihre Boyfriends – Ein Polizist – Ballgäste und Kellner

ORT UND ZEIT An der französischen Riviera in den zwanziger Jahren

Die jungen Engländerinnen Polly, Maisie, Dulcie, Fay und Nancy werden in einem vornehmen Mädchenpensionat an der französischen Riviera erzogen. Madame Dubonnet, die Leiterin des Internats, achtet streng auf Anstand und Ordnung, zeigt aber zugleich auch viel Verständnis für den Übermut und die Verliebtheit ihrer Zöglinge, die natürlich alle einen Boyfriend haben. Lediglich Polly macht eine Ausnahme. Sie beneidet ihre Mitschülerinnen, denn ihr vermögender Vater hat ihr jede Liebelei verboten. Er hat ihr eingeredet, daß alle jungen Männer es nur auf ihren Reichtum abgesehen haben. Um gegenüber den anderen Mädchen nicht zurückzustehen, erfindet Polly einen in Paris lebenden Boyfriend, der ihr zärtliche Briefe schickt. Madame Dubonnet erkennt den Schwindel und verspricht, den angekündigten Besuch von Pollys Vater zu benutzen, ihn von seinen Vorurteilen über die jungen Männer von heute abzubringen. Dies gelingt ihr um so leichter, als sich herausstellt, daß er vor vielen Jahren mit einer gewissen Kiki liiert war, die jetzt Madame Dubonnet heißt. Als Polly das für den bevorstehenden Karnevalsball bestimmte Kostüm überbracht wird, verliebt sie sich in Tony, den Boten des Modeateliers. Der vermeintlich einfache Junge, dem Polly vorsichtshalber erzählt, daß sie als Sekretärin bei Madame Dubonnet arbeitet, ist jedoch der Sohn von Lord Brockhurst. Er hat das Studium in Oxford abgebrochen, heimlich England verlassen und wird seitdem von seinen Eltern gesucht. Da entdecken Lord und Lady Brockhurst, die sich ebenfalls an der Riviera aufhalten, ihren verschwundenen Sohn bei einem Rendezvous mit Polly am Strand und lassen den Flüchtenden von der Polizei verfolgen. Polly glaubt nun, daß Tony ein gesuchter Dieb sei, der sie durchschaut hat und ihr nur als Millionärstochter den Hof macht. Schließlich klärt sich alles auf, und Polly hat endlich einen Boyfriend, gegen den ihr Vater nichts einwenden kann.

SONGS Perfect Young Ladies (Von Kopf bis Fuß Ladys) – The Boy Friend (Der Boyfriend) – Won't You Charleston with Me (Charleston ist heut modern) – Fancy Forgetting (Kann man das vergessen) – I Could Be Happy with You (Ich bin so glücklich mit dir) – Sur la Plage – A Room in Bloomsbury (Ein Raum für uns allein) – It's Nicer in Nice (Das kann man viel besser in Cannes) – The You-Don't-Want-to-Play-with-Me-Blues (Was kann ich tun, damit du lustiger bist) – Safety in Numbers (Ich laß mich nicht gerne auf Risikos ein) – The Riviera (An der Riviera) – It's Never Too Late to Fall in Love (Es ist niemals zu spät, verliebt zu sein) – Poor Little Pierrette (Ja, kleine Pierrette)

Original-Besetzung London (1954)
mit Joan Sterndale Bennett, Violetta, Hugh Paddick, Anne Rogers, John Rutland, Anthony Hayes, Denise Hirst, Marie Charles und Larry Drew
Orchester und Chor unter Leitung von Stan Edwards
STANYAN RECORDS/EMI RECORDS

Original Broadway-Besetzung, Royale Theatre (1954)
mit Ruth Altman, Paulette Girard, Eric Berry, Julie Andrews, Geoffrey Hibbert, John Hewer, Ann Wakefield, Dilys Lay und Bob Scheerer
Orchester und Chor unter Leitung von Anton Coppola
RCA RECORDS

Original-Besetzung London, Comedy Theatre (1967)
mit Marion Grimaldi, Ann Beach, Jeremy Hawk, Cheryl Kennedy, Geoffrey Hibbert, Tony Adams, Francis Barlow, Jacqueline Clarke und Nicholas Bennett
Orchester und Chor unter Leitung von Grant Hossack
EMI RECORDS – Parlophone

Original Broadway-Besetzung, Ambassador Theatre (1970)
mit Jeanne Beauvais, Barbara Andres, Leon Shaw, Judy Carne, David Vaughan, Ronald Young, Sandy Duncan, Simon McQueen und Harvey Evans
Orchester und Chor unter Leitung von Jerry Goldberg
MCA RECORDS/DECCA RECORDS

Original Film-Soundtrack
mit Twiggy, Christopher Gable, Tommy Tune und Glenda Jackson
EMI RECORDS/MGM RECORDS

FILM EMI/MGM (1971)

mit Twiggy, Christopher Gable, Tommy Tune, Glenda Jackson, Max Adrian, Brian Pringle, Murray Melvin, Moyra Fraser und Georgina Hale

Regie: Ken Russell

Choreographie: Christopher Gable, Gillian Gregory und Terry Gilbert

Die Boys von Syrakus
The Boys from Syracuse

Nach der »Komödie der Irrungen« von William Shakespeare
Buch von George Abbott
Gesangstexte von Lorenz Hart
Musik von Richard Rodgers

New York, Alvin Theatre, 23. November 1938

Produzent und Regie	George Abbott
Choreographie	George Balanchine

Deutschsprachige Fassung von Heiner Bruns
Pforzheim, Stadttheater, 24. November 1971

Theaterverlag S. Fischer, Frankfurt am Main

PERSONEN Der Herzog von Ephesus – Aegeon, ein Kaufmann aus Syrakus – Antipholus von Syrakus und Antipholus von Ephesus, seine Zwillingssöhne – Dromio von Syrakus und Dromio von Ephesus, ihre Diener, Zwillingsbrüder – Adriana, Gattin des Antipholus von Ephesus – Luciana, ihre Schwester – Lucie, Dienerin, Frau des Dromio von Ephesus – Die Kurtisane – Fatima –Emilia, Priesterin in Ephesus, Gattin des Aegeon – Ein Kaufmann aus Syrakus – Ein Kaufmann aus Ephesus – Angelo, Goldschmied – Ein Schneider – Sein Lehrling – Ein Sergeant – Ein Magier – Polizisten, Kurtisanen, Mädchen und Bürger von Ephesus
ORT UND ZEIT Im antiken Ephesus

Das Thema einer wie aus dem Gesicht geschnittenen Ähnlichkeit zweier Personen und der sich daraus ergebenden Verwirrungen wurde bereits in der antiken Literatur behandelt. So geht Shakespeares »Komödie der Irrungen« auf ein Stück des römischen Dichters Plautus zurück, in dem sich zahlreiche Komplikationen aus der Ähnlichkeit von Zwillingen ergeben, die beide Antipholus heißen. Shakespeare erweiterte das Thema und gesellte zu den Antipholus-Brüdern ein zweites Zwillingspaar als deren Diener, die beide Dromio genannt werden. Die Autoren des Musicals haben die Handlung der Shakespeare-Komödie unverändert übernommen, während der Text vollständig neu gestaltet wurde.

Der Kaufmann Aegeon aus Syrakus hofft, in Ephesus seine Zwillingssöhne zu finden, von denen er getrennt wurde. Den einen Sohn, der sich nach Ephesus gerettet hat, verlor er durch ein Schiffsunglück aus den Augen, mit dem anderen war der Vater nach Syrakus gezogen. Um seinen Bruder zu suchen, hatte dann Antipholus von Syrakus mit seinem Diener Dromio vor sieben Jahren den Vater verlassen. Auch Antipholus von Ephesus hat einen Diener namens Dromio, den Zwillingsbruder des Dromio von Syrakus. Durch schicksalhafte Fügung treffen nun alle in Ephesus zusammen. Aus der täuschenden Ähnlichkeit der beiden Zwillingspaare Antipholus von Syrakus und Antipholus von Ephesus sowie Dromio von Syrakus und Dromio von Ephesus ergibt sich ein turbulentes Verwechslungsspiel, bis sich zum Schluß die Irrtümer aufklären und Aegeon endlich seine vermißten Söhne und auch seine Frau Emilia wiederfindet.

SONGS I Had Twins (Ich hatte Zwillinge) – Dear Old Syracuse (Schönes Syrakus) – What Can You Do with a Man (Taugt so ein Mann denn als Mann) – Falling in Love with Love (Wer sich verliebt) – The Shortest Day of the Year (Der kürzeste Tag) – This Can't Be Love (Das kann nicht Liebe sein) – Ladies of the Evening (Töchter der Freude) – He and She (Er und sie) – You Have Cast Your Shadow on the Sea (Ich treib auf dem Meer des Schicksals hin) – Come with Me (Komm mit mir) – Sing for Your Supper (Fügt euch und pflegt euch) – Oh, Diogenes (O Diogenes)

Original-Besetzung New York, Theatre Four (1963)
mit Stuart Damon, Clifford David, Danny Carroll, Rudy Tronto, Ellen Hanley, Julienne Marie, Karen Morrow, Cathryn Damon, Matthew Tobin, Gary Oakes, Fred Kimbrough und Richard Nieves
Orchester und Chor unter Leitung von René Wiegert
CAPITOL RECORDS

Original-Besetzung London, Drury Lane Theatre (1963)
mit Bob Monkhouse, Denis Quilley, Ronnie Corbett, Sonny Farrar, Lynn Kennington, Paula Hendrix, Maggie Fitzgibbon, Pat Turner, John Adams, John Moore und Adam Deana
Orchester und Chor unter Leitung von Robert Lowe
STET RECORDS/DRG RECORDS

Melodienfolge
mit Jack Cassidy, Stanley Prager, Portia Nelson, Holly Harris, Bibo Osterwald und Bob Shaver
Orchester und Chor unter Leitung von Lehman Engel
COLUMBIA RECORDS – CBS

FILM Universal (1940)
mit Allan Jones, Joe Penner, Charles Butterworth, Rosemary Lane, Martha Raye, Irene Hervey und Alan Mowbray
Regie: A. Edward Sutherland
Choreographie: Dave Gould

Bretter, die die Welt bedeuten

Nach dem Bühnenschwank »Der Raub der Sabinerinnen«
von Franz und Paul von Schönthan
Buch von Helmut Bez und Jürgen Degenhardt
Gesangstexte von Jürgen Degenhardt
Musik von Gerhard Kneifel

Berlin, Metropol-Theater, 24. April 1970

Theaterverlag VEB Lied der Zeit, Berlin

PERSONEN Emanuel Striese, Theaterdirektor – Martha, seine Frau – Gottlieb, deren Sohn – Emil Sterneck, Bella della Donna und Mimi Müller, Mitglieder von Strieses Schauspieltruppe – Professor Martin Gollwitz, Lyzeumsdirektor – Friederike, seine Frau – Marianne und Paula, deren Töchter – Dr. Leo Neumeister, Rechtsanwalt – Karl Groß, Weinhändler – Rosa, Dienstmädchen – Meißner, Pedell – Karl-Theodor Hufnagel, Bürgermeister – Hedwig, seine Tochter – Wilhelm Kornfrank, Apotheker – Meta, seine Tochter – Eugen Liebeskind, Fabrikant – Ottilie, seine Tochter – Fritz, Gymnasiast – Ein Telefonmonteur – Einwohner von Neustadt an der Dosse, Lyzeumsschülerinnen und Gymnasiasten
ORT UND ZEIT Travemünde und Neustadt an der Dosse um die Jahrhundertwende

Die Wanderbühne des sächsischen Theaterdirektors Emanuel Striese bricht zu einem Gastspiel nach Travemünde auf. Außer Strieses Familie gehören zu der Truppe auch Emil Sterneck, der Sohn des unternehmungslustigen Weinhändlers Karl Groß, und die Fleischermeisterstochter Mieze Kalweit aus Teltow, die sich Bella della Donna nennt und in Emil verliebt ist. Unter den Badegästen in Travemünde befinden sich der Weinhändler Groß und die aus Neustadt an der Dosse angereiste Frau Professor Gollwitz mit ihrer Tochter Paula und deren Freundinnen. Frau Professor Gollwitz und noch mehr der Weinhändler Groß sind von der angeblichen italienischen Gräfin Bella della Donna fasziniert, während Paula und ihre Freundinnen für Emil Sterneck schwärmen. Bald darauf kommt Strieses Wanderbühne auch nach Neustadt an der Dosse. Hier bemüht sich Theaterdirektor Striese, die von Professor Gollwitz verfaßte Oper »Der Raub der Sabinerinnen« zur Aufführung zu bringen, um damit das Wohlwollen der Stadtväter zu erwerben. Professor Gollwitz verweigert zunächst die Aufführungsgenehmigung, doch mit Unterstützung von Rechtsanwalt Neumeister, der mit Marianne, der ältesten Tochter des Professors, verheiratet ist, und dank des verführerischen Charmes von Bella della Donna können die Proben für die neue Oper beginnen. Nach vielen turbulenten Ereignissen, die das Provinzstädtchen in Bewegung bringen, droht die Premiere der unfreiwillig komischen Oper zu einem Fiasko zu werden. Professor Gollwitz ist verzweifelt, doch der Theaterdirektor läßt die Vorstellung abbrechen und dafür eine zugkräftige Posse spielen, mit der die Truppe seit langem erfolgreich ist. So kommt es schließlich doch noch zu einem guten Ende. Emil Sterneck wird an das Berliner Lessing-Theater berufen, Bella della Donna heiratet Emils Vater, den Weinhändler Groß, und Striese erhält von den Stadtvätern für seine Theatertruppe ein festes Haus und wird Intendant des neugegründeten Stadttheaters von Neustadt an der Dosse.

SONGS Lampenfieber – Bretter, die die Welt bedeuten – Schön wie ein Traum – Ragtime ist Trumpf – Und ich bin der Direktor – Das wär zu schön, um wahr zu sein – Schweizer Schokolade – So was gibt es doch nur in Italien – Es war in Jena ein Student – Sekt und Weiber – Ein Telefon – Es ist so herrlich, verliebt zu sein – Ich spiele die Tullia – Wenn die Musik erklingt – Laß doch das Theater – Mister Edison – Heut ist heut – Hallo, Leute

Schallplatten-Besetzung
mit Manfred Uhlig, Peter Wieland, Edda Schaller, Fred Frohberg, Marianne Wünscher, Gerti Möller und Gerry Wolff
Orchester und Chor unter Leitung von Robert Hanell
VEB DEUTSCHE SCHALLPLATTEN – Amiga

Brigadoon

Nach einem alten Sagenmotiv
und der Erzählung »Germelshausen« von Friedrich Gerstäcker

Buch und Gesangstexte von Alan Jay Lerner
Musik von Frederick Loewe

New York, Ziegfeld Theatre, 13. März 1947

Produzent	Cheryl Crawford
Regie	Robert Lewis
Choreographie	Agnes de Mille

Deutschsprachige Fassung von Robert Gilbert
Karlsruhe, Badisches Staatstheater, 10. Mai 1980

Music International Productions, Clifton Park/New York

PERSONEN Tommy Albright – Jeff Douglas – Andrew MacLaren – Fiona und Jean, seine Töchter – Stuart Dalrymple – Charlie, sein Sohn – Meg Brockie – Archie Beaton – Harry, sein Sohn – Angus MacGuffie – Sandy Dean – Maggie Anderson – Mr. Lundie, Lehrer – Jane Ashton, Tommys Verlobte – Frank, Barkeeper – Einwohner von Brigadoon
ORT UND ZEIT Schottland und New York in der Gegenwart und in der sagenhaften schottischen Stadt Brigadoon im 18. Jahrhundert

Nach einer schottischen Sage lag einst in einer jetzt verwilderten Landschaft die Stadt Brigadoon. Sie wurde im achtzehnten Jahrhundert von Hexen verzaubert und taucht nur alle hundert Jahre für einen Tag wieder auf.
Zwei amerikanische Touristen, Tommy Albright und Jeff Douglas, verirren sich im schottischen Hochland und geraten in die verzauberte Stadt. Damit werden sie zugleich in das schottische Volksleben des achtzehnten Jahrhunderts mit seinen alten Bräuchen, Trachten und Tänzen versetzt.
Tommy verliebt sich in das Mädchen Fiona MacLaren, doch sein Freund Jeff bringt ihn dazu, nachdem sie das Geheimnis der Stadt erfahren haben, das wieder versinkende Brigadoon zu verlassen.
Nach Amerika zurückgekehrt, kann Tommy sein seltsames Abenteuer und vor allem das Mädchen Fiona nicht vergessen. Um sich zu überzeugen, daß er dies alles wirklich erlebt hat, überredet er seinen Freund, mit ihm nochmals nach Schottland zu fahren. Auf sein Rufen nach dem geliebten Mädchen erscheint ein Bote der Stadt, mit dem Tommy in das verzauberte Brigadoon entschwindet, während Jeff fassungslos zurückbleibt.

SONGS Once in the Highlands (Einst hoch da droben) – Brigadoon – Vendor's Calls (Zum Markt gehn wir) – Down on MacConnachy Square (Kommt zum MacConnachy Square) – Waitin' for My Dearie (Der, auf den ich warte) – I'll Go Home with Bonnie Jean (Ich geh heim mit Bonnie Jean) – The Heather on the Hill (Auf der Heide hoch am Hang) – The Love of My Life (Das ist der Mann, bei dem ich bleib) – Jeannie's Packin' Up (Jeannie packt heut ein) – Come to Me, Bend to Me (Komm zu mir, bleib bei mir) – Almost Like Being in Love (Das ist fast so, als wär ich verliebt) – There but for You Go I (Das bin ich ohne dich) – My Mother's Weddin' Day (Bei der Hochzeit der Mama) – From This Day on (An diesem Tag)

Original Broadway-Besetzung
mit David Brooks, Marion Bell, Pamela Britton und Lee Sullivan
Orchester und Chor unter Leitung von Franz Allers
RCA RECORDS

Schallplatten-Besetzung
mit Jack Cassidy, Shirley Jones, Frank Poretta und Susan Johnson
Orchester und Chor unter Leitung von Lehman Engel
COLUMBIA RECORDS – CBS

Original Film-Soundtrack
mit Gene Kelly, Van Johnson, Carol Richards und John Gustafson
Orchester und Chor unter Leitung von Johnny Green
MGM RECORDS

FILM MGM (1954)
mit Gene Kelly, Van Johnson, Cyd Charisse, Elaine Stewart, Barry Jones, Hugh Laing, Albert Sharpe, Virginia Bosler, Jimmy Thompson und Eddie Quillan
Regie: Vincente Minnelli
Choreographie: Gene Kelly

Buddy –
Die Buddy-Holly-Story
Buddy – The Buddy Holly Story

Buch von Alan Janes nach einer Idee von Laurie Mansfield
Musik von Buddy Holly

England, Theatre Royal Plymouth, 18. September 1989

Deutsche Übersetzung von Reinhard Deutsch
Hamburg, Neue Metropol Musicaltheater, 16. Dezember 1994

Produzent	Frank Buecheler in Zusammenarbeit mit Paul Elliott, Laurie Mansfield und Greg Smith
Regie	Larry Fuller
Veranstalter	Neue Metropol GmbH

PERSONEN Buddy Holly – Hipockets Duncan, Moderator – Niki Sullivan, Gitarrist aus Buddys Band – Joe B. Maudlin, Bassist – Jerry Allison, Schlagzeuger – Norman Petty – Vi, Pettys Frau – Peggy Sue, spätere Frau von Drummer Jerry – Maria Elena Santiago, Vorzimmerdame – Richie Valens, Sänger

Die Musiker sind in diesem Musical Bestandteil des vorwiegend auf die Darbietung von Musiknummern reduzierten Handlungsablaufs.

ORT UND ZEIT Lubbock, USA, im Jahr 1955 und verschiedene Schauplätze in den USA bis zum 3. Februar 1959

Im Lokalsender von Lubbock in Texas findet die »Sunday Dance Party« mit Country- und Western-Musik statt. Der Moderator Hipockets Duncan kündigt mit großer Begeisterung ein Nachwuchstalent an: Den 19jährigen Buddy Holly, der als Charles Hardin Holley im Jahr 1936 in Lubbock geboren wurde. Duncan will Buddy einen Plattenvertrag bei Decca in Nashville vermitteln, wenn Buddy seine Countrymusik zu spielen bereit ist. Buddy ist nämlich neben seiner Countrymusik bekannt durch Rock'n-Roll-Einlagen, die die texanischen Produzenten für skandalös halten, die jedoch beim Publikum auf zunehmende Begeisterung treffen.
Buddy, ein zurückhaltender Musiker, verteidigt heftig »seine« Musik, den Rock'n Roll, der in Texas noch als »anstekkende Krankheit« bezeichnet wird.
Die Probeaufnahmen im Decca-Studio enden mit einem Eklat; dennoch bietet der Produzent Buddy einen Vertrag für Country-Musik und eine Zusatzvereinbarung für Soloaufnahmen an, die Buddy aber ablehnt, da er ohne seine Freunde, die Bandmitglieder Niki Sullivan, Joe B. Maudlin und Jerry Allison, nicht zu spielen bereit ist. Duncan, der sich als Förderer Buddys sieht, ist zwar entsetzt, sieht aber eine weitere Möglichkeit für seinen Schützling, ins Business einzusteigen: Er arrangiert ein Vorspiel bei Norman Petty, der mit seiner Frau Pi ein Produktionsstudio eingerichtet hat. Buddy spielt Petty mit seiner Band vor und erhält einen Vertrag, der ihm sogar das Tragen seiner schwarzen Brille bei den Auftritten erlaubt. Nun spielen Buddy und seine Band, »Buddy Holly and the Crickets«, mit großem Erfolg und landen auf dem ersten Platz der Charts. Nach den Anfangserfolgen folgen Gastspiele in New York, obwohl im Apollo Theater ansonsten nur schwarze Musiker auftreten.
Auf dem Höhepunkt seiner Karriere trifft Buddy Maria Elena Santiago, die Vorzimmerdame im Büro seiner New Yorker Plattenfirma; vier Stunden nach dem ersten Kennen-

»Buddy – Die Buddy-Holly-Story«
Hamburg, Neue Metropol Musiktheater (1994)

lernen hält Buddy um die Hand Marias an. Zugleich mit der Hochzeit Buddys und Marias heiraten auch Jerry und Peggy Sue. Maria Elena wird jedoch von Norman Petty, der Buddy immer noch produziert, nicht akzeptiert. Buddy steht aber zu seiner Frau und trennt sich von Petty und von den übrigen Bandmitgliedern, weil die bei ihrem Produzenten bleiben wollen. Sie trennen sich im Streit und Buddy muß seine Tourneen künftig allein gestalten. Der Erfolg Buddys hält an, jedoch sieht er, daß er viel zu häufig von seiner inzwischen schwangeren Frau Maria Elena getrennt sein muß. Während eines Auftritts entscheidet Buddy, daß er einen Aussöhnungsversuch mit seinen alten Freunden der Band versuchen will; er telefoniert sofort nach einem Auftritt und will unmittelbar nach dem Konzert trotz schlechter Wetterverhältnisse abfliegen. Wenig später ist in einer Radiodurchsage zu hören, daß das Flugzeug, mit dem Buddy zu seinen Freunden gelangen will, im Schneesturm abgestürzt ist.

CB

SONGS There Is A Big Wheel – Flower Of My Heart/Ready Teddy – That'll Be The Day – Blue Days, Black Nights – Rock Around With Olle Fee – Little Baby – Everyday – Party – Not Fade Away – Words Of Love – Peggy Sue – Think It Over – Chantilly Lane – Maybe Baby – Heartbeat – It's So Easy – La Bamba – Dona – Raining In My Heart – It Doesn't Matter Anymore – Peggy Sue Got Married – True Love Ways – Rave On – Oh Boy

⊙ Originalaufnahme der Londoner Produktion 1989 mit
Paul Hipp
FIRST NIGHT

Aufnahme der Hamburger Produktion 1995 mit
Thomas Borchert
COLUMBIA/SONY

FILM The Buddy Holly Story, USA 1978, mit Gary Busey
Regie: Steve Rash

Cabaret

Nach den »Berlin Stories« von Christopher Isherwood
und dem Schauspiel »I Am a Camera« von John van Druten
Buch von Joe Masteroff
Gesangstexte von Fred Ebb
Musik von John Kander

New York, Broadhurst Theatre, 20. November 1966

Produzenten	Harold Prince und Ruth Mitchell
Regie	Harold Prince
Choreographie	Ron Field

Deutschsprachige Fassung von Robert Gilbert
Wien, Theater an der Wien, 14. November 1970

Bühnenverlag Theater an der Wien Betriebs-GmbH, Wien

PERSONEN Sally Bowles – Der Conférencier – Clifford Bradshaw – Ernst Ludwig – Fräulein Schneider – Herr Schultz – Fräulein Kost – Ein Zollbeamter, ein Taxichauffeur, Matrosen, Barbesucher, Kellner, Damenkapelle und Girls im »Kit-Kat-Klub«
ORT UND ZEIT Berlin zu Anfang der dreißiger Jahre

Liza Minnelli und Joel Grey in dem Film »Cabaret« (1972)

Der junge amerikanische Schriftsteller Clifford Bradshaw reist nach Berlin, um dort Studien für einen die aktuellen Zeitereignisse schildernden Roman zu machen. Er erlebt dort die letzte Phase der Weimarer Republik und die ersten Sturmzeichen des kommenden Nationalsozialismus. Bei Fräulein Schneider, der Inhaberin einer kleinen Pension, findet er eine billige Unterkunft. Im Kit-Kat-Klub, einem der vielen Berliner Animierlokale mit Tischtelefonen und Kabarettprogramm, lernt er die dort auftretende junge Sängerin Sally Bowles kennen. Die beiden verlieben sich ineinander und ziehen zusammen. Sie macht ihn mit dem Berliner Nachtleben und Tingeltangel-Milieu vertraut, dessen schillernde Zwiespältigkeit der Conférencier des Kit-Kat-Klubs ebenso anziehend wie abstoßend repräsentiert. Clifford und Sally verleben eine glückliche Zeit, doch die sich zuspitzenden politischen Verhältnisse greifen auch in ihr Leben ein. Als es zu antijüdischen Ausschreitungen kommt, verzichtet die Zimmervermieterin Fräulein Schneider darauf, den sie liebenden jüdischen Geschäftsmann Schultz zu heiraten, und Clifford bittet Sally, die von ihm ein Kind erwartet, mit ihm nach Amerika zu gehen. Sie will aber den Kit-Kat-Klub nicht verlassen und träumt von einer großen Karriere. So läßt sie das Kind abtreiben und kehrt zum Kabarett zurück, das für sie das Leben ist, so wie ihr umgekehrt das Leben wie ein Kabarett erscheint. Clifford verläßt Deutschland und beginnt mit der Arbeit an seinem Roman.

SONGS Willkommen, Bienvenue, Welcome – So What (Na und) – Telephone Song (Hallo, warum sind Sie so allein) – Don't Tell Mama (Mama darf's nicht wissen) – Perfectly Marvelous (Einmalig himmlisch) – Two Ladies (Zwei Ladys) – It Couldn't Please Me More (Nichts wäre mir so lieb) – Tomorrow Belongs to Me (Der morgige Tag ist mein) – Why Should I Wakc Up (Wer will schon wach sein) – Sitting Pretty (Ich liege richtig) – Married (Heirat) – Meeskite (Miesnick) – If You Could See Her Through My Eyes (Säht ihr sie mit meinen Augen) – What Would You Do (Wie geht's weiter) – Life Is a Cabaret
Zusätzliche Songs für die Film-Version des Musicals: Mein Herr – Maybe This Time – Money Makes the World Go Round

Original Broadway-Besetzung
mit Jill Haworth, Joel Gray, Bert Convy, Lotte Lenya und Jack Gilford
Orchester und Chor unter Leitung von Harold Hastings
COLUMBIA RECORDS – CBS

Original-Besetzung Wien, Theater an der Wien
mit Violetta Ferrari, Blanche Aubry, Klaus Wildbolz, Lya Dulizkaya, Harry Fuss, Heide Steinwachs und Ingeborg Knopf
Orchester und Chor unter Leitung von Johannes Fehring
PREISER RECORDS

Einzelaufnahmen mit Greta Keller
PREISER RECORDS

Original Film-Soundtrack
mit Liza Minnelli, Joel Gray und Greta Keller
Orchester und Chor unter Leitung von Ralph Burns
ABC RECORDS

FILM Allied Artists/ABC Pictures (1972)
mit Liza Minnelli, Joel Gray, Michael York, Helmut Griem, Fritz Wepper, Marisa Berenson, Elisabeth Neumann-Viertel, Sigrid von Richthofen, Helen Vita, Gerd Vespermann und Ralf Wolter
Regie und Choreographie: Bob Fosse

Camelot

Nach dem Romanzyklus »The Once and the Future King« von Terence Hanbury White
Buch und Gesangstexte von Alan Jay Lerner
Musik von Frederick Loewe

Deutschsprachige Fassung von Marcel Valmy
Karlsruhe, Badisches Staatstheater, 3. Oktober 1981

Music International Productions, Clifton Park/New York

PERSONEN King Arthur – Guenevere, seine Frau – Lancelot, ein fahrender Ritter – Merlyn, Zauberer und Erzieher von King Arthur – Mordred, illegitimer Sohn von King Arthur – King Pellinore – Sir Dinadan, Sir Lionel, Sir Sagramore, Sir Colgrevance, Sir Clarius, Sir Bliant, Sir Guilliam, Sir Castor und Sir Ozanna, Ritter – Lady Anne, Lady Mary, Lady Catherine, Lady Elizabeth und Lady Sibyll, Hofdamen – Tom, ein Knappe von King Arthur – Dap, ein Schildknappe von Lancelot – Nimue, eine Zauberin – Knappen
ORT UND ZEIT Britannien und Frankreich in sagenhafter Zeit

Die Handlung ist dem Sagenkreis um König Arthur und seine berühmte Tafelrunde auf der Burg Camelot entnommen. König Arthur, der ein hohes Ethos des Rittertums anstrebt und seinen Getreuen neue Gesetze friedlichen und tugendhaften Zusammenlebens gibt, heiratet die Prinzessin Guenevere. Obwohl sie den streng nach seinen Gesetzen lebenden König zunächst fürchtet, lernt sie ihn dann doch wegen der Lauterkeit seines Charakters und der gütigen Ausgeglichenheit seines Herzens lieben. Da kommt eines Tages der junge französische Ritter Lancelot nach Camelot. Sein selbstbewußtes Ungestüm mißfällt den Rittern der Tafelrunde, und so kommt es zu einem Turnier, aus dem Lancelot siegreich hervorgeht. König Arthur nimmt Lancelot als Freund auf, doch als Lancelot begreift, daß er Guenevere liebt und von ihr wiedergeliebt wird, bittet er den König, die Burg wieder verlassen zu dürfen. Nach einigen Jahren kehrt Lancelot zurück und wird in die Tafelrunde aufgenommen. Die Zeit seiner Abwesenheit hat jedoch Lancelot und Guenevere nicht von ihrer verhängnisvollen Liebe heilen können. Um den Frieden und die Gesetze der Tafelrunde zu wahren, verschließt König Arthur seine Augen vor der Gefahr, die Frau oder den Freund zu verlieren. Diese Situation nutzt König Arthurs illegitimer Sohn Mordred, der den König stürzen und selbst den Thron besteigen will. Er sorgt dafür, daß König Arthur sich auf einem Streifzug durch den Wald verirrt und erst am nächsten Tag zur Burg zurückfindet. In dieser Nacht überführt Mordred mit seinen Anhängern die Liebenden Lancelot und Guenevere. Lancelot kann entkommen, aber Guenevere wird gefangengenommen. Nach den von ihm geschaffenen Gesetzen muß König Arthur nun seine Frau zum Tod auf dem Scheiterhaufen verurteilen. Lancelot befreit Guenevere und bringt sie nach Frankreich. Die Königin geht in ein Kloster, aber wenn König Arthur sich selbst und seinen Idealen treu bleiben will, muß er nach Frankreich ziehen und gegen Lancelot kämpfen. Obwohl er seiner Frau und dem Freund verzeiht, ist der Kampf unausweichlich. Kurz vor der Schlacht bittet ein von den Gesetzen der Tafelrunde begeisterter Knappe den König, ihn zum Ritter zu schlagen. König Arthur, der sein Lebenswerk schon zerstört glaubte, sieht in diesem Jungen eine neue Hoffnung. Er macht ihn zum Ritter und schickt ihn nach Britannien zurück, damit er, wenn er älter geworden ist, einer neuen Generation die Ideale von Camelot verkünden kann.

SONGS I Wonder What the King Is Doing Tonight (Ich wüßt gern, was der König tut heute nacht) – The Simple Joys of Maidenhood (Wo sind die Träume meiner Mädchenzeit) – Camelot – Follow Me (Folge mir) – C'est moi – The Lusty Month of May (Im Wonnemonat Mai) – Take Me to the Fair (Dann dürft Ihr mein Begleiter sein) – How to Handle a Woman (Willst die Frauen du minnen) – The Jousts (Turnier) – Before I Gaze at You Again (Bevor ich dir wie heut begegnen kann) – If Ever I Would Leave You (Wann sollt ich von dir scheiden) – The Seven Deadly Virtues (Der Tugend sieben Säulen) – What Do the Simple Folk Do (Was mag wohl unser Volk tun) – Fie on Goodness (Keine Güte, nein) – I Loved You Once in Silence (Die Liebe kam so leise) – Guenevere

Original Brodway-Besetzung
mit Richard Burton, Julie Andrews, Robert Goulet, Roddy McDowall, John Cullum, James Gannon, Bruce Yarnell und Marie Sue Berry
Orchester und Chor unter Leitung von Franz Allers
COLUMBIA RECORDS – CBS

Original Film-Soundtrack
mit Richard Harris, Vanessa Redgrave, Franco Nero, David Hemmings, Anthony Rogers, Peter Bromilow und Gary Marshal
Orchester und Chor unter Leitung von Alfred Newman
WARNER BROS. RECORDS

FILM Warner Bros. (1967)
Regie: Joshua Logan
Choreographie: Buddy Schwab

Cancan
Can-Can

Buch von Abe Burrows
Musik und Gesangstexte von Cole Porter

New York, Shubert Theatre, 7. Mai 1953

Produzenten	Cy Feuer und Ernest Martin
Regie	Abe Burrows
Choreographie	Michael Kidd

Deutschsprachige Fassung von Paul Baudisch und Robert Gilbert
Stuttgart, Württembergisches Staatstheater, 28. August 1965

Bühnenverlag Felix Bloch Erben, Berlin

PERSONEN Aristide Forestier, Richter – La Môme Pistache, Besitzerin des Montmartre-Lokals »Le Bal du Paradis« – Claudine, Gabrielle, Marie und Célestine, Midinetten – Boris Adzinidzinadze, Étienne, Théophile und Hercule, Künstler – Hilaire Jussac, Kunstkritiker – Paul Barrière, Richter – Der Gerichtspräsident – Der Staatsanwalt – Gerichts- und Gefängnispersonal, Polizisten, ein Arzt, ein Sekundant, Kellner, Midinetten und Bohemiens
ORT UND ZEIT Paris in der zweiten Hälfte des 19. Jahrhunderts

Vor dem historischen Hintergrund der Entwicklung des Cancans vom erotisierenden Pariser Volkstanz zum Gesellschaftstanz erfüllt sich eine alle Standesvorurteile überwindende Liebesgeschichte. Die Midinetten des von Mademoiselle Pistache geleiteten Montmartre-Lokals »Le Bal du Paradis« stehen vor Gericht, weil sie den sittenwidrigen Cancan öffentlich vorgeführt haben. Der junge Richter Aristide Forestier spricht die Mädchen aus Mangel an Beweisen frei und beschließt, sich den Cancan an Ort und Stelle selbst anzusehen. So lernt er Mademoiselle Pistache kennen. Ihren Bestechungsversuch weist er empört zurück, aber die unkonventionelle Lebensauffassung der attraktiven Wirtin beeindruckt ihn. Da die von ihm veranlaßten Photographien des Cancans im »Bal du Paradis« die Anstößigkeit dieses Tanzes beweisen, verurteilt Forestier in einem neuen Verfahren die Midinetten und die Wirtin. Als er dann gegenüber Mademoiselle Pistache sein Handeln zu rechtfertigen versucht, erfährt er, daß sie nach ihrer Entlassung aus der Haft den großen Pariser Künstlerball auch dann abhalten will, wenn sie die Konzession für ihr Lokal nicht zurückerhält. Forestier geht auf diesen Ball, um die Wirtin zur Vernunft zu bringen, läßt sich jedoch von seiner Zuneigung für sie zu einem Kuß hinreißen. Wie von Mademoiselle Pistache geplant, wird dieser Kuß photographiert und Richter Forestier in der Presse als heimlicher Lasterfürst vom Montmartre bloßgestellt. Damit ist seine juristische Karriere ruiniert. Er setzt sich gegen die Verleumdung zur Wehr und eröffnet aus Protest gegen die bürgerliche Moralheuchelei zusammen mit Mademoiselle Pistache ein als Wäscherei getarntes neues Montmartre-Lokal. Nachdem er schließlich rehabilitiert und gleichzeitig der Cancan gesellschaftsfähig wird, entscheidet sich Aristide Forestier für seine Liebe zu Mademoiselle Pistache und heiratet sie.

SONGS Maidens Typical of France (Mädchen, typisch für Paris) – Never Give Anything Away (Was du mal hast, gib nicht weg) – C'est magnifique – Come Along with Me (Halte dich an mich) – Live and Let Live (Sei tolerant) – I Am in Love (Ich bin verliebt) – If You Loved Me Truly (Wenn du mir so gut wärst) – Montmartre – Allez-vous-en (Adieu, Monsieur) – Never, Never Be an Artist (Werde alles, nur nicht Künstler) – It's All Right with Me (Mir soll's recht sein, Chérie) – Every Man Is a Stupid Man (Jeder Mann ist ein blöder Mann) – I Love Paris (Ganz Paris träumt von der Liebe / Text von Kurt Feltz) – Can-Can (Cancan)

⊙ Original Broadway-Besetzung
mit Peter Cookson, Lilo, Gwen Verdon, Hans Conried und Erik Rhodes
Orchester und Chor unter Leitung von Milton Rosenstock
CAPITOL RECORDS

Melodienfolge
mit Vico Torriani, Violetta Ferrari, Rosi Rohr und Günther Frank
Orchester und Chor unter Leitung von Johannes Fehring
PHONOGRAM – Philips

Original Film-Soundtrack
mit Shirley MacLaine, Frank Sinatra, Maurice Chevalier und Louis Jourdan
Orchester und Chor unter Leitung von Nelson Riddle
CAPITOL RECORDS

FILM 20th Century Fox (1960)
Regie: Walter Lang
Choreographie: Hermes Pan

Canterbury Tales

Nach den Canterbury-Geschichten von Geoffrey Chaucer
in der neuenglischen und dramatisierten Fassung von Nevill Coghill
Buch von Martin Starkie und Nevill Coghill
Gesangstexte von Nevill Coghill
Musik von Richard Hill und John Hawkins

London, Phoenix Theatre, 21. März 1968

Produktion	Chanticleer Production Ltd. und Classic Presentations Ltd.
Regie	Vlado Habunek und Martin Starkie
Choreographie	David Drew

Deutschsprachige Fassung von Robert Gilbert
Bremen, Theater der Freien Hansestadt, 20. September 1970

Bühnenverlag Felix Bloch Erben, Berlin

PERSONEN Rahmenhandlung: Der Dichter Geoffrey Chaucer – Harry Bailey, der Herbergswirt – Der Müller – Der Priester – Der Meier – Der Kaufmann – Die Witwe von Bath – Der Ritter – Der Junker – Die Priorin – Die Nonne – Der Klosterbruder – Der Küster – Der Koch – Ein Ablaßhändler, Pilger und Pilgerinnen / Erste Episode. Die Geschichte des Müllers: Der Zimmermann – Alison, seine junge Frau – Robin, sein Lehrling – Nikolaus, Student – Absalon, Küster – Gervase, Schmied / Zweite Episode. Die Geschichte des Priesters: Die Witwe vom Hühnerhof und ihre beiden Töchter – Chanticleer, der Hahn – Pertelote und andere Hennen – Der Fuchs – Zwei Tagelöhner / Dritte Episode. Die Geschichte des Meiers: Simpkin, der Müller – Des Müllers Frau – Molly, ihre Tochter – Alan und John, Studenten / Vierte Episode. Die Geschichte des Kaufmanns: Januar, ein alter Ritter – Mai, seine junge Braut – Damian, sein Knappe – Placebo und Justinus, Ritter – Pluto und Proserpina – Die Duenna – Brautjungfern und Pagen / Fünfte Episode. Die Geschichte der Witwe von Bath: König Arthur – Königin Guenevere – Der junge Ritter – Das alte Weib – Der Scharfrichter – Hofstaat, Mädchen, Bürger und Bürgerinnen

ORT UND ZEIT England im 14. Jahrhundert

Das Musical geht auf die mittelenglischen Canterbury-Geschichten von Geoffrey Chaucer zurück, die in der Art mittelalterlicher Schelmenbücher volkstümlich-drastisch und humorvoll-amourös das Leben und Treiben aller Stände der englischen Gesellschaft des 14. Jahrhunderts schildern.

Wie in Boccaccios berühmter Novellensammlung »Il Decameron«, sind auch hier die einzelnen Episoden durch eine Rahmenhandlung verbunden. Pilger, die auf dem Wege zur Kathedrale von Canterbury sind, um das Grab des englischen Nationalheiligen Thomas Becket aufzusuchen, machen in einer Herberge Rast. Der Wirt schließt sich ihnen an und ermuntert sie, die Wanderschaft mit Geschichten zu verkürzen. Er verspricht, den Erzähler der unterhaltsamsten Geschichte bei der Rückkehr kostenlos zu bewirten.

Fünf bühnenwirksame Episoden dieser Sammlung von Fabeln, Heldengeschichten, Schelmenstreichen, Liebesabenteuern und Heiligenlegenden, die vom Possenhaften bis zum Tragischen die ganze Fülle der gesellschaftlichen Wirklichkeit und Glaubenswelt des späten Mittelalters spiegeln, machen dieses Musical zu einem Kaleidoskop deftig-amüsanter historischer Gleichnisse menschlicher Unzulänglichkeit und Torheit.

SONGS Host's Song of Welcome (Seid gegrüßt mit Herz und Hand) – Goodnight Hymn (Abendgebet) – Pilgrim Song (Pilgerlied) – I Have a Noble Cock (Ich hab den größten Gockel) – Darling, Let Me Teach You How to Kiss (Liebling, du mußt lernen, wie man küßt) – It Will Be a Noah's Flood for You (Es rauscht in meinem Blut für dich) – Pater noster – There's the Moon (Sieh den Mond) – It Depends on (Honi soit qui mal y pense) – Love Will Conquer All (Amor vincit omnia) – Drinking Song (Füllt das Glas) – Come on and Marry Me, Honey (Komm her, wir heiraten heute) – Where Are the Girls of Yesterday (Wo sind von einst die Mädchen hin) – Hymen, Lift Your Torch (Hymen, hell im Schein) – If She Has Never Loved Before (Wenn sie noch nie geliebt zuvor) – I'll Give My Love a Ring (Wo ich oft einsam ging) – Sing in Praise of Women's Virtue (Preisen wir der Frauen Tugend) – In Many a Love's Dealing (Bei manchem Abenteuer) – What Do Women Want (Was hat jede Frau am liebsten) – April Song (Ostern kommt)

⊙ Original-Besetzung London
mit Martin Starkie, Michael Logan, Kenneth J. Warren, Nicky Henson, Billy Boyle, Gay Soper, Wilfrid Brambell, Daniel Thorndike, Pamela Charles, John Rutland, Nancy Nevinson, Jessie Evans, Kevin Brennan und Raewyn Blade
Orchester und Chor unter Leitung von Richard Hill, John Hawkins und Gordon Rose
DECCA RECORDS

Casanova

Buch von Helmut Bez und Jürgen Degenhardt
Gesangstexte von Jürgen Degenhardt
Musik von Gerd Natschinski

Berlin, Metropol-Theater, 10. September 1976

Theaterverlag VEB Lied der Zeit, Berlin

PERSONEN Casanova – Der Abt – Andrea Memmo – Bernardo Memmo – Capretta – Catarina, seine Tochter – Abbé François de Bernis – Magdalena – Manuzzi, Edelsteinhändler und Spion – Lorenzo, Kerkermeister – Marquise d'Urfé – Duverney, Staatsbeamter – Calzabigi, Schriftsteller und Spekulant – Chevalier d'Arginy – Seine Mätresse – Gräfin Montmartel – Thérèse, ihre Nichte – Marquise de Pompadour – Marianna Corticelli – Clairmont, Casanovas Diener – Pasano, Maler – Mary Ann Charpillon – Ihre Tante Lucie – Ihre Großmutter – Lord Pembroke – Jerome, Friseur – Lord Grosvenor – Fielding, Richter – Friedrich II., König von Preußen – Teresa Casacci, Tänzerin – Graf Branicki, Ulanenoberst, Großmarschall der polnischen Krone – Anna Binetti, Primaballerina – Tomatis, Theaterdirektor – Graf Poninski – Bininski, Adjutant – Mönche, Venezianer und Venezianerinnen, Maskierte, Sbirren, Gefangene, Pariser Bürger, Damen und Herren der Pariser Adelsgesellschaft, Spekulanten, Lotto- und Zeitungshändler, Polizisten und Soldaten, Huren, ein Barkeeper, ein Juwelier, preußische Kadetten, ein Kutscher, Ballgäste, ein Diener, Offiziere und ein Arzt
ORT UND ZEIT Venedig, Paris, London, Potsdam und Warschau zwischen 1755 und 1765

Der Venezianer Giovanni Giacomo Casanova lebte im achtzehnten Jahrhundert und erregte mit Skandalaffären, finanziellen Manipulationen, pikanten Amouren und vor allem mit seiner spektakulären Flucht aus den Bleikammern, dem berühmt-berüchtigten Staatsgefängnis der Republik Venedig, weltweites Aufsehen. Das Musical vermittelt ein vom Klischee der Trivialliteratur abweichendes Porträt des Rokoko-Abenteurers. Casanova wird als kompromißloser Individualist im historischen Spannungsfeld zwischen Absolutismus und Revolution verstanden, der in einer bewegten Zeit tiefgreifender gesellschaftlicher Umstrukturierungen seine Persönlichkeit und seinen Freiheitsdrang bedingungslos auslebt. Die Handlung schildert in zahlreichen Episoden Casanovas wichtigste Lebensstationen. Eine Warschauer Episode rahmt die retrospektive Bilderfolge der zwischen seinem dreißigsten und vierzigsten Lebensjahr liegenden Geschehnisse in Venedig, Paris, London und am Hofe Friedrichs II. von Preußen in Sanssouci ein. Nach einem Duell mit dem polnischen Grafen Branicki sucht Casanova Zuflucht in einem Warschauer Kloster, weil er glaubt, seinen Kontrahenten getötet zu haben. Er will Mönch werden und beichtet dem Abt die wechselvollen Schicksale seines ruhelosen Lebens.
Im Nachspiel wird Casanova wieder in seine alte Lebensbahn zurückgerissen, da sich herausstellt, daß er den Grafen Branicki nicht getötet, sondern nur verwundet hat. Casanova beschließt, seine Memoiren zu schreiben, die sein Leben offen darlegen und rechtfertigen sollen.

SONGS Pax vobiscum – Dann ist der Himmel dir nah – Vieles muß sich ändern – Catarina – Masken – Das Jahr vergeht – Ich will das Leben – Für unsern lieben König – Glück verlangt den Mut im rechten Augenblick – Geld ist wie ein Regen – Es kommt nur auf den Mann bei mir an – Bald werde ich Geheimnisträger sein – Feuer, Wasser, Luft und Erde – Hier will jeder Geld – Menuett – Mister – Gut, daß die Keuschheit sich wehrt – Was uns bleibt, ist die Liebe – Vauxhall-Promenade – Polonaise

Schallplatten-Besetzung
mit Fritz Hille, Hans Pschichholz, Hans Glogowski, Edda Schaller, Hans-Joachim Blochwitz, Erika Grajena, Paul Trenkens, Gisela Galander und Dagmar Frederic
Orchester und Chor unter Leitung des Komponisten
VEB DEUTSCHE SCHALLPLATTEN – Nova

Cats

Buch und Gesangstexte nach der Gedichtsammlung »Old Possum's Book of Practical Cats« von T. S. Eliot
zusammengestellt von Andrew Lloyd Webber und Trevor Nunn
unter Mitarbeit von Valerie Eliot
und zusätzlicher Verwendung weiterer Gedichte und Texte
von T. S. Eliot, Trevor Nunn und Richard Stilgoe
Musik von Andrew Lloyd Webber

London, New London Theatre, 11. Mai 1981

Produktion	Cameron Mackintosh und The Really Useful Company Ltd.
Regie	Trevor Nunn und Gillian Lynne
Choreographie	Gillian Lynne

Deutschsprachige Fassung von Michael Kunze
Wien, Theater an der Wien, 24. September 1983

Bühnenverlag Theater an der Wien Betriebs-GmbH, Wien

PERSONEN Alt-Deuteronimus – Grizabella – Die alte Gumbie-Katze Jenny Fleckenreich – Rum-Tum-Tugger – Bustapher Jones – Mungojerrie – Rumpelteazer – Gus, der Theaterkater (Growltiger) – Skimbleshanks, der Eisenbahnkater – Macavity – Mister Mistoffelees – Munkustrap – Demeter – Bombalurina – Jellilorum – Plato – Jemima – Quaxo – Alonzo – Pouncival – Coricopat – Carbucketty – Tumblebrutus – Viktoria – Cassandra – Etcetera – Tantomile – Bill Bailey – Kater und Katzen
ORT UND ZEIT Im Reich der Katzen auf einem Londoner Schrottplatz der Gegenwart

Ein Schrottplatz in London, angefüllt mit Wohlstandsmüll und Abfällen aller Art, ist das Reich der Katzen. Ein besonderer Anlaß, dort im Mondschein zusammenzukommen, ist der alljährlich stattfindende große Katzenball. Die verschiedensten Katzen von eigenwilligem Temperament und ausgeprägter Individualität versammeln sich zu nächtlichem Spektakel. Da kommen unter anderen die alte Gumbie-Katze Jenny Fleckenreich, eine brave, gemütliche und ordnungsliebende Hauskatze; der wichtigtuerische Kater Rum-Tum-Tugger, der jede Gelegenheit nutzt, sich wirkungsvoll zur Geltung zu bringen; der eitle Kater Bustapher Jones, ein ältlicher Snob und Feinschmecker, sowie der von einstigen Bühnenerfolgen träumende Theaterkater Gus, der in Erinnerungen an seine Glanzrollen schwelgt. Für ausgelassene Stimmung auf dem Ball sorgt das immer zu übermütigen Streichen aufgelegte Katzenpärchen Mungojerrie und Rumpelteazer ebenso wie der unternehmungslustige Eisenbahnkater Skimble. Dagegen steht Alt-Deuteronimus, ein uralter Kater von großer Lebenserfahrung und weiser Nachdenklichkeit, in hohem Ansehen. Er ist eine Art Patriarch der Katzen und wird von allen mit Ehrfurcht behandelt. Auch der Zauberkater Mister Mistoffelees hat eine mystische Ausstrahlung und genießt allgemeine Bewunderung. Auf andere Weise mysteriös ist der berüchtigte Gangsterkater Macavity, der bei seinen kriminellen Taten immer wieder unerkannt entkommt. Der Gipfel seiner Verbrechen ist die Entführung von Alt-Deuteronimus. Nur dank der magischen Kräfte des Zauberkaters Mister Mistoffelees gelingt es, den Entführten wieder herbeizuschaffen.

Ein besonders turbulentes Ereignis des alljährlichen Balls ist eine von den Katzen pantomimisch dargestellte wilde Hundebalgerei, der ein respektgebietender Kater ein energisches Ende setzt. Höhepunkt und feierlicher Abschluß des

Angelika Milster in »Cats«
Wien, Theater an der Wien (1983)

nächtlichen Katzenfestes ist eine geheimnisvolle Zeremonie. Die zur Straßenkatze heruntergekommene einstige Katzenschönheit Grizabella wird von Alt-Deuteronimus dazu auserwählt, in den Katzenhimmel einzugehen und nach einer mystischen Reise in den Sphärischen Raum zu einem zweiten Katzenleben wiedergeboren zu werden.

SONGS Prologue: Jellicle Songs for Jellicle Cats / Textergänzungen von Trevor Nunn und Richard Stilgoe (Prolog: Jellicle Cats) – The Naming of Cats (Die Namen der Katzen) – The Invitation to the Jellicle Ball (Einladung zum Jellicle-Ball) – The Old Gumbie Cat (Die alte Gumbie-Katze) – The Rum Tum Tugger (Der Rum-Tum-Tugger) – Grizabella, the Glamour Cat (Grizabella, der Katzenstar) – Bustapher Jones – Mungojerrie and Rumpleteazer (Mungojerrie und Rumpelteazer) – Old Deuteronomy (Alt-Deuteronimus) – The Battle of the Pekes and the Pollicles (Der Kampf zwischen Pekinesen und Pollicles) – The Jellicle Ball (Jellicle-Ball) – The Moments of Happiness (Glück) – Gus, the Theatre Cat (Gus, der Theaterkater) – Growltiger's Last Stand (Growltigers letzter Kampf) – Skimbleshanks, the Railway Cat (Skimble von der Eisenbahn) – Macavity – Mr. Mistoffolees (Mister Mistoffelees) – Memory / Textergänzungen von Trevor Nunn (Erinnerung) – The Journey to the Heaviside Layer (Reise in den Sphärischen Raum) – The Ad-dressing of Cats (Wie spricht man eine Katze an)

⊙ Original-Besetzung London, New London Theatre
mit Brian Blessed, Elaine Paige, Myra Sands, Paul Nicholas, John Thornton, Bonnie Langford, Stephen Tate, Kenn Wells, Wayne Sleep, Jeff Shankley, Sharon Lee-Hill, Geraldine Gardner und Susan Jane Tanner
Musikalische Leitung: Harry Rabinowitz und David Firman
POLYDOR Deutsche Grammophon Gesellschaft

Original Broadway-Besetzung, Winter Garden Theatre (1982)
mit Ken Page, Betty Buckley, Anna McNeely, Terence V. Mann, Stephen Hanan, René Clemente, Christine Langner, Reed Jones, Kenneth Ard, Timothy Scott, Harry Groener, Wendy Edmead, Donna King und Bonnie Simmons
Musikalische Leitung: Stanley Lebowsky und René Wiegert
GEFFEN RECORDS

Original-Besetzung Wien, Theater an der Wien
mit Gordon Bovinet, Angelika Milster, Valda Aviks, Michael Howe, Joachim Kemmer, Gregory Jones, Buenaventura Braunstein, F. Dion Davies, Paul Welterlen, Valentin Baraian, Steve Barton, Jutta Bryde, Ute Lemper und Monica Solem
Musikalische Leitung: André Bauer
POLYDOR Deutsche Grammophon Gesellschaft

Chicago

Nach dem gleichnamigen Bühnenstück von Maurine Dallas Watkins
Buch von Fred Ebb und Bob Fosse
Gesangstexte von Fred Ebb
Musik von John Kander

New York, 46th Street Theatre, 3. Juni 1975

Produzenten	Robert Fryer, James Cresson, Martin Richards, Joseph Harris und Ira Bernstein
Regie und Choreographie	Bob Fosse

Deutschsprachige Fassung von Erika Gesell und Helmut Baumann
Hamburg, Thalia-Theater, 21. Mai 1977

Bühnenverlag Felix Bloch Erben, Berlin

PERSONEN Der Conférencier – Roxie Hart – Amos, ihr Mann – Fred Casely, ihr Geliebter – Velma Kelly, Varietékünstlerin – Billy Flynn, Rechtsanwalt – Mary Sunshine, Journalistin – Oberin Morton, Gefängnisaufseherin – Liz, Annie, June, Hunyak und Mona, Insassinnen des Frauengefängnisses – Kitty – Harry, ihr Mann – Seine beiden Freundinnen – Fogarty, Polizeisergeant – Reporter, Polizisten, ein Schneider, ein Arzt, Gerichtspersonal, Geschworene, Girls, Fans von Roxie und Velma
ORT UND ZEIT Chicago 1924

Wie in dem Musical »Cabaret«, so behandeln die Autoren auch in »Chicago« die gesellschaftlichen Verhältnisse der zwanziger Jahre. Roxie, die mit dem anspruchslosen und gutmütigen Amos Hart verheiratet ist, erschießt ihren Geliebten Fred Casely, weil er nur noch wenig sexuelles Interesse an ihr hat und das Verhältnis beenden will. Sie bringt ihren Mann dazu, die Tat auf sich zu nehmen und auszusagen, er habe einen Einbrecher aus Notwehr erschossen. Bald stellt sich jedoch die Wahrheit heraus, und Roxie wird verhaftet. Der zwielichtige Rechtsanwalt Billy Flynn, der bekannt dafür ist, hoffnungslose Fälle für teures Geld zu einem glücklichen Ende zu bringen, übernimmt Roxies Verteidigung. Sehr geschickt mobilisiert er die Presse und läßt eine rührende Lebensgeschichte verbreiten, die eine allgemeine Anteilnahme an Roxies Schicksal auslöst. Im Gefängnis kommt Roxie mit anderen Mörderinnen zusammen, die alle die Moralauffassung vertreten, ihre Opfer zu Recht umgebracht zu haben. Eine von ihnen ist Velma Kelly, die aus Eifersucht ihren Mann und auch ihre Schwester ermordet hat, mit der sie in einer gemeinsamen Varieté-Nummer aufgetreten ist. Da Velma nach ihrer Haftentlassung wieder zum Varieté zurückkehren will und Roxie früher auch den Wunsch hatte, zur Bühne zu gehen, macht sie ihr den Vorschlag, später mit ihr zusammen aufzutreten. Mit dem Trick, daß Roxie angeblich ein Kind erwartet und ihr Mann sie in dieser schweren Situation im Stich lassen will, gelingt es dem Anwalt, die Geschworenen für Roxie einzunehmen und ihren Freispruch zu erreichen, da sie durch den Mord nur sich und das ungeborene Leben vor einem gewalttätigen Lüstling schützen wollte. Auch Velma wird freigesprochen, und so beginnen die beiden vom Conférencier reißerisch als Killer-Girls angekündigten Mörderinnen eine sensationelle Show-Karriere.

SONGS All That Jazz (Jazz) – Funny Honey (Schnurzel-Purzel) – Cell Block Tango (Er war ja selber schuld daran) – When You're Good to Mama (Sei gut zu Mama) – All I Care About (Ich bin nur für die Liebe da) – A Little Bit of Good (Etwas Gutes ist an jedem dran) – We Both Reached for the Gun (Zwei griffen zum Colt) – Roxie – I Can't Do It Alone (Leider geht's nicht allein) – My Own Best Friend (Ich bin mein bester Freund) – I Know a Girl (Das ist ein Mädchen) – Me and My Baby (Ich und mein Baby) – Mr. Cellophane (Mister Zellophan) – When Velma Takes the Stand (Steht Velma vor Gericht) – Razzle Dazzle (Hokuspokus) – Class (Moral) – Nowadays (Heutzutag)

Original Broadway-Besetzung
mit Gwen Verdon, Barney Martin, Chita Rivera, Jerry Orbach, M. O'Haughey und Mary McCarty
Orchester und Chor unter Leitung von Stanley Lebowsky
ARISTA RECORDS

A Chorus Line

Buch von James Kirkwood und Nicholas Dante
nach einer Konzeption von Michael Bennett
Gesangstexte von Edward Kleban
Musik von Marvin Hamlisch

New York, Public Theatre, 15. April 1975
New York, Newman Theatre, 21. Mai 1975
New York, Shubert Theatre, 25. Juli 1975

Produzent	Joseph Papp (New York Shakespeare Festival in association with Plum Production)
Regie	Michael Bennett
Choreographie	Michael Bennett und Bob Avian

Deutschsprachige Fassung von Mischa Mleinek
Berlin, Theater des Westens, 4. Oktober 1980

Deutschsprachige Neufassung von Mischa Mleinek und Gerhard Bronner

Bühnenverlag Felix Bloch Erben, Berlin

PERSONEN Jack, Regisseur und Choreograph – Larry, sein Assistent – Al – Bebe – Bobby – Cassie – Connie – Diana Morales – Don – Greg – Judy – Kristine – Maggie – Mark – Mike – Paul – Richie – Sheila – Val – Tänzerinnen und Tänzer
ORT UND ZEIT New York in der Gegenwart

Am Broadway wird eine neue Show vorbereitet. Aus einer Vielzahl von Bewerbern sollen für die Ballettgruppe noch vier Tänzerinnen und vier Tänzer ausgewählt werden. Weil es nicht um solistische Einzelleistungen, sondern um eine präzis zusammenarbeitende Tanzgruppe geht, hat der experimentierfreudige Regisseur und Choreograph Jack die ungewöhnliche Idee, die Bewerber nicht nur vortanzen, sondern auch berichten zu lassen, warum sie Tänzer wurden und wie sie zum Ballett gekommen sind.
Das Musical gibt einen realistischen Einblick in die amerikanische Theaterpraxis und zeigt die Unerbittlichkeit des Showgeschäfts. Das abschließende große Show-Ballett ist ein Triumph tänzerischer Gemeinschaftsleistung und zugleich eine Apotheose des Broadways.

SONGS I Hope I Get It (Das muß mir gelingen) – Who Am I Anyway – I Can Do That (Das kann ich auch) – At the Ballet (Im Ballettsaal) – Sing – Hello Twelve, Hello Thirteen, Hello Love (Pubertät) – Nothing (Gar nichts) – Dance: Ten; Looks: Three (Silikon) – The Music and the Mirror (Die Chance zum Tanz) – What I Did for Love (Was ich liebend tat) – One (Ein)
Zusätzliche Songs für die Film-Version des Musicals: Surprise, Surprise – Let Me Dance For You

Original Broadway-Besetzung
mit Don Percassi, Nancy Lane, Donna McKechnie, Priscilla Lopez, Renee Baughman, Kay Cole, Wayne Cilento, Carole Bishop und Pamela Blair
Orchester und Chor unter Leitung von Don Pippin
COLUMBIA RECORDS – CBS

Original Film-Soundtrack
mit Michelle Johnston, Alyson Reed, Yamil Borges, Pam Klinger, Charles McGowan, Cameron English, Gregg Burge, Vicky Frederick und Audrey Landers
Orchester und Chor unter Leitung von Ralph Burns
PHONOGRAM

FILM Embassy Films Associates/PolyGram Pictures (1985)
Regie: Sir Richard Attenborough
Choreographie: Jeffrey Hornaday

Company

Buch von George Furth
Musik und Gesangstexte von Stephen Sondheim

New York, Alvin Theatre, 26. April 1970

Produzenten	Harold Prince und Ruth Mitchell
Regie	Harold Prince
Choreographie	Michael Bennett

Deutschsprachige Fassung von Hannelore Kaub
Düsseldorf, Schauspielhaus, 6. Januar 1973

Bühnenverlag Felix Bloch Erben, Berlin

PERSONEN Robert – Joanne und Larry – Susan und Peter – Jenny und David – Sarah und Harry – Amy und Paul – April – Kathy – Marta
ORT UND ZEIT New York in der Gegenwart

In charakteristischen Episoden um fünf Ehepaare und drei unverheiratete Mädchen, die alle mit dem Junggesellen Robert befreundet sind, werden typische Situationen des ehelichen und außerehelichen Lebens der Dreißig- bis Vierzigjährigen im heutigen New York geschildert.
Für seine verheirateten Freunde ist Robert ein Außenseiter, den sie einerseits bewundern, andererseits aber gern ihren etablierten Lebensformen anpassen möchten. Seine Unabhängigkeit und Selbständigkeit fasziniert sie, dennoch unternehmen sie alles, ihn von der Notwendigkeit der Ehe zu überzeugen. Robert ist weder ein Frauenverächter noch ein Ehefeind und leidet keineswegs an Einsamkeitsgefühlen, aber was die mit ihm befreundeten Ehepaare an Möglichkeiten des Zusammenlebens demonstrieren, ist für ihn wenig überzeugend. Er wartet auf die Richtige und empfindet das als ganz natürlich. Schließlich gehen ihm die gutgemeinten Ratschläge und Bekehrungsversuche so auf die Nerven, daß er sich zurückzieht. Er überläßt es seinen Freunden, ob sie sich über ihn weiter Sorgen machen wollen oder nicht.

SONGS Company – The Little Things You Do Together (Das sind die Gemeinsamkeiten) – Sorry, Grateful (Mal bereust du's, mal bist du dankbar) – You Could Drive a Person Crazy (Dieser Kerl macht uns meschugge) – Have I Got a Girl for You (Mann, hab ich 'ne Frau für dich) – Someone Is Waiting (Irgendwo lebt sie) – Another Hundred People (Wo kommen denn die vielen, vielen Menschen bloß her) – Getting Married Today (Hochzeitslied) – Side By Side By Side (Wir sind ein Herz und eine Seele, ich und ihr) – What Would We Do Without You (Was wären wir ohne dich) – Poor Baby – Love Dance – Barcelona – The Ladies Who Lunch (Die Ladys im Nerz) – Being Alive (Lebendig zu sein)

Original Broadway-Besetzung
mit Dean Jones, Elaine Stritch, Charles Braswell, Merle Louise, John Cunningham, Teri Ralston, George Coe, Barbara Barrie, Charles Kimbrough, Beth Howland, Steve Elmore, Susan Browning, Donna McKechnie, Pamela Myers, Cathy Corkill, Carol Gelfand, Marylin Saunders und Dona D. Vaughn
Orchester unter Leitung von Harold Hastings
COLUMBIA RECORDS – CBS

Elisabeth

Buch und Liedtexte von Michael Kunze
Musik von Sylvester Levay

Wien, Theater an der Wien, 3. September 1992

Produzent	Peter Weck
Regie	Harry Kupfer
Choreographie	Dennis Callahan

Essen, Colosseum Theater, 23. März 2001 (deutsche Erstaufführung)

PERSONEN Elisabeth, Kaiserin von Österreich – Luigi Lucheni, Elisabeths Mörder – Der Tod, Elisabeths Liebhaber – Kaiser Franz Joseph, Elisabeths Mann – Erzherzogin Sopie, Elisabeths Schwiegermutter – Erzherzog Rudolf, Elisabeths Sohn – Rudolf als Kind – Herzog Max von Bayer, Elisabeths Vater – Herzogin Ludovika, Elisabeths Mutter – Helene von Wittelsbach, Elisabeths Schwester – Graf Grünne, kaiserlicher Adjudant – Kardinalerzbischof Rauscher – Fürst Schwarzenberg, Minister – Baron Hübner, Wiener Kapitalist – Gräfin Sztáray – Gräfin Esterházy-Lichtenstein – Maximilian von Mexiko – Marie Freiin von Vetsera – Ein junger ungarischer Adliger – Fanny Feifalik, Friseuse Elisabeths – Eine Hofdame – Eine Gouvernante – Ein Professor – Fräulein Windisch, eine Irre – Frau Wolf, eine Bordellbesitzerin – Mutter eines Verurteilten, Arbeiterinnen, Zofen, ungarische Mädchen, Huren, Nervenkranke, Kaffeehausbesucher, Demonstranten, die Hofkamarilla
ORT UND ZEIT Lebensstationen der österreichischen Kaiserin Elisabeth zwischen 1852 und 1898

Pia Douwes und Uwe Kröger in »Elisabeth«
Essen, Colosseum Theater (2001)

Der Prolog spielt in »der nächtlichen Welt der Toten und der Träumer«: Ein unsichtbarer Richter stellt Luigi Lucheni seit hundert Jahren Nacht für Nacht die Frage, warum er Elisabeth ermordet habe. Der Mörder behauptet, die Kaiserin habe dies gewollt, und sie sei die Geliebte des Todes gewesen. Der Tod, ein junger, attraktiver Mann, tritt auf und bekennt tatsächlich, Elisabeth geliebt zu haben. Auf diese Weise bestätigt, beginnt Lucheni, das Leben Elisabeths als Liebesgeschichte zwischen ihr und dem Tod zu erzählen.

Die junge Elisabeth träumt von einem selbstbestimmten Leben ohne Rücksicht auf Konventionen nach dem Vorbild ihres Vaters. Das Leben am Hof in Wien, wo der junge Kaiser Franz Joseph regiert, ist dagegen von Disziplin, Gehorsam und Unfreiheit bestimmt. Der Kaiser soll nach dem Willen seiner Mutter, der Erzherzogin Sophie, Elisabeths Tante, mit seiner Cousine Helene vermählt werden. Bei einem in Bad Ischl arrangierten Treffen verliebt er sich jedoch in Elisabeth. Bei der Heirat von Franz Joseph mit der fünfzehnjährigen Elisabeth in Wien läutet der Tod die Hochzeitsglocke.

Elisabeth befindet sich in einer ihr feindseligen Welt, in der sie von ihrer Schwiegermutter unterdrückt und bevormundet wird und auch von ihrem jungen Ehemann, der sich der Autorität seiner Mutter beugt, keine Hilfe erwarten kann. Der Tod läßt sie nicht aus den Augen, und als Elisabeth sich im Stich gelassen fühlt, bietet er sich ihr als bessere Wahl an. Doch Elisabeth weist ihn ab, und der Tod steht fortan als Widersacher zwischen ihr und dem Kaiser und nimmt Einfluß auf ihr weiteres Leben voller Schwierigkeiten und Schicksalsschläge.

Elisabeth gibt jedoch selbst dann nicht auf, als ihr von der Erzherzogin die Kinder entzogen werden, und nach und nach gelingt es ihr, den Kaiser mit Gefühl und Verstand auf ihre Seite zu ziehen. Ihr größter Triumph ist die Versöhnung Franz Josephs mit Ungarn, mit der allerdings auch der Grund für das Ende des Habsburgerreiches gelegt wird. Schließlich flieht Elisabeth aus Wien und hofft damit auch, ihrem Widersacher, dem Tod, zu entkommen, der sich daraufhin ihrem Sohn Rudolf nähert, um mit seiner Hilfe Elisabeth zu zwingen, sich zu ihm zu bekennen. Während Elisabeth ziellos von Ort zu Ort reist und düstere Gedichte voller Selbstmordvisionen schreibt, gerät Kronprinz Rudolf immer mehr unter den Einfluß des Todes. Als der Sohn die Mutter in auswegloser Lage um Hilfe bittet und Elisabeth dieses Ansinnen ablehnt, nimmt sich Rudolf das Leben.

Mit dem Tod ihres Sohnes ist auch der Lebenswille Elisabeths gebrochen. Sie wirft sich vor, daß Rudolf das Opfer ihres eigenen Kampfes um Unabhängigkeit geworden ist. Doch der Tod verweigert sich ihr und läßt sie weitere zehn Jahre ruhelos umherziehen. Schließlich begegnen sich in einem Alptraum vom Untergang Habsburgs Franz Joseph und sein ewiger Nebenbuhler: Während der Kaiser versucht, Elisabeth zu retten, wirft der Tod Luccheni die Mordwaffe zu. Am Ufer des Genfer Sees endet der Kampf Elisabeths in einer leidenschaftlichen Umarmung mit dem Tod.

TF

SONGS Alle tanzen mit dem Tod – Elisabeth – Wie du – Schön, Euch alle zu sehen – Jedem gibt er das Seine – So wie man denkt … – Nichts ist schwer – Alle Fragen sind gestellt – Der letzte Tanz – Eine Kaiserin muß glänzen – Ich gehör nur mir – Die Schatten werden länger – Die fröhliche Apokalypse – Elisabeth, sei nicht verzweifelt – Milch! – Unsre Kais'rin soll sich wiegen – Kitsch – Mama, wo bist du – Nichts, nichts, gar nichts – Wir oder sie – Nur kein Genieren – Die letzte Chance – Nie kommt sie zur Ruhe – Spieglein, Spieglein … – Jagd – Haß! – Wenn ich dein Spiegel wär – Totentanz – Totenklage – Mein neues Sortiment – Boote in der Nacht – Der Schleier fällt

Aufnahme der Wiener Produktion 1992
POLYDOR

Aufnahme der Essener Produktion 2001
POLYDOR

FILM
1. Kaiserin Elisabeth von Österreich – Der Mord in Genf; Stummfilm, Deutschland 1920, Regie: Rolf Raffé
2. Elisabeth von Österreich – Der Leidensweg einer Frau, Deutschland 1931, Regie: Adolf Trotz
3. The King steps out, USA 1936, Regie: Josef von Sternberg
4. Prinzessin Sissy, Deutschland 1939, Regie: Fritz Thiery
5. Sissi, Österreich 1955, Regie: Ernst Marischka
6. Sissi, die junge Kaiserin, Österreich 1956, Regie: Ernst Marischka
7. Sissi, Schicksalsjahre einer Kaiserin, Österreich 1957, Regie: Ernst Marischka
8. Sissi und der Kaiserkuß, Deutschland/Frankreich 1991, Regie: Christoph Böll

Evita

Buch und Gesangstexte von Tim Rice
Musik von Andrew Lloyd Webber

London, Prince Edward Theatre, 21. Juni 1978

Produzenten	Robert Stigwood und David Land
Regie	Harold Prince
Choreographie	Larry Fuller

Deutschsprachige Fassung von Michael Kunze
Wien, Theater an der Wien, 20. Januar 1981

Bühnenverlag Felix Bloch Erben, Berlin

PERSONEN Eva – Perón – Che – Magaldi – Peróns Geliebte – Volk von Argentinien
ORT UND ZEIT Argentinien zwischen 1934 und 1952

Das als Rock-Oper bezeichnete Musical schildert in loser Szenenfolge das Leben von Eva Perón, der zweiten Frau des argentinischen Diktators Juan Domingo Perón, die als Maria Eva Duarte am 7. Mai 1919 in Los Toldos, einem Dorf etwa zweihundertfünfzig Kilometer von Buenos Aires entfernt, als jüngstes von fünf unehelichen Kindern geboren wurde. Sie starb als First Lady Argentiniens und als eine Art Nationalheilige am 26. Juli 1952 in Buenos Aires.
Die Handlung beginnt mit der offiziellen Bekanntgabe ihres Todes und dem pompösen Begräbniszeremoniell und blendet dann in das Jahr 1934 zurück, als sich die fünfzehnjährige Evita aus ihrem tristen Kindheitsmilieu befreit. In dem Pampastädtchen Junín, wo sie zur Schule ging, lernt sie den Barsänger Magaldi kennen und läßt sich von ihm nach Buenos Aires mitnehmen. Sie will als Künstlerin Karriere machen und benutzt zahlreiche Liebhaber dazu, ihr den Weg nach oben zu ebnen. Schließlich begegnet sie dem ehrgeizigen argentinischen Offizier Perón. Sie verdrängt dessen junge Geliebte und unterstützt ihn in seinem Aufstieg zum Präsidenten und Diktator des Landes. Geschickt versteht sie es, die armen Volksschichten, deren Mentalität sie durch ihre Herkunft genau kennt, für sich und ihren Mann zu begeistern. Einer der wenigen, der die persönlichen Machtgelüste durchschaut, ist der junge Che. Obwohl historisch nicht erwiesen ist, daß der legendäre lateinamerikanische Revolutionär Ernesto »Che« Guevara jemals mit Evita Perón zusammentraf, ist er im Musical ihr unmittelbarer Gegenspieler, der das zynische Kalkül ihres Handelns aufdeckt und das theatralische Ereignis ihrer Beisetzung zum Anlaß nimmt, ihr Leben und Wirken als Volksbetrug zu entlarven.

Isabel Weicken in »Evita«
Wien, Theater an der Wien (1981)

SONGS Requiem for Evita (Requiem für Evita) – Oh What a Cirucs (Was für ein Zirkus) – On This Night of a Thousand Stars (Diese Nacht ist so sternenklar) – Eva Beware of the City (Eva, geh nicht in die Großstadt) – Buenos Aires – Goodnight and Thank You (Adios und danke) – The Art of the Possible (Das Handwerk des Möglichen) – I'd Be Surprisingly Good for You (Ich wäre wirklich sehr gut für dich) – Another Suitcase in Another Hall (Du nimmst den Koffer wieder in die Hand / Wohin soll ich jetzt gehn) – Dangerous Jade (Fort mit dem Weib) – A New Argentina (Wach auf, Argentinien) – Don't Cry for Me, Argentina (Wein nicht um mich, Argentinien) – High Flying, Adored (Jung, schön und geliebt) – Rainbow High (Ein heller Stern) – Rainbow Tour (Die Regenbogen-Tour) – The Actress Hasn't Learned the Lines You'd Like to Hear (Ich spiele meine Rolle nicht, wie's euch gefällt) – And the Money Kept Rolling In and Out (Spendengelder fließen / Denn das Böse regiert die Welt) – Santa Evita – Waltz for Eva and Che (Walzer für Eva und Che) – Eva's Sonnet (Rückblick und Tod)

Englische Schallplatten-Gesamtaufnahme (1976)
mit Julie Covington, Paul Jones, C. T. Wilkinson, Tony Christie und Barbara Dickson
Rock Musicians, Orchester und Chor
unter Leitung von Anthony Bowles
MCA RECORDS

Original-Besetzung London, Prince Edward Theatre
mit Elaine Paige, Joss Ackland, David Essex, Mark Ryan und Siobhan McCarthy
Orchester und Chor unter Leitung von Anthony Bowles
MCA RECORDS

Amerikanische Schallplatten-Gesamtaufnahme (1979)
mit Patti LuPone, Bob Gunton, Mandy Patinkin, Mark Syers und Jane Ohringer
Orchester und Chor unter Leitung von René Wiegert
MCA RECORDS

Original-Besetzung Wien, Theater an der Wien
mit Isabel Weicken, Reinhard Glemnitz, Alexander Goebel, Michael Bukowsky und Lilo Raab
Orchester und Chor unter Leitung von Johannes Fehring
JUPITER RECORDS (TELDEC Telefunken-Decca)

Fanny

Nach der Marius-Trilogie von Marcel Pagnol
Buch von S. N. Behrman und Joshua Logan
Musik und Gesangstexte von Harold Rome

New York, Majestic Theatre, 4. November 1954

Produzenten	David Merrick und Joshua Logan
Regie	Joshua Logan
Choreographie	Helen Tamiris

Deutschsprachige Fassung von Günther Schwenn und Michael Freytag
München, Staatstheater am Gärtnerplatz, 16. Dezember 1955

Theaterverlag Kurt Desch GmbH, München

PERSONEN César, Besitzer eines Hafenlokals – Marius, sein Sohn – Honorine, Fischhändlerin – Fanny, ihre Tochter – Panisse, Segelmacher – Césariot – Escartefigue und Brun, Césars Freunde – Der Admiral – Ein Maat – Eine orientalische Tänzerin – Claudine – Charles – Claudette – Louis – Zwei Fischer, ein Postbote, ein Priester, Seeleute und Bewohner des alten Hafenviertels

ORT UND ZEIT Marseille in unserem Jahrhundert

Fanny ist die Tochter einer Fischhändlerin in Marseille. Sie liebt Marius, den Sohn des Gastwirts César. Der romantische Junge träumt vom weiten Ozean und von der Seefahrt. Aus Zuneigung für Fanny hat er diese Sehnsucht immer wieder verdrängt. Obwohl sich der reiche Segelmacher Panisse um Fanny bewirbt, ist Marius zu schüchtern, ihr seine Liebe zu bekennen. Schließlich finden Marius und Fanny doch zusammen. Sie verbringen eine glückliche Liebesnacht, und er offenbart ihr sein Fernweh. Da sie der Erfüllung seines Lebenswunsches nicht im Wege stehen will, erleichtert sie ihm den Abschied, indem sie erklärt, Panisse heiraten zu wollen. Als Fanny dann feststellt, daß sie von Marius ein Kind bekommt, und Panisse die Wahrheit gesteht, ist der wohlhabende Witwer bereit, das Kind als sein eigenes anzunehmen. Er heiratet Fanny und sorgt rührend für seine Frau und das Kind. Erst als Marius heimkehrt, erfährt er, daß er Vater ist, und es kommt zwischen ihm und Panisse zur Auseinandersetzung um das Kind und um Fanny. Marius begreift Panisses aufopfernde Liebe und verläßt Marseille wieder. Der junge Césariot hat von seinem Vater das Fernweh geerbt. An seinem zwölften Geburtstag beschließt er, das Elternhaus zu verlassen und zur See zu gehen. In Toulon trifft Césariot mit Marius zusammen, der den Jungen zu Panisse und Fanny zurückbringt. Nun bittet der alte Panisse, der nach einem erfüllten Leben seinen nahen Tod fühlt, den einstigen Nebenbuhler, Fanny zu heiraten, sobald sie Witwe geworden ist, und dem Kind ein guter Vater zu werden.

SONGS Never Too Late for Love (Liebe kommt nie zu spät) – Cold Cream Jar Song (Die Sonne ist Herrin der Welt) – Octopus Song (Ich bin toll nach dem Seepolyp) – Restless Heart (Rastloses Herz) – Why Be Afraid to Dance (Hab keine Angst vorm Tanz) – Shika, Shika – Welcome Home (Sei gegrüßt) – I Like You (Vergiß nie, daß wir Freunde sind) – I Have to Tell You (Ich muß es dir sagen) – Fanny (Du allein wirst es immer sein) – Panisse and Son (Panisse und Sohn) – The Wedding (Die Hochzeit) – Birthday Song (Panisses Sohn ist heute ein Jahr) – To My Wife (Meine Frau) – The Thought of You (Ich dachte Tag und Nacht an dich) – Love Is a Very Light Thing (Liebe ist leicht wie ein Hauch) – Other Hands, Other Hearts (Dieses Herz und diese Hand gehör'n ja nicht mir allein) – Be Kind to Your Parents (Sei nett zu den Eltern)

Original Broadway-Besetzung
mit Ezio Pinza, William Tabbert, Edna Preston, Florence Henderson, Lloyd Reese, Walter Slezak, Gerald Price, Nejla Ates und Mohammed El Bakkar
Orchester und Chor unter Leitung von Lehman Engel
RCA RECORDS

FILM Warner Bros. (1960)
(ohne Musical-Songs)
mit Leslie Caron, Maurice Chevalier, Charles Boyer und Horst Buchholz
Regie: Joshua Logan

Feuerwerk

Nach dem Schweizer Volksstück »De sächzigscht Giburtstag« von Emil Sautter und dem musikalischen Lustspiel »Der schwarze Hecht«
Buch von Erik Charell und Jürg Amstein
Gesangstexte von Jürg Amstein und Robert Gilbert
Musik von Paul Burkhard

München, Staatstheater am Gärtnerplatz, 16. Mai 1950

Bühnenverlag Felix Bloch Erben, Berlin

PERSONEN Alexander Oberholzer, genannt Obolski, Zirkusdirektor – Iduna, seine Frau – Albert Oberholzer, Fabrikant – Karline, seine Frau – Anna, deren Tochter – Robert, Gärtnerbursche – Kati, Köchin – Fritz Oberholzer, Landwirt – Berta, seine Frau – Gustav Oberholzer, Regierungsrat – Paula, seine Frau – Heinrich Oberholzer, Professor – Lisa, seine Frau – Josef, Hausdiener – Zirkusleute und Kinder
ORT UND ZEIT In einer Kleinstadt um die Jahrhundertwende

In der Kleinstadtvilla des Fabrikanten Albert Oberholzer werden die letzten Vorbereitungen für ein großes Familienfest getroffen. Die ganze weitläufige Verwandtschaft findet sich ein, um den sechzigsten Geburtstag des Hausherrn zu feiern. Doch der geplante Verlauf des Festes gerät völlig durcheinander, als auch Alexander, der jüngste Bruder des Jubilars, der aus Abenteuerlust vor genau dreißig Jahren das spießbürgerliche Elternhaus verlassen hatte, unerwartet mit seiner Frau Iduna auftaucht. Er ist Zirkusdirektor geworden, und seine Frau ist eine erfolgreiche Trapezkünstlerin und Kunstreiterin. Iduna verdreht den distinguierten Ehemännern die Köpfe, und Alexander provoziert mit der großsprecherischen Schilderung seiner Zirkuskarriere die Festtagsgesellschaft. Durch Onkel Alexander in ihrer schwärmerisch-romantischen Phantasie bestärkt, erklärt Anna, die in den Gärtnerburschen Robert verliebte Tochter des Hauses, daß sie zum Zirkus gehen möchte. Die turbulenten Ereignisse bringen das als Höhepunkt der Geburtstagsfeier gedachte Feuerwerk um seine Wirkung. Albrecht Oberholzer droht seiner Tochter mit Enterbung, doch sie bleibt eigensinnig bei ihren von Onkel Alexander genährten Vorstellungen von einem ungebundenen und glücklichen Zirkusleben, bis ihr Iduna die Unrast der Zirkusmenschen vor Augen führt und ihre eigene Sehnsucht nach häuslicher Geborgenheit offenbart. Nun entscheidet sich Anna doch für Robert. Als Alexander und Iduna zu ihrem Zirkus zurückkehren, ist der durch den Zusammenprall zweier gegensätzlicher Welten jäh gestörte Familienfrieden endlich wiederhergestellt.

SONGS O die schrecklichen Verwandten – Lied der Köchin (Ich koche gern, ich koche gut) – Ich sag es gern durch die Blume – O Jubilar, hör gnädig unser Singen – Das Lied vom Husten – Wie bald wird man alt – Man hat's nicht leicht – Ponylied (Ich hab ein kleines süßes Pony) – Die Welt ist groß und weit – O mein Papa – Ich will heut nicht vernünftig sein – Ein Leben lang verliebt – Zirkuslied (Da sagt man: Ah) – Schaukellied (Heut hab ich Flügel) – Hokuspokus-Fidibus – O wie können Sie galant sein – Er ist mein Mann – Potz Hagel, Blitz und Peitschenknall

Schallplatten-Besetzung
mit Gerhard Riedmann, Liselotte Ebnet, Heinz Schmidtpeter, Eva Schetter, Gutzi Willer, Peter Garden, Brigitte Mira, Rudolf Schwab, Waltraud Flottner, Werner Kotzerke, Gretl Theimer, Erich Wagner und Ingrid Haubold
Orchester und Chor unter Leitung des Komponisten
ARIOLA-EURODISC

Melodienfolge
mit Lys Assia, Ursula Schirrmacher, Walter Hauck und K. A. Thelen
Orchester und Chor unter Leitung von Olaf Bienert
PHONOGRAM – Philips

FILM Neue Deutsche Filmgesellschaft (1954)
mit Karl Schönböck, Lilli Palmer, Werner Hinz, Käthe Haack, Romy Schneider, Claus Biederstaedt, Margarete Haagen, Michl Lang, Liesl Karlstadt, Rudolf Vogel, Lina Carstens und Charlotte Witthauer
Regie: Kurt Hoffmann

Finians Rainbow

Finian's Rainbow

Buch von E. Y. Harburg und Fred Saidy
Gesangstexte von E. Y. Harburg
Musik von Burton Lane

New York, 46th Street Theatre, 10. Januar 1947

Produzenten	Lee Sabinson und William R. Katzell
Regie	Bretaigne Windust
Choreographie	Michael Kidd

Deutschsprachige Fassung von Max Colpet
Kaiserslautern, Pfalztheater, 28. September 1975

PERSONEN Finian McLonergan – Sharon, seine Tochter – Woody Mahoney – Susan, seine Schwester – Og, ein irischer Kobold – Billboard Rawkins, Senator – Buzz Collins, sein Sekretär – Howard, sein Diener – Der Sheriff – Zwei Geologen – Mister Robust – Mister Shears – Prediger John – Drei Gospelsänger – Zwei Hilfssheriffs – Weiße und schwarze Einwohner von Rainbow Valley
ORT UND ZEIT Das Regenbogental bei Fort Knox im fiktiven amerikanischen Bundesstaat Missitucky in der ersten Hälfte unseres Jahrhunderts

Der Ire Finian McLonergan, ein vom Whisky beflügelter Phantast, ist davon überzeugt, daß der Reichtum Amerikas magische Ursachen hat. Es ist die geheimnisvolle Kraft des einst in Kalifornien geschürften und nun im Depot von Fort Knox gelagerten Goldes, die von dort über das ganze Land ausstrahlt und viele Amerikaner zu Millionären macht. Finians Theorie gipfelt darin, daß man nur etwas Gold in der Nähe von Fort Knox vergraben muß, um reich zu werden. Deshalb stiehlt er dem Leprechaun Og, einem irischen Märchenwesen, den goldenen Zaubertopf und wandert dann mit seiner Tochter Sharon nach Amerika aus. Sie gelangen in den fiktiven Bundesstaat Missitucky und helfen dort dem Geschwisterpaar Susan und Woody Mahoney aus höchster Not. Der skrupellose Senator Rawkins versucht, Rainbow Valley, das fruchtbare Regenbogental, in seinen Besitz zu bringen, weil Susan und Woody die fällige Landsteuer nicht bezahlen können. Finian hilft ihnen aus und erbittet sich dafür ein Stück Land. Nun erlebt das in der Nähe von Fort Knox gelegene Regenbogental, in dem Weiße und Schwarze einträchtig miteinander leben und arbeiten, einen raschen wirtschaftlichen Aufschwung. Finian ist überzeugt, daß dieser Erfolg dem von ihm dort vergrabenen Goldtopf zu verdanken ist. Der irische Kobold Og ist Finian nach Amerika gefolgt und fordert den Zaubertopf zurück, der im Besitz eines Menschen lediglich drei Wünsche erfüllt, dann jedoch seine Wunderkraft für immer verliert und zu Schlacke wird. Außerdem müssen sich alle irischen Kobolde in Menschen verwandeln, wenn Finian den Zaubertopf behält. Da Finian unnachgiebig bleibt und den vergrabenen Topf nicht herausgibt, stellen Geologen im Regenbogental ein Goldvorkommen fest. Senator Rawkins will dem irischen Siedler das Land abhandeln und droht schließlich unter dem Vorwand eines Verstoßes gegen die Rassengesetze mit Enteignung. In ihrer Empörung wünscht Sharon, der Senator möge ein

Schwarzer werden, um die Auswirkungen seiner Rassenvorurteile am eigenen Leibe zu spüren. Der Kobold Og, der sich langsam in einen Menschen verwandelt, verhilft dann mit dem zweiten Wunsch dem von ihm geliebten stummen Mädchen Susan Mahoney zum Sprechen. Um Sharon, die als Hexe angeklagt ist, vor dem Feuertod zu retten, wird der dritte Wunsch dazu benutzt, den Senator wieder in einen Weißen zurückzuverwandeln. Wie in jedem Märchen, gibt es ein glückliches Ende. Og und Susan werden ein Paar, Sharon findet in Susans Bruder Woody ihre große Liebe, und der Senator ist von seinem Rassenhaß geheilt. Finian verläßt das Regenbogental und geht neuen phantastischen Erlebnissen entgegen.

SONGS This Time of the Year (Um diese Jahreszeit) – How Are Things in Glocca Morra (Wenn ich träum von Glocca Morra) – Look to the Rainbow (Siehst du den Regenbogen) – Old Devil Moon (Schuld bist du und der Mond) – Something Sort of Grandish (Bin so happy, happy-endig) – If This Isn't Love (Verliebt muß man sein) – Necessity (Establishment) – That Great Come-and-Get-It-Day (An dem großen Komm-und-nimm-dir-Tag) – When the Idle Poor Become the Idle Rich (Wenn ein jeder wär so reich wie 'n Millionär) – The Begat (So begann der Beginn) – When I'm Not Near the Girl I Love (Liebt mich die Frau nicht, die ich liebe)

Original Broadway-Besetzung
mit Ella Logan, Donald Richards, David Wayne, Alan Gilbert, Delores Martin, Maude Simmons, Lorenzo Fuller, Jerry Laws und Lewis Sharp
Orchester und Chor unter Leitung von Ray Charles
COLUMBIA RECORDS – CBS

Original Broadway-Besetzung (1960)
mit Bobby Howes, Jeannie Carson, Biff McGuire, Howard Morris, Carol Brice, Sorrell Booke, Jerry Laws, Colonel Tiger Haynes und Bill Glover
Orchester und Chor unter Leitung von Max Meth
RCA RECORDS

Melodienfolge
mit Rosemarie Clooney, Frank Sinatra, Bing Crosby, Debbie Reynolds, Dean Martin, Sammy Davis jr., Lou Monte und Clark Dennis
Orchester und Chor unter Leitung von Morris Stoloff
REPRISE

Original Film-Soundtrack
mit Fred Astaire, Petula Clark, Don Francks und Tommy Steele
Orchester und Chor unter Leitung von Ray Heindorf
WARNER BROS. RECORDS

FILM Seven Arts/Warner Bros. (1968)
Regie: Francis Ford Coppola
Choreographie: Hermes Pan

Frau Warrens Gewerbe

Nach dem gleichnamigen Bühnenstück von George Bernard Shaw
Buch und Gesangstexte von Peter Goldbaum
Musik von Charles Kalman

Madrid, Teatro Reina Victoria, 25. Januar 1974
»La Profesión de la Señora Warren«
Spanische Bühnenfassung von Manuel Collado Alvarez

Köln, Theater am Dom, 23. Dezember 1974

Vertriebsstelle und Verlag deutscher Bühnenschriftsteller und Bühnenkomponisten GmbH, Norderstedt

PERSONEN Kitty Warren – Vivie, ihre Tochter – Sir George Crofts – Pastor Samuel Gardner – Frank, sein Sohn – Praed / George Bernard Shaw
ORT UND ZEIT England 1895

Das Gewerbe der Frau Warren ist das älteste der Welt. Frau Warren leitet einige gut florierende Häuser. Zwar hat sie kaum Zeit, sich um die Erziehung ihrer Tochter Vivie zu kümmern, aber sie ermöglicht ihr eine solide Ausbildung. Vivie hat gerade ihr Universitätsstudium absolviert und kennt keine wirtschaftlichen Sorgen. Sie ahnt aber nicht, womit ihre Mutter diesen Lebensstandard finanziert.
Als Vivie schließlich die Wahrheit erfährt, sagt sie sich von ihrer Mutter los. In ihrer moralischen Entrüstung ist sie unfähig und nicht bereit, für die Welt der Mutter Verständnis aufzubringen. Andererseits steht Frau Warren, die in der Überzeugung lebt, das Beste für ihr Kind getan zu haben, dem Undank und der Kompromißlosigkeit ihrer Tochter fassungslos gegenüber. So ist der endgültige Bruch unvermeidbar. Vivie baut sich ihr eigenes Leben auf und weist jeden Versöhnungsversuch ihrer Mutter als Sentimentalität zurück.

SONGS Üb Kritik – Mütter, holde Wesen – Die fröhliche Landpartie – Wo führt das hin – Ein englisches Idyll – Ein Mann wie ich – Ballade der Frau Warren – Bequem zu sein – Wir holen unsre Kindheit nach – Wovon sollen Reiche leben – Suffragetten-Lied – Kapital, Kapital

Helen Vita in »Frau Warrens Gewerbe«
München, Neue Bühne am Karlstor (1975)

Funny Face

Buch von Paul Gerard Smith und Fred Thompson
Gesangstexte von Ira Gershwin
Musik von George Gershwin

New York, Alvin Theatre, 22. November 1927

Produzenten	Alex A. Aarons und Vinton Freedley
Regie	Edgar MacGregor
Choreographie	Bobby Connolly

PERSONEN Jimmie Reeve – Frankie Wynne, sein Mündel – Peter Thurston, ihr Freund – Dugsie Gibbs und Herbert, ein Gaunerpaar – Dora Wynne – June Wynne – Tänzerinnen und Tänzer
ORT UND ZEIT Amerika in den zwanziger Jahren

Wie »Lady Be Good«, so war auch »Funny Face« durch die Starbesetzung mit Fred Astaire und seiner Schwester Adele Astaire außerordentlich erfolgreich. Das Musical ist eine simple Boulevardkomödie um den energischen Vormund Jimmie Reeve und sein nach Selbständigkeit strebendes Mündel Frankie Wynne. Jimmie Reeve besteht darauf, Frankies Schmuck in einem Safe streng verschlossen aufzubewahren. Sie überredet deshalb ihren Freund Peter Thurston, die kostbaren Perlen für sie aus dem Safe zu stehlen. Gleichzeitig haben es die Gauner Dugsie und Herbert, die sich als Butler ausgeben, auf den Schmuck abgesehen. Selbstverständlich gibt es ein glückliches Ende, Peter Thurston überlistet die Gauner und heiratet Frankie. Turbulente Situationen, schwungvolle Tanzszenen und originelle Songs verhalfen dem Musical zu internationalem Erfolg. Die Geschwister Astaire feierten damit in New York und ein Jahr später auch in London Triumphe.
1956 wurde »Funny Face« verfilmt, wobei eine neue Handlung geschaffen wurde und der Komponist Roger Edens und der Texter Leonard Gershe einige neue Songs schrieben. Die Hauptrollen spielten Fred Astaire und Audrey Hepburn. Der Film lief in Deutschland unter dem Titel »Ein süßer Fratz«. George Gershwins Erfolgsnummer »'S Wonderful« aus dem Musical »Funny Face« war auch 1951 in dem Film-Musical »An American in Paris« (»Ein Amerikaner in Paris«) wieder ein Welthit.

SONGS Funny Face – High Hat – He Loves und She Loves – Let's Kiss and Make Up – 'S Wonderful – Tell the Doc – My One and Only – The Babbit and the Bromide

Original-Besetzung London, Princess Theatre (1928)
mit Fred Astaire, Adele Astaire, Bernard Clifton, Leslie Henson und Sydney Howard
EMI RECORDS – WRC (SH 144)

Original Film-Soundtrack
mit Fred Astaire, Audrey Hepburn und Kay Thompson
Orchester und Chor unter Leitung von Adolph Deutsch
DRG RECORDS / VERVE RECORDS

FILM Paramount (1956)
Regie: Stanley Donen
Choreographie: Eugene Loring und Fred Astaire

Funny Girl

Buch von Isobel Lennart
Gesangstexte von Bob Merrill
Musik von Jule Styne

New York, Winter Garden Theatre, 26. März 1964

Produzent	Ray Stark
Regie	Garson Kanin und Jerome Robbins
Choreographie	Carol Haney

PERSONEN Fanny Brice – Nick Arnstein – Mrs. Brice, Fannys Mutter – Mrs. Strakosh – Mrs. O'Malley – Mrs. Meeker – Eddie Ryan – Tom Keeney – Florenz Ziegfeld jr., Produzent – Show-Künstler, Girls, Theaterpersonal, Musiker, Choristinnen und Choristen, Tänzer und Tänzerinnen, Partygäste

ORT UND ZEIT New York, Baltimore und Long Island um 1920

Barbra Streisand in dem Film »Funny Girl« (1956)

Das Musical schildert den Aufstieg eines Mädchens aus einfachen Verhältnissen zum gefeierten Revuestar. Die Story stützt sich auf die bereits mehrfach verfilmte Lebensgeschichte der historischen Fanny Brice, die für das amerikanische Revuetheater der zwanziger und dreißiger Jahre zu einem Begriff wurde. Fanny Brice war das Kind armer jüdischer Einwanderer aus Osteuropa und wuchs in Brooklyn auf. Komödiantisch begabt, hatte sie von Kindheit an den Wunsch, zur Bühne zu gehen. Hartnäckig verfolgte sie dieses Ziel und wurde tatsächlich ein Star. Dann lernte sie den eleganten Spieler und Abenteurer Nick Arnstein kennen. Zur gleichen Zeit wurde sie von dem New Yorker Revuekönig Florenz Ziegfeld verpflichtet, um in seinen berühmten »Ziegfeld Follies« im New Amsterdam Theatre aufzutreten.

Damit war der Höhepunkt ihres märchenhaften Aufstiegs erreicht. Nun steht sie vor dem Dilemma, entweder ihre Karriere fortzusetzen oder das Heiratsangebot von Nick Arnstein anzunehmen. Sie entscheidet sich für den Geliebten, verläßt die Bühne, muß aber bald erkennen, daß ihr Mann kriminell und in dunkle Geschäfte und Betrugsaffären verwickelt ist. Fanny Brice kehrt zum Theater zurück und faßt den Entschluß, ihre Liebe zu überwinden und sich von Nick Arnstein zu trennen.

SONGS If a Girl Isn't Pretty – I'm the Greatest Star – Cornet Man – Who Taught Her Everything – His Love Makes Me Beautiful – I Want to Be Seen with You Tonight – Henry Street – People – You Are Woman, I Am Man – Don't Rain on My Parade – Sadie, Sadie – Find Yourself a Man – Rat-tat-tat-tat – Who Are You Now – The Music That Makes Me Dance

⊙ Original Broadway-Besetzung
mit Barbra Streisand, Sydney Chaplin, Danny Meehan, Kay Medford und Jean Stapleton
Orchester und Chor unter Leitung von Milton Rosenstock
CAPITOL RECORDS

Original-Film-Soundtrack
mit Barbra Streisand und Omar Sharif
Orchester und Chor unter Leitung von Herbert Ross
COLUMBIA RECORDS – CBS

FILM Columbia (1968)
Regie: William Wyler
Choreographie: Herbert Ross

Gaudí

Buch und Musik von Eric Woolfson (Begründer der Popgruppe »The Alan Parsons Project«); für die zweite Premiere erweitert durch die Verwendung verschiedener Texte von William Morris, John Ruskin, Joseph von Eichendorff und Robert Walser

Aachen, Stadttheater, 9. Oktober 1993;
danach erneute Premiere in Alsdorf bei Aachen, 26. Mai 1995

Produzent Friedrich-Carl Coch
Regie Elmar Ottenthal
Choreographie Kimberly Pöschl-Duddy
Veranstalter Gaudí Musicals GmbH

PERSONEN Don Parker, Schriftsteller – Mark Winner, Agent – Isabella, Mark Winners Freundin und Assistentin – Der Alte Mann
ORT UND ZEIT Barcelona der Gegenwart

Der Titel des Musicals bezieht sich auf den 1852 in Reus/ Katalonien geborenen Architekten Antoni Gaudí (Antonio Gaudí y Cornet), der durch seine auf philosophischem Grundverständnis basierenden außergewöhnlichen Bauwerke und eine aus dieser Haltung resultierende eigenwillig-asketische Lebensweise bekannt geworden ist: Gaudí verstand seine Aufgabe als künstlerische Herausforderung und definierte seine für den Menschen gestalteten Bauwerke als Teil der Schöpfung; künstlerische Fragen haben jeweils Vorrang vor sämtlichen übrigen Belangen. Das Mäzenatentum des Grafen von Güell ermöglichte Gaudí ein relativ uneingeschränktes Wirken. Im Jahr 1883 nahm der Architekt den Auftrag an, den Bau der Sagrada Familia, einer Kathedrale in Barcelona, weiterzuführen. Im Bewußtsein, daß ein derartiges Bauwerk nicht von einer Generation fertiggestellt werden könne, widmete sich Gaudí die letzten 40 Jahre eines Lebens ausschließlich dieser Kirche. Der auch als Schöpfer des »neukatalanischen Jugendstils« bezeichnete Gaudí starb 1926 in seiner letzten Wirkungsstätte Barcelona.

Für seinen Roman »Dragon in the Park« erhält der Schriftsteller Don Parker in Barcelona den »Gaudí-Literaturpreis«; er erfreut sich – bedrängt von Reportern und Autogrammjägern – plötzlicher Berühmtheit. Mark Winner und dessen Freundin Isabella, Don Parkers Agenten, wittern große Geschäfte mit der Verfilmung des Romanstoffes und halten einen Vertrag bereit, der ihnen die Filmrechte an »Dragon in the Park« sichern soll. Der Schriftsteller, mit den Plänen einer totalen Vermarktung überfordert, flieht in die Straßen Barcelonas. Zwischen den Häusern seines Vorbildes Gaudí trifft er auf einen alten Mann, der ihn stark an sein Vorbild erinnert. Don Parker beschließt, angeregt durch diese Begegnung, seinen eigenen Vorsätzen treu zu bleiben und seinem Vorbild gemäß künstlerische Interessen vor Gewinnstreben zu setzen. Isabella, von Mark Winner auf Parker angesetzt, versucht nun, den Schriftsteller davon zu überzeugen, daß es einen Kompromiß zwischen Kunst und Geld geben kann. Parker reagiert darauf seinerseits mit dem Versuch, Isabella von der Notwendigkeit künstlerischer Freiheit zu überzeugen. Um Isabella seine Ansichten deutlich zu machen, lädt Don Parker sie um Mitternacht in den Park Güell ein, um ihr anhand der Werke Gaudís seine Haltung zu verdeutlichen; er berichtet Isabella von Geschichten und Gerüchten um Gaudí im Park. Die geheimnisvolle Atmosphäre im nächtlichen Park und die Wirkung der Bauwerke Gaudís bleibt nicht ohne Folgen: Isabella und Parker verlieben sich, ohne zu ahnen, daß sie von Winner beobachtet werden. Der Agent glaubt angesichts seiner Beobachtungen, daß Isabella mit dem gemeinsamen Plan erfolgreich sei. Don Parker spürt trotz seiner Verliebtheit nun auch, daß seine künstlerischen Ideale nicht nur durch gewinnbringende Interessen, sondern auch durch die Liebe zu Isabella gestört werden könnten.

In einer Traumsequenz sieht er seine Zweifel bestätigt: Isabella erscheint ihm und offenbart ihm ihre Gefühle. Als er versucht, sie zu berühren, gelingt es ihm nicht.

Auf der Baustelle der Sagrada Familia, Gaudís berühmtestem Bauwerk, sucht Don Parker die Nähe und Hilfe des Baumeisters; er begegnet dort erneut dem alten Mann, der ihn auf den rechten Weg der Kunst zu bringen versucht. Der Schriftsteller fühlt sich jedoch mehr und mehr auch durch die Anforderungen des alten Mannes bedrängt und erkennt, daß er sich von allen möglichen Abhängigkeiten, vom Ruhm, von der Liebe und von seinem Vorbild befreien muß, um zu sich selbst zu gelangen und seine wahren künstlerischen Bestrebungen zu erkennen. Parker muß darüber hinaus zusehen, wie Isabella Mark Winner ihre Liebe zu dem Schriftsteller gesteht und den Agenten verläßt. Er er-

kennt nun, daß Isabella und Winner das Vorhaben, ihn für ihre Projekte zu gewinnen, gemeinsam geplant haben. Der Schriftsteller weist Isabella nun ab, als sie wieder zu ihm zurückkehren will. Nun erkennt nicht nur Isabella ihre Einsamkeit, sondern Mark Winner selbst muß einsehen, daß die Macht des Geldes versagt hat.
Während seiner erneuten Suche irrt Don Parker in Barcelona umher und gelangt zum Bahnhof; dort muß er zusehen, wie der alte Mann von einem Zug erfaßt wird und stirbt. Der Tod des alten Mannes, der dem seines Vorbildes Gaudí entspricht, erscheint dem Schriftsteller wie eine Befreiung von seinem »Über-Ich«. Die Erkenntnis, die er aus dem Vorfall gewinnt und die auch für Isabella und Mark Winner gilt, wird nun deutlich: Jeder muß seinen eigenen Weg ohne fremde Hilfe für sich allein finden.

CB

SONGS What Are You Going To Do Now? – Money Talks – Closer To Heaven – Standing On Higher Ground – Tango Güell – Parca Güell – Puppet Master – Inside Looking Out – Work Song – Too Late – Forbidden Frust – Lonely Song – La Sagrada Familia

Studioaufnahme mit dem Ensemble des Stadttheaters Aachen
WEA

Gigi

Nach dem gleichnamigen Roman von Sidonie-Gabrielle Colette
und dem gleichnamigen amerikanischen Film-Musical
Buch und Gesangstexte von Alan Jay Lerner
Musik von Frederick Loewe

New York, Uris Theatre, 13. November 1973

Produzenten	Edwin Lester und Saint-Rubber (The Los Angeles and San Francisco Civic Light Opera Association)
Regie	Joseph Hardy
Choreographie	Onna White

Deutschsprachige Fassung von Robert Gilbert
Wien, Theater an der Wien, 24. Oktober 1974

Bühnenverlag Felix Bloch Erben, Berlin

PERSONEN Honoré Lachailles – Gaston, sein Neffe – Gigi – Inez Alvarez, ihre Großmutter – Tante Alicia – Liane d'Exelmans – Maître Dufresne und Maître Duclos, Rechtsanwälte – Straßenpassanten, Restaurant-, Hotel- und Badegäste, Kellner, Hotelpersonal, Diener, ein Tanzlehrer, ein Couturier, Mannequins, Kanzlisten und ein Telefonmonteur
ORT UND ZEIT Paris und Trouville, in der einfachen bürgerlichen Atmosphäre der Wohnung von Inez Alvarez und in der Pariser Lebewelt um die Jahrhundertwende

Johannes Heesters in »Gigi«
Wien, Theater an der Wien (1974)

Die kleine Pariserin Gigi wird von ihrer Großmutter Inez Alvarez erzogen. Lediglich die Besuche des reichen jungen Lebemannes Gaston bringen ein wenig Abwechslung und einen Hauch des amourösen Pariser Lebens in den soliden kleinbürgerlichen Alltag. Gaston ist der Neffe des vermögenden Honoré Lachailles, und beide führen ein ebenso sorgenfreies wie versnobtes Junggesellendasein.
Gigis Großmutter und die Tante Alicia denken an Gigis Zukunft und sind bemüht, ihr zu einer guten gesellschaftlichen Stellung zu verhelfen. Deshalb gibt Tante Alicia ihre Erfahrung im Umgang mit der Pariser Lebewelt an Gigi weiter, die jedoch in ihrer Naivität mit diesen profitsüchtigen Verführungskünsten wenig anfangen kann. Gaston, der sich hin und wieder von seinen die Klatschspalten der Pariser Boulevardpresse füllenden Abenteuern in der schlichten und natürlichen Atmosphäre von Gigis Welt erholt, lädt Gigi und deren Großmutter zu einer Badereise nach Trouville ein. Dort erkennt Gaston, daß die kleine Gigi inzwischen kein Kind mehr ist. Er will sie zu seiner Geliebten machen. Ein offizieller Vertrag soll die finanzielle Seite der Liaison regeln und Gigis Zukunft sichern. Tante Alicia und Gigis Großmutter handeln vorteilhafte Bedingungen aus, aber Gigi lehnt ab. Gaston ist fassungslos und fühlt sich verschmäht, zugleich fasziniert ihn jedoch Gigis moralische Konsequenz. Als Gigi ihm dann gesteht, daß sie ihn trotzdem liebt, ist er glücklich und bereit, sie zu heiraten.

SONGS Thank Heaven for Little Girls (Dem Himmel sei Dank dafür) – It's a Bore (Es ist fad) – I Don't Understand the Parisians (Ich kann's nicht verstehn, ihr Pariser) – The Earth and Other Minor Things (Die Welt und andre Bagatell'n) – Paris Is Paris Again (Paris ist noch immer Paris) – She Is Not Thinking of Me (Nur für mich ist sie das nicht) – The Night They Invented Champagne (Der Mann, der Champagner erfand) – I Remember It Well (Ich erinnre mich gut) – I Never Want to Go Home Again (Ich möchte nie mehr nach Hause gehn) – The Telephone (Hier, ihr Telefon, Madame) – Gigi – The Contract (Der Kontrakt) – I'm Glad I'm Not Young Anymore (Ich bin Gott sei Dank nicht mehr jung) – In this Wide, Wide World (In der weiten Welt) – At Maxim's

Original Broadway-Besetzung
mit Alfred Drake, Daniel Massey, Karin Wolfe, Maria Karnilova, Agnes Moorehead, George Gaynes und Howard Chijtian
Orchester unter Leitung von Ross Reimueller
RCA RECORDS

Einzelaufnahmen mit Johannes Heesters
Orchester des Theaters an der Wien
unter Leitung von Johannes Fehring
PREISER RECORDS (10 JAHRE MUSICAL IM THEATER AN DER WIEN)
EMI Electrola

Original-Besetzung Berlin, Theater des Westens (1976)
mit Johannes Heesters, Bob Franco, Christiane Rücker, Heli Finkenzeller, Loni Heuser, Kurt Schuh, Wilfried Starke, Axel Baumfeld und Horst Wegener
Orchester unter Leitung von Henry Barenblat
FAIR PLAY (Mimos-Verlag, Arlesheim/Basel)

Original Film-Soundtrack
mit Maurice Chevalier, Louis Jourdan, Leslie Caron und Hermione Gingold
Orchester unter Leitung von André Previn
MGM RECORDS

FILM MGM (1958)
Regie: Vincente Minnelli

Girl Crazy

Buch von Guy Bolton und John McGowan
Gesangstexte von Ira Gershwin
Musik von George Gershwin

New York, Alvin Theatre, 14. Oktober 1930

Produzenten	Alex A. Aarons und Vinton Freedley
Regie	Alexander Leftwich
Choreographie	George Hale

Deutschsprachige Fassung von Max Colpet
Kaiserslautern, Pfalztheater, 19. Februar 1977

Music International Productions, Clifton Park/New York

PERSONEN Danny Hill – Molly Gray – Kate Fothergill, Barsängerin – Slick Fothergill, Croupier – Sam Mason, Manager – Gieber Goldfarb, Taxichauffeur – Pete, Hotelbesitzer – Lank und Jake, Banditen – Ein mexikanischer Polizist, ein Hotelportier, ein Kellner, ein Bahnbeamter, Girls und Cowboys, Mexikaner und Mexikanerinnen
ORT UND ZEIT In Arizona und Mexiko zu Ende der zwanziger Jahre

In der inhaltlich etwas veränderten deutschen Fassung des Musicals ist Danny Hill ein New Yorker Entertainer und Playboy, der die Farm seines verstorbenen Onkels in Arizona geerbt hat. Um sein Erbe anzutreten und die Farm möglichst schnell zu Geld zu machen, fährt Danny nach Arizona. In der nahe der Farm gelegenen kleinen Siedlung Custerville scheint die Zeit stehengeblieben zu sein. Dort herrschen noch Verhältnisse wie seinerzeit im Wilden Westen. Es gibt schießwütige Cowboys und Banditen, einen ermordeten Sheriff und nur alte und häßliche Frauen. Die einzige Ausnahme ist die Briefträgerin Molly Gray, die der Schürzenjäger Danny sofort zu erobern versucht. Da Molly seine Zudringlichkeiten entschieden zurückweist, reizt sie den erfolggewohnten Playboy um so mehr. Als sich für die heruntergewirtschaftete Farm kein Käufer findet, rät Molly dem in der Landwirtschaft unerfahrenen Danny, für streßgeplagte Großstädter aus dem alten Anwesen einen romantischen Ferienaufenthalt mit Rodeo- und Saloon-Atmosphäre zu machen. Mit Feuereifer widmet sich Danny dieser neuen Aufgabe und beginnt, sich für das Landleben zu begeistern. Nun tauchen Dannys Freunde aus New York und San Francisco auf, und auf der Farm entwickelt sich ein großstädtischer Trubel mit Nachtklub und Spielkasino. Das führt zu harten Auseinandersetzungen mit den Leuten von Custerville, insbesondere mit der Banditenclique um Pete, dem Besitzer des dortigen kleinen Hotels. Auf einer Fiesta in dem benachbarten mexikanischen Grenzort San Luz erreichen die turbulenten Ereignisse ihren Höhepunkt. Sam Mason, Dannys ehemaliger Manager, macht sich an Molly heran und schürt ihre Eifersucht auf Dannys frühere Freundin und Bühnenpartnerin Kate. Diese Methode, sich gegenseitig die Mädchen auszuspannen, hatte die Freundschaft der beiden Playboys Danny und Sam schon früher ständig belastet. Als Sam, der beim Roulette viel Geld gewonnen hat, während der Fiesta überfallen und ausgeraubt wird, fällt der Verdacht auf den eifersüchtigen Danny. Doch der neugewählte Sheriff von Custerville, Dannys alter Freund Gieber Goldfarb, entlarvt als Täter die Banditen Lank und Jake. Danny kann seine Molly zurückgewinnen und ist von seinem einstigen Drang, jedem hübschen Mädchen nachzulaufen, endgültig geheilt.

SONGS The Lonesome Cowboy – Bidin' My Time (Laß dir Zeit) – Could You Use Me (Was kann ich für dich tun) – Broncho Busters (Ja, wir sind Cowboys) – Barbary Coast – Embraceable You (Umarm mich) – Sam and Delilah (Samson und Delila) – I Got Rhythm (Ich lieb Rhythmus) – But Not for Me (Doch nicht für mich) – Treat Me Rough (Quält mich nur) – Boy, What Love Has Done to Me (Toll, was man aus Liebe tut) – Cactus Time in Arizona

Melodienfolge
mit Mary Martin, Eddie Chappell und Louise Carlyle
Orchester und Chor unter Leitung von Lehman Engel
COLUMBIA RECORDS – CBS

FILM RKO (1932)
mit Bert Wheeler und Robert Woolsey
Regie: William A. Seiter

MGM (1943)
mit Judy Garland, Mickey Rooney und June Allyson
Regie: Norman Taurog

MGM (1965)
(When the Boys Meet the Girls)
mit Harve Presnell und Connie Francis
Regie: Alvin Ganzer

Das Glas Wasser

Nach dem gleichnamigen Lustspiel von Augustin Eugène Scribe
und dem gleichnamigen Film-Musical
Buch und Gesangstexte von Helmut Käutner
Musik von Bernhard Eichhorn und Roland Sonder-Mahnken

Wien, Theater an der Wien, 20. Februar 1977

Theaterverlag Kurt Desch, München

PERSONEN Anna Stuart, Königin von England – Sarah Churchill, Herzogin von Marlborough – Henry Saint John, Viscount of Bolingbroke – Arthur Masham, sein Neffe – Abigail, Hofdame der Königin – Marquis de Torcy, französischer Gesandter – Der Butler der Königin – Der Beichtvater der Königin – Der Zeremonienmeister – Hofgesellschaft, Demonstranten, Vorsänger und Chor
ORT UND ZEIT London zur Zeit des Spanischen Erbfolgekrieges um 1710

In diesem turbulenten Intrigenspiel um Liebe und Politik geht es um die historische Auseinandersetzung der englischen Parteien der Torys und der Whigs. Die Politik des Herzogs von Marlborough als Repräsentant der Whigs wird von der Herzogin vertreten, da ihr Mann im Kriege ist und als Feldherr Ruhm erwirbt. Henry Saint John, der spätere Lord Bolingbroke, tritt als Wortführer der Torys für eine Beendigung des Krieges gegen Frankreich ein. Er will die Marlboroughs stürzen und Premierminister werden. Entscheidungslos schwankt die leicht beeinflußbare Königin zwischen den beiden Parteien. Es gibt zahlreiche Intrigen, wobei Henry Saint John seinen Neffen Arthur Masham und dessen Braut Abigail geschickt für seine Interessen einsetzt. Masham hat im Duell Lord Richard Bolingbroke getötet. Als dessen Erbe ist Henry Saint John, der nunmehrige Viscount of Bolingbroke, unerwartet aller wirtschaftlichen Schwierigkeiten enthoben. Ohne daß die eine von den Ambitionen der anderen weiß, interessieren sich die Königin und auch die Herzogin für den jungen Masham und versuchen, ihn durch heimliche Protektion an sich zu binden. Da außerdem die Juwelenverkäuferin Abigail zur Hofdame und Vertrauten der Königin avanciert, ergeben sich für Lord Bolingbroke Einflußmöglichkeiten, die er mit raffiniertem Kalkül nutzt. So liefern sich die Herzogin und Lord Bolingbroke Kabinettstücke höfischer Diplomatie. In der Affäre um ein Glas Wasser erreicht diese Auseinandersetzung ihren Höhepunkt. Lord Bolingbroke weiß durch Abigail, daß die Königin auf dem Hofball ein Unwohlsein vortäuschen und Masham um ein Glas Wasser bitten will, um sich dann mit ihm zurückziehen zu können. Er deutet der Herzogin an, daß sie unter den Damen des Hofes eine Nebenbuhlerin habe, nennt jedoch keinen Namen. Er verrät ihr lediglich, daß ein Glas Wasser enthüllen wird, wer diese Dame ist. Als sich dann herausstellt, daß es sich um die Königin handelt,

Gustaf Gründgens und Hilde Krahl
in dem Film »Das Glas Wasser« (1960)

verliert die verblüffte Herzogin ihre Sicherheit, reagiert unbeherrscht und fällt dadurch in Ungnade. Nun hat die Herzogin von Marlborough das Spiel verloren, Lord Bolingbroke bildet eine neue Regierung, und Arthur Masham und Abigail werden ein Paar.

SONGS Das Glas Wasser – Ich bin Henry Saint John – Ich liebe dich – Nicht nur Mädchen sind gefährdet – Audienz – Das ist die Lage der Nation – Die Herzogin von Marlborough – Henry, was nun / Largo von Georg Friedrich Händel – Schöne Queen, arme Queen – Bluff – Warum reimt sich Herz auf Schmerz – Barock and Roll – Heute nacht – Es muß an Arthur selber liegen – Party-Song – Wer wagt, gewinnt – Das Spiel ist aus

Original Film-Soundtrack
mit Gustaf Gründgens, Hilde Krahl, Liselotte Pulver
und Sabine Sinjen
Orchester unter Leitung von Bert Kaempfert
DEUTSCHE GRAMMOPHON GESELLSCHAFT

FILM Deutsche Film Hansa (1960)
Regie: Helmut Käutner

Der Glöckner von Notre Dame

Buch von James Lapine nach dem Roman »Notre-Dame de Paris« von Victor Hugo
Gesangstexte von Stephen Schwartz
Musik von Alan Menken
Deutsche Übersetzung von Michael Kunze

Berlin, Musical Theater, 5. Juni 1999

Regie	James Lapine
Choreographie	Glen Kelly
Veranstalter	Stella Musical AG

PERSONEN Quasimodo, Glöckner von Notre Dame – Frollo, Stadtvogt – Clopin, Zigeunerkönig – Esmeralda, Zigeunerin – Phoebus, Hauptmann – Antoine, Charles und Loni Yvonne, Wasserspeier – Domdekan
ORT UND ZEIT Paris im 15. Jahrhundert (1462 und 1482)

Im Paris des Jahres 1462 geht der königliche Stadtvogt und Richter Frollo erbarmungslos gegen die Zigeuner vor, die sich immer zahlreicher in der Stadt einfinden. Er entdeckt eine Zigeunerin und beschuldigt sie des Diebstahls; nachdem die Frau im Streit getötet worden ist, finden Frollo und der Domdekan in dem von ihr hinterlassenen Lumpenbündel ein mißgestaltetes Kind. Der Domdekan verlangt vom Richter, als Sühne für den Tod der Zigeunerin die Verantwortung für das Kind zu übernehmen, dem Frollo den Namen Quasimodo gibt.

Nach zwanzig Jahren ist Quasimodo in der Einsamkeit des Glockenturmes zu einem trotz seiner Entstellung kräftigen jungen Mann herangewachsen. Er darf die Glocken der Kathedrale von Notre Dame läuten, seine einzigen Freunde sind die drei steinernen Wasserspeier. Als auf dem Marktplatz das alljährliche Narrenfest vorbereitet wird, bittet Quasimodo seinen Erzieher Frollo um die Erlaubnis, daran teilnehmen zu dürfen. Da ihm dies verwehrt wird, verkleidet er sich und schleicht heimlich auf das Fest, wo er neben dem allgemeinen Treiben den verführerischen Tanz der Zigeunerin Esmeralda beobachten kann, dem auch Frollo und sein Hauptmann Phoebus erliegen. Als der Narrenpapst, das häßlichste Gesicht von Paris, gewählt werden soll, ermuntert Esmeralda den unbekannten Buckligen zur Teilnahme. Quasimodo wird zum Narrenpapst gekrönt. Bei seiner Demaskierung erkennt die Menge in ihm den verkrüppelten Glöckner der Kathedrale, verhöhnt ihn und fesselt ihn an den Pranger. Während Frollo zusieht, wie sein Schützling gequält wird, gelingt es Esmeralda, Quasimodo zu befreien. Daraufhin beschuldigt Frollo sie der Hexerei und befiehlt dem Hauptmann Phoebus, die beiden festzunehmen.

Esmeralda hat sich in der Kathedrale versteckt. Frollo und Phoebus sind ihr gefolgt, können aber nichts ausrichten, da

ihr der Domdekan Kirchenasyl gewährt. Die schöne Zigeunerin versucht, Quasimodos Freundschaft zu gewinnen und folgt ihm auf den Glockenturm. Von ihrer Zuwendung überrascht und verwirrt, verhilft dieser ihr zur Flucht. Erneut wird sie von Phoebus gestellt, der sie jedoch laufen läßt, denn er ist nicht nur von ihrer Schönheit beeindruckt, sondern auch von ihrer Redlichkeit überzeugt.
Unterdessen hat Frollo seine Befehle verschärft und damit begonnen, auch all jene zu verfolgen, die den Zigeunern Unterschlupf gewähren oder zur Flucht verhelfen. Als sich Phoebus ihm gegenüber weigert, ein Haus niederzubrennen, das der Richter für das Versteck Esmeraldas hält, wird auch der Hauptmann zum Gejagten: Phoebus wird angeschossen und stürzt in die Seine, aus der er von Esmeralda gerettet wird.
Esmeralda veranlaßt Phoebus, in der Kathedrale von Notre Dame Schutz zu suchen; Quasimodo verbirgt ihn. Bald taucht Frollo bei Quasimodo auf und stellt ihm eine Falle, indem er ihm ankündigt, im Morgengrauen das Versteck der Zigeuner anzugreifen, das er ausfindig gemacht habe und in dem er auch Esmeralda vermutet. Beim gemeinsamen Versuch des Glöckners und des Hauptmanns, die Zigeunerin zu warnen, geraten alle drei in die Fänge des Richters. Dabei erkennt der enttäuschte Quasimodo, daß Esmeralda und Phoebus ineinander verliebt sind. Esmeralda und Phoebus werden verhaftet, der Glöckner wird in Ketten in den Glockenturm zurückgebracht.
Am Tag vor dem geplanten Flammentod der Zigeunerin sucht Frollo Esmeralda im Kerker auf und macht ihr das Angebot, ihr und Phoebus die Freiheit zu geben, wenn sie bereit sei, ihm zu gehören. Phoebus rät ihr, um ihrer selbst willen darauf einzugehen. Als beide jedoch am nächsten Tag auf den Richtplatz geführt werden und Frollo im Angesicht der an den Pfahl gebundenen Esmeralda sein Ansinnen

»Der Glöckner von Notre Dame«
Berlin, Musical Theater (1999)

wiederholt, spuckt diese ihm ins Gesicht. Daraufhin läßt der Richter das Feuer entzünden. Nun schwingt sich Quasimodo verzweifelt an einem Seil zum Scheiterhaufen, löst Esmeraldas Fesseln und flieht mit ihr in die Sicherheit Notre Dames. Im Handgemenge gelingt auch Phoebus die Flucht. Frollo befiehlt seinen Leuten, die Kathedrale zu stürmen, doch der Glöckner schüttet geschmolzenes Blei auf sie herab und eilt zu Esmeralda, die er nun gerettet glaubt. Aber Esmeralda ist schwer verletzt, bedankt sich bei Quasimodo und gesteht ihm, daß für sie die wahre Schönheit die der Seele sei. Inzwischen ist Frollo in den Glockenturm eingedrungen; beim Anblick Esmeraldas beginnt er, sich zu verteidigen, und beruft sich scheinheilig auf Recht und Gesetz. Als er versucht, den aufgebrachten Quasimodo erst zu beruhigen, dann jedoch zu überwältigen, kommt es zum Kampf, und der einstmalige Schützling stößt seinen früheren Herrn und Meister vom Dach der Kathedrale. Quasimodo ist nun frei: Er verläßt Notre Dame, in seinen Armen die schöne Zigeunerin, die jetzt ihm allein gehört.

TF

SONGS Die Glocken Notre Dames – Zuflucht – Draußen – Tanz auf dem Seil – Ein bißchen Freude – Drunter - Drüber – Hilf den Verstoß'nen – Hoch über der Welt – Das Licht des Himmels – Das Feuer der Hölle – Esmeralda – Trommeln in der Stadt – Ein Mann wie du – Weil du liebst – Tanz der Zigeuner – Wie aus Stein – Einmal – Finale ultimo

Aufnahme der Berliner Produktion 1999
STELLA MUSIC

Soundtrack des Films
DISNEY

FILM The Hunchback of Notre Dame; Zeichentrickfilm, USA 1996 (Vorlage des Musicals)

Godspell

Nach dem Matthäus-Evangelium
Buch von John-Michael Tebelak
Musik und Gesangstexte von Stephen Schwartz

New York, Cherry Lane Theatre, 17. Mai 1971
Produzenten Edgar Lansbury, Stuart Duncan und Joseph Beruh
Regie John-Michael Tebelak

Deutschsprachige Fassung von Norman Foster und Robert Gilbert
Hamburg, Hauptkirche St. Petri, 10. Februar 1972

Verlag Samuel French Ltd., London

PERSONEN Zehn junge Leute der Jesus-People-Bewegung, fünf Mädchen und fünf Jungen, die zugleich Jesus, Judas, Johannes den Täufer und andere Gestalten des biblischen Geschehens darstellen
ORT UND ZEIT New York oder irgendeine andere Großstadt der westlichen Welt in der Gegenwart

Ensembleszene aus »Godspell«
Vereinigte Bühnen Graz, Schauspielhaus (1979)

Dieses Rock-Musical erzählt die Lebens- und Leidensgeschichte Jesu nach dem Matthäus-Evangelium des Neuen Testaments. Die Musik, Gesang, Tanz und Sprache, Pantomime, Akrobatik und andere Show-Elemente vereinigende Darstellung zielt auf Improvisation in der Art der italienischen Commedia dell'arte, auf Gelöstheit, Spontanität und Heiterkeit.

Zehn junge Menschen unserer Zeit suchen Gott. Nach anfänglicher Verwirrung über die Vielfalt philosophischer Weltvorstellungen und die Haarspaltereien christlicher Glaubensauslegungen beginnt sich dann ein Weg abzuzeichnen, der sich am unmittelbaren, schlichten biblischen Wort und Gleichnis orientiert. Indem sie das Bibelgeschehen mit Slapstick-Komik und Clownerie in szenische Aktion umsetzen und dabei in viele Rollen schlüpfen, erleben sie das Mysterium des Glaubens. So vermittelt diese moderne Pop-Version des Evangeliums ein Lebensgefühl der Brüderlichkeit und eine Glaubenszuversicht, die bei allem spielerischen Übermut der christlichen Botschaft entspricht.

SONGS Prepare Ye the Way of the Lord (Bereitet den Weg für den Herrn) – Save the People (Gott, hilf dem Menschen) – Day By Day (Tag für Tag) – Learn Your Lesson Well (Lernt die Lektion) – Bless the Lord (O segne Gott, mein' Seel') – All for the Best (Dann hat sich's gelohnt) – All Good Gifts (Gut und schön ist alles, was nur der Himmel uns gibt) – Light of the World (Du bist das Licht in der Welt) – Turn Back, O Man (Kehr um, o Mensch) – Alas for You (Geschieht euch recht) – By My Side / Musik von Peggy Gordon, Text von Jay Hamburger (Warum mußt du gehen) – We Beseech Thee (Wir beschwör'n dich, hör uns) – On the Willows (An den Weiden dort)

⊙ Original-Besetzung New York
mit Stephen Nathan, David Haskell, Robin Lamont, Gilmer McCormick, Joanne Jonas, Lamar Alford, Herb Simon, Peggy Gordon, Jeffrey Mylett und Sonia Manzano
ARISTA RECORDS – BELL RECORDS

⊙ Original-Besetzung London, Wyndham's Theatre (1971)
mit David Essex, Jeremy Irons, Julie Covington, Verity-Anne Meldrum, Marti Webb, Tom Saffery, Deryk Parkin, Jacquie-Ann Carr, Gay Soper und Neil Fitzwilliam
ARISTA RECORDS – BELL RECORDS

Original-Besetzung Hamburg
mit Heinz Ehrenfreund, Joe Bogosyan, Marion Marlon, Angelika Milster, Gayn Pierre, Rod Keating, Roland Astor, John Waddell, Hannah Hoger und Helmut Sommer
REPRISE

Original Film-Soundtrack
mit Victor Garber, David Haskell, Robin Lamont, Joanne Jonas, Lynne Thigpen, Merrell Jackson, Jerry Sroka, Gilmer McCormick, Jeffrey Mylett und Katie Hanley
ARISTA RECORDS

FILM Columbia (1973)
Regie: David Greene
Choreographie: Sam Bayes

Die Gräfin vom Naschmarkt

Nach der Erzählung »Madam La Gimp« von Damon Runyon
Buch und Gesangstexte von Kurt Nachmann
Musik von Erwin Halletz

Wien, Theater an der Wien, 2. Oktober 1978

Bühnenverlag Theater an der Wien Betriebs-GmbH, Wien

PERSONEN Rózsi Sándor, die Gräfin vom Naschmarkt – Ann, ihre Tochter – Stefan Berger, der Doktor vom Naschmarkt – Marion Schimek, Barsängerin – Baron Franz Nikolaus von Weyden, ein Spieler und Gigolo – Benjamin J. Mulligan, ein texanischer Öl-Millionär – Ted, sein Sohn – Jeremiah, Butler – Die Würstel-Wally – Tschick, ein Standler – Sophie Schöberl, Standlerin – Burli, Markthelfer – Ferdinand, Straßenhändler – Dingerl, Taschendieb – Kukuk, Werkelmann – Jonny Joker, Wett-Agent – Hopf, Kriminalkommissar – Der Theaterdirektor – Pepi Wondruschka, Theaterportier – Kiki, Lilly, Dolly und Gucky, Dirnen – Armin Krakowitzer, Besitzer der Marabu-Bar – Ein Schieber – Der Wirt eines Naschmarkt-Cafés – Kurz und Bündig, zwei Straßensänger – Marktvolk, ein Pianist, die Pipsy-Singers, Kellner und Bargäste
ORT UND ZEIT Wien 1926

Marika Rökk in »Die Gräfin vom Naschmarkt«
Wien, Theater an der Wien (1978)

Der Naschmarkt ist ein traditionsreicher Wiener Markt, der wegen der Fülle seiner Produkte ebenso berühmt ist wie durch die Vielfalt der dort anzutreffenden volkstümlichen Typen. Eines dieser Naschmarkt-Originale ist die trunksüchtige ungarische Horoskopverkäuferin Rózsi Sándor. Einst hatte sie in dem am Naschmarkt gelegenen Theater an der Wien als Star Triumphe gefeiert, bis durch Nachkriegselend und Inflation ihre Karriere jäh unterbrochen wurde. Sie trauert dem vergangenen glanzvollen Leben nach und wird vom Marktvolk gutmütig-spöttisch die Gräfin vom Naschmarkt genannt. Außer ihr gibt es noch andere gescheiterte Existenzen unter den Naschmarkt-Typen, so den »Doktor« Stefan Berger, der lediglich ein paar Semester Jura studiert hat und nun den Ganoven und Schiebern juristische Ratschläge erteilt. Die einzige, die an den Adel der Gräfin vom Naschmarkt glaubt, ist Rózsi Sándors in Amerika aufgewachsene Tochter Ann, die den Sohn des texanischen Öl-Millionärs Mulligan heiraten will. Da der zukünftige Schwiegervater die gräfliche Familie kennenlernen möchte und mit dem jungen Paar bereits nach Wien unterwegs ist, gerät Rózsi Sándor in große Verlegenheit. Damit das Glück ihrer Tochter nicht zerstört wird, stehen ihr die Freunde vom Naschmarkt bei, die durch den Portier des Theaters an der Wien mit Theaterkostümen als Adelsgesellschaft ausstaffiert werden. Wieder mit Theaterluft konfrontiert, überwältigen Rózsi Sándor die Erinnerungen, und sie wird noch einmal zum Star. Zwar durchschauen die Amerikaner bald die Komödie, aber es gibt dennoch ein Happy-End, denn auf überraschende Weise wird aus Ann schließlich doch noch eine echte Komtesse, und so steht der reichen Heirat nichts mehr im Wege.

SONGS Die Leute vom Naschmarkt – Schlimmer kann's nimmer wer'n – Was sagen die Sterne – High Society – Bei mir gibt's keine Würstel – Charly Banana – Tränen haben bis morgen Zeit – Verliebt (Wenn ich nicht wüßt') – Strawanzer-Polka – Aristokratisch – Heut nacht, meine Herr'n – Hey, hey, hey – Mad'ln, hebt's die Röck' in d' Höh' (Fiakertanz) – Mulligan-Oil – Es dreht sich das Glück im Kreis – Trink-Duell – Das Wunder der Liebe

Original-Besetzung Wien, Theater an der Wien (1979)
mit Marika Rökk, Bernd Ander, Gunda König, Bert Fortell, Harald Serafin, Tilla Hohenfels, Erich Padalewski, Edi Linkers, Ingeborg Knopf-Bousa, Gaby Bischof, Marika Lichter und Sissy Weiner
Orchester und Chor unter Leitung von Johannes Fehring
COLUMBIA MUSIC (EMI Wien)

Einzelaufnahmen mit den Wiener Straßensängern
PREISER RECORDS

Grease

Buch, Musik und Songtexte von Jim Jacobs und Warren Casey

New York, Eden Theatre, 14. Februar 1972

Produzenten	Kenneth Waissman und Maxine Fox
Regie	Tom Moore
Choreographie	Patricia Birch

München, Arri-Studio, 16. Juni 1990 (deutsche Erstaufführung mit englischen Originaltiteln)

Deutsche Fassung von Frank Thannhäuser
Hamburg, Musiktheater Reeperbahn I, 25. Februar 1993
(danach Wechsel des Veranstaltungsortes)

Regie	Thomas Hermann
Choreographie	Verena Renndtorff

Hamburg, Imperial Theater, 19. August 1994
(neuer Veranstaltungsort)

Regie	Frank Thannhäuser
Choreographie	Joey Cordevin und Stefan Ziewich
Veranstalter	Imperial Theater GmbH

PERSONEN Danny Zuko, Teenager, Anführer der »Burger Palace Boys« – Kennickie, Doody, Roger und Sonny, »Burger Palace Boys« – Sandy Dumbrowski, Teenager – Betty Rizzo, Anführerin der »Pink Ladies« – Frenchy, Marty und Jan, »Pink Ladies« – ChaCha Di Gregorio, Tänzerin – Eugene Florczyk, ehemaliger Klassenprimus, heute Vizepräsident einer Marketing-Firma – Patty Simcox, Cheerleader – Johnny Casino, Rock'n-Roll-Bandleader – Vince Fontaine,

Disk-Jockey – Teen Angel, Rock'n-Roll-Sänger – Miss Lynch, Englischlehrerin
ORT UND ZEIT Chicago und weitere (unbestimmte) Schauplätze, Ende der 50er Jahre als Rückblick aus den 70er Jahren gestaltet

Während eines Schülertreffens des Jahrganges 1959, das feierlich mit dem Schullied, angestimmt von Miss Lynch, Patty und Eugene, eröffnet wird, beginnt Eugene, von Erinnerungen an die Schulzeit zu berichten und gibt Anlaß für die folgende Rückblende: Die beiden Teenager Danny und Sandy treffen sich während ihrer Ferien am Meer; nach einigen Tagen der Sommerliebe am Strand müssen beide zurück in ihre Schulen und trennen sich daher schweren Herzens voneinander – nicht ahnend, daß beide künftig die gleiche Schule, die Rydell High School in Chicago, besuchen werden, da Sandy ihre Klosterschule verläßt.
Während des ersten Schultages nach den Ferien treffen sich die Schüler, um ihre Ferienerlebnisse auszutauschen: Die »Pink Ladies«, eine Mädchen-Clique, und die coolen Jungen um Danny, der den Mädchen und seinen Freunden Kennickie, Sonny, Doody und Roger großspurig von seiner Urlaubseroberung berichtet. Unauffällig taucht bei den »Pink Ladies« die neue Mitschülerin Sandy auf; sie fühlt sich noch etwas verlassen in der neuen Umgebung und trauert ihrer Urlaubsliebe nach. Den »Pink Ladies« wird bald deutlich, daß es sich bei Dannys Urlaubseroberung um Sandy, die Neue, handelt. Die »Ladies« arrangieren daraufhin mit Begeisterung ein Treffen zwischen Danny und Sandy; Sandy ist außer sich vor Freude, während Danny vor seinen Freunden, denen er von seiner »heißen Braut im Urlaub« etwas vorgeprahlt hat, weiterhin den lässigen Typen spielen muß. Sandy ist sehr enttäuscht über das Verhalten von Danny; beide gehen im Streit auseinander. Mehrere Versöhnungsversuche scheitern, und Sandy wird aufgrund

ihrer in der Klosterschule genossenen Erziehung zusätzlich mehr und mehr zum Objekt des Spottes bei den »Pink Ladies«. Auch Danny hat Schwierigkeiten, seinen coolen Ruf zu behalten und dennoch Sandy zurückzugewinnen.

Im weiteren Verlauf der Rückblende werden einige Erinnerungen an die Erfahrungen und Streiche der Teenager wach: Eine Pyjamaparty der Mädchen aus der »Pink Ladies«-Clique wird zum Anlaß, Sandy zum Genuß ihrer ersten Zigarette zu bewegen, der in einem Hustenanfall endet; das Einflößen einer von Rizzo mitgebrachten Flasche Rotwein endet damit, daß Sandy, der währenddessen Löcher für Ohrringe gestochen werden, den Inhalt der Flasche wieder von sich gibt. Ein Kimono, den Marty von ihrem Verehrer erhält, einem in Japan stationierten Marinesoldaten, wird zu einem weiteren gefeierten Ereignis während der Party.

Die »Burger Palace Boys« feiern ihre eigene Party, bei der Kennickie vom Frisieren seines jüngst erworbenen Gebrauchtwagens berichtet und sich anschließend Kennickie heimlich mit Rizzo trifft, die sich unbemerkt von der Pyjamaparty entfernt hat.

Einige Tage später trifft Patty, die selbst in Danny verliebt ist, auf ihn und Sandy; das Treffen endet in Sticheleien, die am Abend im Treff aller Teenager weitergeht. Danny ist enttäuscht, daß Sandy nicht anwesend ist, und hat Mühe, seiner coolen Rolle als Anführer weiter gerecht zu werden, indem er etwa die streitenden Kennickie und Rizzo auseinanderhält.

Frenchy verläßt die Schule, um Kosmetikerin zu werden, während die sportliche Patty Simcox, die jeden davon überzeugen will, Cheerleader oder Leichtathlet zu werden, ihrerseits auch hinter Danny her ist. Eugene, der »Looser«, wird bei seinem Bemühen, Freunde zu gewinnen, von keinem der Jugendlichen ernst genommen.

Sandy kommt mit Eugene zum Teenagertreff und lehnt das ihr von Sonny angebotene Bier ab, woraufhin Sandy mit Verachtung die Gruppe verläßt. Weitere Sticheleien von Rizzo gegen Danny, ob sein makelloser Schwarm Sandy ihn wohl am nächsten Abend beim angekündigten Tanzabend begleiten würde, hört Sandy, die inzwischen zurückgekommen ist. Nachdem Sandy Rizzo empört beschimpft hat, verläßt sie den Treff endgültig in großer Enttäuschung über Dannys Verhalten, der sich weiterhin cool gibt.
Die Teenager bereiten sich auf das Tanzereignis, den »Hop«, vor; alle Teenies suchen Partner, Kennickie »erobert« Cha-Cha Di Gregorio – nur Sandy, die von keinem der Jugendlichen eingeladen wurde, bleibt allein zurück und singt traurig zur Radiobegleitung. Zur Tanzveranstaltung werden strenge Regeln von Miss Lynch festgelegt, die besagen, daß obszöne Bewegungen verboten sind, daß Schiedsrichter streng über die tanzenden Paare wachen und daß gegebenenfalls ein Paar die Tanzfläche sofort verlassen muß, wenn ein Schiedsrichter ihm auf die Schulter klopft. Der Abend wird bald von Vince Fontaine in charakteristischer Disc-Jockey-Manier gestaltet und Tanzsieger werden Danny und Cha-Cha, die er bei Kennickie für Rizzo getauscht hat.
Einige Tage später droht eine Auseinandersetzung der »Burger Palace Boys« mit der Flaming Dukes Gang, an der Danny kein Interesse hat, da er Leichtathletik trainiert.
Frenchy hat ihre Kosmetikschule aufgegeben und will dies geheimhalten.
Danny lädt Sandy später in ein Drive-In-Kino ein und überreicht ihr einen Ring, wofür er einen Kuß erhält; währenddessen findet eine Party bei Jan statt, zu der beide gemeinsam gehen und bei der Rizzo ihnen eröffnet, daß sie befürchtet, schwanger zu sein. Sandys Anteilnahme wird von Rizzo mißdeutet; Sandy verläßt daraufhin die Party und besinnt sich in ihrer erneuten Einsamkeit darauf, daß es für sie

besser wäre, zu den »Pink Ladies« zu gehören, so bittet sie Frenchy, ihr ein neues Outfit zu verpassen. In einem Finale, in dem Sandy mit völlig neuem Äußeren erscheint und eine Rocknummer singt, vertragen sich Rizzo und Kennickie, Frenchy will die Schule zu Ende bringen und Danny ist von Sandy völlig hingerissen.

CB

SONGS Alma Mater Parodie – Sommerliebe – Magische Klänge – Vince-Fontaine-Jingle – Fredy, mein Schatz – Greased Lightning – Hoffnungslos verloren – Sandra Dee – Wir geh'n zusammen – High School Pop – Verregnet die Ballnacht – Hand Jive – Schöner Versager – Allein im Autokino – Rock'n Roll Königin – Ich könnt' wirklich schlimmer sein – Sandra Dee (Reprise) – Du haust mich um – Wir geh'n zusammen (Reprise)

Aufnahme der amerikanischen Fassung
MGM

Aufnahme der deutschen Bühnenfassung
REVERSO

Soundtrack der amerikanischen Filmfassung
RSO

FILM Grease, USA 1978, mit John Travolta und Olivia Newton-John, deutscher Titel: Schmiere
Regie: Randal Kleiser

Grease II, USA 1982, mit Michelle Pfeiffer und Maxwell Caulfield
Regie: Patricia Birch

Gypsy

Nach den Memoiren des amerikanischen Bühnen- und Filmstars
Gypsy Rose Lee
Buch von Arthur Laurents
Gesangstexte von Stephen Sondheim
Musik von Jule Styne

New York, Broadway Theatre, 21. Mai 1959

Produzenten	David Merrick und Leland Hayward
Regie und Choreographie	Jerome Robbins

Deutschsprachige Fassung von Renate Axt und Walter Brandin
Münster, Städtische Bühnen, 9. März 1979

Bühnenverlag Felix Bloch Erben, Berlin

PERSONEN Mama Rose Lee – Louise und June, ihre Töchter (als Kinderrollen Baby Louise und Baby June) – Der Großvater – Herbie, Süßwarenhändler und ehemaliger Theateragent – Tulsa, Tänzer – Theaterunternehmer und -personal, Show-Tänzerinnen und -Tänzer, ein Hotelangestellter, Striptease-Girls, Journalisten und Fotoreporter
ORT UND ZEIT In verschiedenen Städten Amerikas zwischen den zwanziger und dreißiger Jahren

Mama Rose ist von dem Ehrgeiz besessen, ihren Töchtern June und Louise zu einer Show-Business-Karriere zu verhelfen. Mit einer von ihr einstudierten Tanz- und Gesangsnummer schleift sie die Kinder von einem Vaudeville-Theater zum andern durch das ganze Land. Da Mama Rose jedoch völlig veraltete Vorstellungen von Show-Business hat und ihre Töchter dem Publikum selbst dann noch als rührende Kinder präsentiert, als diese bereits erwachsen sind, rückt die erträumte Karriere in immer weitere Ferne. Obwohl Mama Rose die besten Absichten hat und sogar auf ein persönliches Glück mit dem ehemaligen Theateragenten Herbie verzichtet, den sie als Manager für ihre Töchter einspannt, scheitern alle ihre guten Vorsätze. Um dem verhängnisvollen Einfluß der Mutter zu entrinnen, heiratet June ihren Partner Tulsa und verläßt die Familie. Nun setzt Mama Rose ihre ganze Hoffnung auf Louise, die wegen ihres ruhelosen Zigeunerlebens den Spitznamen Gypsy erhält. Mutter und Tochter ziehen weiter erfolglos von Etablissement zu Etablissement, und schließlich ist Louise gezwungen, als Striptease-Tänzerin aufzutreten. In dieser Situation rafft sie sich endlich zur Selbständigkeit auf. Sie befreit sich von der Bevormundung durch ihre Mutter, löst sich von den ihr anerzogenen Vaudeville-Klischees, öffnet sich dem modernen Show-Business und hat sofort großen Erfolg. Ein neuer Star ist geboren: Gypsy Rose Lee.

SONGS May We Entertain You (Laßt euch unterhalten) – Some People (Leute) – Small World (So klein ist die Welt) – Baby June and Her Newsboys (Baby June und ihre Zeitungsboys) – Mr. Goldstone, I Love You (Mr. Goldstein) – Little Lamb (Kleines Lamm) – You'll Never Get Away from Me (Du kommst ja doch nicht los von mir) – Dainty June and Her Farmboys (Baby June und ihre Farmerboys) – If Momma Was Married (Wär Mama nicht ledig) – All I Need Is the Girl (Nur das Mädchen fehlt dazu) –Everything's Coming Up Roses (Ich seh die Zukunft in rosa) – Madame Rose's Toreadorables (Madame Roses Matadorinnen) – Together, Wherever We Go (Zusammen) – You Gotta Get a Gimnick (Mach's anders als die andern) – Rose's Turn (Roses Lied)

⊙ Original Broadway-Besetzung
mit Ethel Merman, Sandra Church, Karen Moore, Lane Bradbury, Jacqueline Mayro, Jack Klugman, Paul Wallace, Maria Karnilova, Faith Dane und Chotzi Foley
Orchester und Chor unter Leitung von Milton Rosenstock
COLUMBIA RECORDS – CBS

Original-Besetzung London, Piccadilly Theatre (1973)
mit Angela Lansburry, Zan Charisse, Debbie Bowen, Bonnie Langford, Barrie Ingham und Andrew Norman
Orchester und Chor unter Leitung von Richard Leonard
RCA RECORDS

FILM Warner Bros. (1962)
mit Rosalind Russell, Natalie Wood und Karl Malden
Regie: Mervin Le Roy
Choreographie: Robert Tucker

Hair

Konzeption und Gesangstexte von Jerome Ragni und James Rado
Musik von Galt MacDermot

New York, Public Theatre, 29. Oktober 1967

Produzent	Joseph Papp
Regie	Gerald Freedman

New York, Biltmore Theatre, 29. April 1968

Produzenten	Michael Butler und Bertrand Castelli
Regie	Tom O'Horgan
Choreographie	Julie Arenal

Deutschsprachige Fassung von Ulf von Mechow und Karl-Heinz Freynik
Deutsche Songtexte von Walter Brandin
München, Theater in der Brienner Straße, 24. Oktober 1968

Mimos-Verlag, Arlesheim/Basel

PERSONEN Claude Hooper Bukowski, George Berger, Sheila, Jeannie, Hud, Woof, Crissy und andere Hippies, Eltern, Lehrer, zwei bürgerliche Frauen, Pop-Sängerinnen, Indianer, afrikanische Neger, buddhistische Mönche, Nonnen, Astronauten, amerikanische und vietnamesische Soldaten

ORT UND ZEIT New York, Ende der sechziger Jahre

In diesem Pop- und Rock-Musical wirken Wort, Musik, Licht, Farbe und Bewegung zusammen, um das Leben der amerikanischen Hippie-Jugend, die sich von der Gesellschaft unverstanden fühlt und von einer gewaltlosen Zukunft der Menschheit träumt, szenisch darzustellen. Im Mittelpunkt der Song-Impressionen stehen der wegen ungebührlichen Betragens von der High-School geworfene Berger und dessen Freund Claude, der gerade einen Musterungsbefehl erhalten hat und vergeblich versucht, dem Militärdienst zu entgehen. Er wird eingezogen und muß sein langes Haar opfern. Da langes Haar für diese Jugendlichen ein Ausdruck individueller Freiheit ist, empfindet er das als Vergewaltigung seiner Persönlichkeit. Das Mädchen Sheila vertritt die Meinung, daß der Protest gegen die Gesellschaft wichtiger ist als ihr Studium, und hofft wie Berger und Claude, mit denen sie zusammenlebt, auf eine zukünftige bessere Welt. Jeannie ist ebenfalls in Claude verliebt, erwartet aber von einem anderen ein im Drogenrausch gezeugtes Kind. Während der Neger-Hippie Hud dem Black-Power-Star Stokely Carmichael nacheifert, ist ein anderer Hippie-Junge von den Rolling Stones so begeistert, daß er am liebsten mit seinem Idol Mick Jagger schlafen möchte. Sie alle leben in einer Hippie-Gemeinschaft und praktizieren sexuelle Freiheit, Rassen- und Religionsversöhnung und allgemeine menschliche Verbrüderung. Dabei dient ihnen der Drogenrausch zur Überwindung ihrer Lebensangst und zur Steigerung ihres Lebensgefühls. Das Symbol ihrer Erwartung einer gewaltlosen, glücklichen Zukunft ist das anbrechende astrologische Zeitalter des Wassermanns. Nach einer erschütternden Kriegsvision und einer euphorischen Beschwörung des lebenspendenden Sonnenlichts endet das Musical zum Frieden mahnend mit Claudes Tod in Vietnam.

SONGS Aquarius (Der Wassermann) – Donna – Hashish (Haschisch) – Sodomy (Sodomie) – Colored Spade (Ich bin ein Farbiger) – Manchester – I'm Black (Ich bin schwarz) – Ain't Got No (Ich hab kein) – Air (Luft) – Initials (Initialen) – I Got Life (Ich bin reich) – Going Down (Bergab) – Hair (Haar) – Dead End – My Conviction (Meine Meinung) – Easy to Be Hard (Nein sagt sich so leicht) – Don't Put It Down – Frank Mills – Hare Krishna (Be-in) – Where Do I Go (Wo geh ich hin) – Electric Blues (Der elektrische Blues) – Black Boys – White Boys – Walking in Space (Schweben im Raum) – Abie Baby – Three-Five-Zero-Zero (3-5-0-0) – What a Piece of Work Is Man (Hat's der Mensch nicht weit gebracht) – Good Morning Starshine (Die letzten Sterne) – The Bed (Das Bett) – Exana-Planetooch – The Climax – The Flesh Failures / Let the Sunshine in (Wir sehen einander hungrig in die Augen / Laßt den Sonnenschein)

⊙ Original-Besetzung New York, Public Theatre
(New York Shakespeare Festival Production)
mit Walker Daniels, Gerome Ragni, Jill O'Hara, Sally Eaton, Arnold Wilkerson, Steve Dean, Shelley Plimpton, Jonelle Allen, Ed Crowley, Marijane Maricle, Susan Batson, Warren Burton, Thommie Bush, Linda Compton, Suzannah Evans, William Herter, Paul Jabara, Bob Johnson, Jane Levin, Edward Murphy jr. und Alma Robinson
Orchester unter Leitung des Komponisten
RCA RECORDS

Original Broadway-Besetzung
mit James Rado, Gerome Ragni, Lynn Kellogg, Sally Eaton, Lamont Washington, Steve Curry, Shelley Plimpton, Ronald Dyson, Leata Galloway, Steve Gamet, Walter Harris, Paul Jabara, Diane Keaton, Jonathan Kramer, Emmaretta Marks, Melba Moore, Donnie Burks, Lorri Davis, Hiram Keller, Marjorie LiPari, Natalie Mosco, Suzannah Norstrand und Robert I. Rubinsky
Orchester unter Leitung des Komponisten
RCA RECORDS

Original-Besetzung London, Shaftesbury Theatre (1968)
mit Paul Nicholas, Oliver Tobias, Annabel Leventon, Linda Kendrick, Peter Straker, Michael Feast, Sonja Kristina, Marsha Hunt, Vince Edward, Paul Korda, Andy Forray, John Gulliver, Peter Straker, Colette Kelly, Rohan McCullough, Gary Hamilton, Jimmy Winston, Ethel Coley, Linbert Spencer, Leighton Robinson, Joanne White, Kookie Eaton, Lucy Fenwick, Diana Langton, Cindy Ann Lee, Limbert Spencer, Gloria Stewart, Liz White und Sheila Wilkinson
Orchester unter Leitung von Derek Wadsworth
POLYDOR

Original-Besetzung München, Theater in der Brienner Straße mit Bernd Redecker, Reiner Schöne, Su Kramer, Elke Koska, Ron Williams, Birgit Rüssmann, Lyvia Bauer, Charles Berry, Barbara Eff, Donna Gaines, Ann Helstone, Udo Janson, Renate Mauerer, Stella Mooney, Minoru Terada, Shirley Thompson, Bernd Tischer, Horst Twicg und Verina Weiss
Orchester unter Leitung von Steve Gillette
POLYDOR

Melodienfolge
mit Su Kramer und Joe Kienemann
Rock-Gruppe »Die Matadors« und Chor
TELDEC Telefunken-Decca

Original Film-Soundtrack
mit John Savage, Treat Williams, Beverly D'Angelo, Annie Golden, Dorsey Wright, Don Dacus, Cheryl Barnes und Melba Moore
Orchester unter Leitung des Komponisten
RCA RECORDS

FILM United Artists (1979)
Regie: Milos Forman
Choreographie: Twyla Tharp

Hallo, Dolly
Hello, Dolly

Nach der Komödie »The Matchmaker« von Thornton Wilder
Buch von Michael Stewart
Musik und Gesangstexte von Jerry Herman

New York, St. James Theatre, 16. Januar 1964

Produzent	David Merrick
Regie und Choreographie	Gower Champion

Deutschsprachige Fassung von Robert Gilbert
Düsseldorf, Schauspielhaus, 26. November 1966

Bühnenverlag Felix Bloch Erben, Berlin

PERSONEN Dolly, Heiratsvermittlerin – Horace Vandergelder, Kaufmann – Ermengarde, seine Nichte – Ambrose Kemper, Künstler – Cornelius Hackl und Barnaby Tucker, Handlungsgehilfen – Irene Molloy, Hutmacherin – Minnie Fay, Verkäuferin – Ernestina – Mrs. Rose, Gemüsehändlerin – Rudolph, Oberkellner – Straßenpassanten, Reisende, Musiker, Chorsänger, Kellner, Pikkolos, Köche, Tänzerinnen und Tänzer, ein Richter, ein Gerichtsschreiber und ein Polizist
ORT UND ZEIT New York um 1890

Dolly ist eine lebenslustige Witwe, die es versteht, aus jeder Situation das Beste zu machen. Praktisch, geschäftstüchtig, schlagfertig und temperamentvoll meistert sie alle Schwierigkeiten. In zahlreichen Unternehmungen lebt sie ihre Vitalität aus und ist dabei zugleich auf ihren finanziellen Vorteil bedacht. Besonders erfolgreich ist sie als Heiratsvermittlerin. Sie stiftet glückliche Ehen und verschafft sich selbst die beste Partie. Die vielen von Dolly verursachten turbulenten Verwicklungen finden ihren Höhepunkt in einem vornehmen New Yorker Abendrestaurant, in dem sie einst zu den beliebtesten Stammgästen gehörte und wo ihr das gesamte Personal einen glanzvollen Empfang bereitet. Obwohl sie von Horace Vandergelder nur als Heiratsvermittlerin vorgesehen war, gelingt es Dolly, den reichen Kaufmann aus Yonkers schließlich davon zu überzeugen, daß sie in jeder Beziehung die ideale Frau für ihn ist.

SONGS I Put My Hand in (Ich war immer eine Frau, die gern was arrangiert) – It Takes a Woman (Man braucht ein Frauchen) – Put on Your Sunday Clothes (Zieh deinen Sonntagsanzug an) – Ribbons Down My Back (Bunte Bänder trage ich am Hut) – Motherhood (Mutterschaftsmarsch) – Dancing (Ich tanze) – Before the Parade Passes By (Ich laß die Musik nicht vorbei) – Elegance (Die Eleganz) – Hello, Dolly (Hallo, Dolly) – It Only Takes a Moment (Es kann oft ein Moment sein) – So Long, Dearie (Leb wohl, Liebling)

⊙ Original Broadway-Besetzung
mit Carol Channing, David Burns, Charles Nelson Reilly, Jerry Dodge, Eileen Brennan und Sondra Lee
Orchester und Chor unter Leitung von Shepard Coleman
RCA RECORDS

Original-Besetzung London, Drury Lane Theatre (1965)
mit Mary Martin, Loring Smith, Garrett Lewis, Johnny Beecher, Marilyn Lovell und Coco Ramirez
Orchester und Chor unter Leitung von Alyn Ainsworth
RCA RECORDS

Sári Barabás in »Hallo, Dolly«
München, Staatstheater am Gärtnerplatz (1975)

Original Broadway-Negerbesetzung (1967)
mit Pearl Bailey, Cab Calloway, Jack Crowder, Wiston DeWitt Hemsley, Emily Yanci und Chris Calloway
Orchester und Chor unter Leitung von Saul Schechtman
RCA RECORDS

Original-Besetzung Düsseldorf
mit Tatjana Iwanow, Siegfried Siegert, Wolfgang Arps, Wolfgang Reinbacher, Ingrid Ernest und Evelyn Balser
Orchester und Chor unter Leitung von Klaus Doldinger
CBS

Original-Besetzung Wien, Theater an der Wien (1968)
mit Marika Rökk, Karl Schönböck, Kurt Huemer, Heinz Zuber, Marion Briner und Beate Granzow
Orchester und Chor unter Leitung von Johannes Fehring
METRONOME RECORDS

Schallplatten-Besetzung
mit Louise Martini, Willy Millowitsch, René Kollo, Roy Black und Brigitt Petry
Orchester und Chor unter Leitung von Hans Bertram
POLYDOR

Schallplatten-Besetzung
mit Gisela May, Gerry Wolff, Frank Schöbel, Thomas Lück, Chris Doerk und Gerti Möller
Orchester und Chor unter Leitung von Gerhard Kneifel
VEB DEUTSCHE SCHALLPLATTEN – Amiga

Original Film-Soundtrack
mit Barbra Streisand, Walter Matthau, Michael Crawford, Danny Lockin, Marianne McAndrew, E. J. Peaker und Louis Armstrong
Orchester und Chor unter Leitung von Lennie Hayton und Lionel Newman
PHONOGRAM – Fontana

FILM 20th Century Fox (1969)
Regie: Gene Kelly
Choreographie: Michael Kidd

Heimweh nach St. Pauli

Buch von Gustav Kampendonk
Gesangstexte von Max Colpet, Fritz Grasshoff, Walter Rothenburg, Kurt Schwabach und Karl Vibach
Musik von Lotar Olias

Hamburg, Operettenhaus, 3. Februar 1954
(Erste Fassung)

Hamburg, Operettenhaus, 18. Oktober 1962
(Neufassung)

Bühnenverlag Sikorski KG, Hamburg

PERSONEN Jimmy Jones alias Hein Steinemann, Schlagersänger – Mutter Steinemann – Vater Steinemann – Der Wirt einer Hamburger Hafenkneipe – Rosie, seine Tochter – Jack und Mary, Manager – Evelyne, Sexbombe – Der Kapitän – Bob Hartau, Schiffsoffizier – Oll Piet, ein alter Seemann – Jan, ein betrunkener Seemann – Marina, ein Hafenmädchen – Onkel Fietje, Tante Klara, Tante Emma und Klein-Else – Sekretärinnen, ein Fernsehregisseur, ein Assistent, ein Scriptgirl, ein Maskenbildner, Kameraleute, Beleuchter, ein Ansager, Fernsehballett, Girls, Presseleute, Matrosen, Schauerleute, Lotsen, Werftarbeiter, Stauer, Barkassenführer, Marktfrauen und Händler, Hausfrauen, Touristen, Reeperbahnbummler, Dirnen und Zuhälter, Bettler, ein Straßenkehrer, ein Rausschmeißer und Polizisten
ORT UND ZEIT New York, auf hoher See und Hamburg in der Gegenwart

Der Schlagersänger Jimmy Jones wird von seinen Managern Jack und Mary mit dem Image eines einsamen Stars zum Erfolg gebracht. Sein mit einer Riesenreklame angekündigter Auftritt in Las Vegas soll der Höhepunkt seiner bisherigen Karriere werden. Jimmy Jones ist eigentlich Seemann, stammt aus dem Hamburger Hafenviertel St. Pauli und heißt in Wirklichkeit Hein Steinemann. Da er seiner Mutter tausend Mark gestohlen hatte und sich aus Scham nicht mehr nach Hause traute, war er nach Amerika gegangen. Bei einer Fernsehaufzeichnung erzählt ihm die Sexbombe Evelyne, daß sie zu einem Gastspiel nach Deutschland reist. Als ihn kurz darauf Bob Hartau besucht, der auf einem Plakat in dem Showstar Jimmy Jones seinen alten Freund Hein Steinemann erkannt hat und Offizier auf dem Schiff ist, mit dem Evelyne nach Hamburg fährt, wird Jimmys Heimweh so übermächtig, daß er auf Las Vegas verzichtet und als Matrose an Bord geht. Auf dem Schiff befinden sich außerdem seine Manager Jack und Mary, die von Bob einen Wink bekommen haben und ihren Star zur Rückkehr bewegen wollen. Während der Überfahrt lernt Jimmy das Mädchen Rosie, die Tochter eines Hamburger Kneipenwirts kennen, die eine Amerikareise gewonnen hatte und nun auf dem Rückweg ist. Die beiden verlieben sich ineinander, aber Rosie hat keine Ahnung, daß der Matrose Hein Steinemann in Wahrheit ihr Schlageridol Jimmy Jones ist. In Hamburg besucht Jimmy sofort den Fischmarkt, um seine Eltern wiederzusehen, die inzwischen keinen Fischhandel mehr betreiben, sondern einen Blumenstand haben. Jimmy verspricht seinem Vater, der Mutter nicht zu verraten, daß er ein Schlagerstar geworden ist, denn das ist für sie kein solider Beruf. Ärmlich gekleidet und mit einem Pappkarton in der Hand, geht Jimmy dann zu seiner Mutter, die ihn überglücklich umarmt, denn sie hat längst alles vergeben und vergessen. Sein Geheimnis bleibt zwar nicht lange gewahrt, aber Mutter Steinemann läßt sich bei allem Stolz auf ihren Sohn von seiner Berühmtheit nicht beeindrucken und beschäftigt ihn sofort im Blumenhandel. Nach volkstümlichen Szenen im Hamburger Fischmarkt- und Hafenmilieu kommt es zu Jimmys endgültiger Trennung von seinen Managern, und seine Braut Rosie sorgt dafür, daß Jimmy wieder als Hein Steinemann zur See fahren kann.

SONGS Hallo, hier New York – The Lonesome Star – Makkaroni von Pamps – Junge, komm bald wieder – Gute Reise – Heimweh nach St. Pauli – Good Morning, Käpt'n, Allright – Hallo, My Darling – Du bist die Liebe – Tell Sailor, Tell Me a Story – Seemann, o Seemann – In Hamburg an der Waterkant – Der Fischmark von St. Pauli – Do, wat du wullt – Mein Mann, der fährt zur See – Scheun mutt dat sien – In the Harbour in the Moonlight – Das gibt's nur auf der Reeperbahn bei Nacht – Was will das Meer von mir – Mein Hamburg

Melodienfolge
mit Freddy Quinn, Addi Münster und Josef Albrecht
Orchester und Chor unter der Leitung von Walter Heyer
und James Last
POLYDOR

Original Film-Soundtrack
mit Freddy Quinn, Josef Albrecht und Jayne Mansfield
Orchester und Chor unter Leitung von James Last
POLYDOR

FILM Constantin (1963)
mit Freddy Quinn, Erna Sellmer, Josef Albrecht, Ulrich Haupt, Christa Schindler, Jayne Mansfield, Beppo Brem, Hein Riess, Addi Münster, Heiner Holl und Bill Ramsey
Regie: Werner Jacobs
Choreographie: Heinz Schmiedel und Maria Litto

Helden, Helden

Nach der Komödie »Helden« von George Bernard Shaw
Buch von Hans Gmür nach einer Konzeption von Peter Goldbaum
Gesangstexte von Eckart Hachfeld, Walter Brandin und Hans Gmür
Musik von Udo Jürgens

Wien, Theater an der Wien, 27. Oktober 1972

Bühnenverlag Theater an der Wien Betriebs-GmbH, Wien

PERSONEN Major Paul Petkoff – Katharina, seine Frau – Raina, beider Tochter – Leutnant Sergius Saranoff – Hauptmann Bluntschli, ein Schweizer – Louka, eine Magd – Nicola, ein Diener – Bulgarische, russische und serbische Soldaten, Hauspersonal, Kinder und ein Tarogato-Spieler
ORT UND ZEIT Bulgarien 1885

Der bulgarische Leutnant Sergius Saranoff greift mit seinen Reitern eine serbische Artilleriestellung bei Slivnitza an. Wider alle Vernunft gelingt das selbstmörderische Unternehmen, da die Kanone wegen blinder Munition nicht feuern konnte. Der als Söldner im serbischen Heer dienende schweizerische Hauptmann Bluntschli ergreift die Flucht und rettet sich in der Nacht in das Haus des bulgarischen Majors Petkoff, dessen Tochter Raina mit Leutnant Saranoff, dem Helden von Slivnitza, verlobt ist. Bluntschli sucht Zuflucht in Rainas Schlafzimmer. Obwohl es eigentlich ihre patriotische Pflicht wäre, den feindlichen Hauptmann auszuliefern, hat Raina Mitleid, hält ihn verborgen und verpflegt ihn mit Pralinés. Durch Bluntschli erfährt sie, daß Saranoffs vermeintliche Heldentat ein widersinniges Unternehmen war, das ohne den Zufall blinder Munition in einem Blutbad geendet hätte. Um seine Beschützerin nicht zu gefährden, verläßt Bluntschli wieder das Haus, doch Raina kann ihren Praliné-Soldaten nicht vergessen. Nach dem Kriege kehrt Saranoff als gefeierter Held zurück, Raina beginnt jedoch an seinem Kriegsruhm zu zweifeln. Als dann Hauptmann Bluntschli wieder auftaucht, um sich für die erwiesenen Wohltaten zu bedanken und die für seine Flucht geliehene Hausjacke des Majors zurückzubringen, bezichtigt Louka, die als Magd im Hause des Majors Petkoff dient und Leutnant Saranoff für sich gewinnen möchte, Raina und Bluntschli einer Liebesbeziehung. Saranoff fordert den Schweizer zum Duell, doch alles klärt sich gütlich. Raina bekennt sich zu Bluntschli, und auch Saranoff und Louka werden ein Paar.

SONGS Daheim – Leutnant Sergius ist ein Held – Der Dank des Vaterlandes gilt seinem großen Sohn – Ein Mann ist nur ein Mann, wenn er Soldat ist – Helden, Helden – Nicht ins Bett, Bluntschli – Wie nennt man das Gefühl – Der Weg nach oben – Die Waffen ruhn – Ruh in Frieden, alte Kanone – Slibowitz – Wien, nur du – Leider sind wir wieder zu Haus – Raina – Drei Regimenter nach Philippopolis – Wenn die oben etwas dümmer wärn – Wenn ich die Zarin von Rußland wär

⊙ Original-Besetzung Wien, Theater an der Wien
mit Michael Heltau, Gabriele Jacoby, Louis Ries, Peter Branoff, Irmgard Seefried, Julia Migenes, Ossy Kolmann und Rudolf Wasserlof
Orchester und Chor unter Leitung von Johannes Fehring
ARIOLA-EURODISC

Original-Besetzung Hamburg, Operettenhaus (1973)
mit Paul Hubschmid, Gabriele Jacoby, Henry Kielmann, Peter Branoff, Marianne Schubart, Julia Migenes, Joachim Wolff und Rudolf Wasserlof
Orchester und Chor unter Leitung von Johannes Fehring
ARIOLA-EURODISC

Himmel, Arche und Wolkenbruch

Aggiungi un posto a tavola

Nach dem Roman »After Me the Deluge« von David Forrest
Buch und Gesangstexte von Pietro Garinei, Sandro Giovannini und Iaia Fiastri
Musik von Armando Trovaioli

Rom, Teatro Sistina, 8. Dezember 1974

Produzenten und Regie	Sandro Giovannini und Pietro Garinei
Choreographie	Gino Landi

Deutschsprachige Fassung von Peter Turrini, Olympia Gineri und Peter Orthofer unter dem Titel »Evviva amico«
Wien, Theater an der Wien, 19. November 1976

Deutschsprachige Neufassung von Karl Vibach und Peter Orthofer unter dem Titel »Himmel, Arche und Wolkenbruch«
Lübeck, Bühnen der Hansestadt, 9. Juni 1977

Thomas Sessler Verlag, Wien

PERSONEN Die Stimme Gottes – Don Silvestro, Dorfpfarrer – Crispino, Bürgermeister – Ortensia, seine Frau – Clementina, beider Tochter – Toto, Mesmer – Consolazione, eine Dirne – Der Kardinal – Dorfbewohner
ORT UND ZEIT Ein italienisches Bergdorf in unserer Zeit

Wie die bekannten Streithähne Don Camillo und Peppone, so stehen sich in diesem italienischen Musical der Dorfpfarrer Don Silvestro und der Bürgermeister Crispino gegenüber. Don Silvestro ist Seelsorger aus Leidenschaft und eifrig um das Wohl seiner kleinen Gemeinde besorgt. Sein Widersacher, der wichtigtuerische Bürgermeister, glaubt weniger an Gott, als vielmehr an die Macht des Geldes. Der Pfarrer hat engen Kontakt zum lieben Gott und erfährt von ihm, daß in drei Tagen eine Sintflut hereinbrechen wird. Deshalb soll Don Silvestros Gemeinde, die als einzige auserwählt wurde, die Katastrophe zu überleben, eine Arche bauen. In der Nacht vor der Sintflut soll außerdem jeder Mann mit seiner Frau ein Kind zeugen. Der Pfarrer teilt den Dorfbewohnern Gottes Gebot mit, unterschlägt aber den Zeugungsbefehl. Da der Bürgermeister, der ohnedies nicht an die Sintflut glaubt, der einzige Holzhändler weit und breit ist und sein Holz nur für teures Geld verkaufen will, versucht Don Silvestro mit List, das für die Arche notwendige Holz zu beschaffen. Seine Bemühungen sind vergeblich, und so wird der Bürgermeister kurzerhand eingesperrt. Dann widmet sich die Gemeinde mit Feuereifer dem Bau der Arche. Um seinen von Don Silvestro schamhaft vorenthaltenen Zeugungsbefehl doch durchzusetzen, läßt Gott verschiedene Wunder geschehen, die alle Ehepaare des Dorfes zusammenführen. Außerdem schenkt er dem impotenten Mesmer Tonio erstaunliche Manneskraft, mit deren Hilfe dieser die im Dorf auftauchende Dirne Consolazione davon abhält, den anderen männlichen Dorfbewohnern den Kopf zu verdrehen. Währenddessen gelingt es dem Bürgermeister, zu entfliehen und sich in der hohlen Schutzheiligenfigur des Dorfes zu verstecken. Als die Gemeinde auf der Arche versammelt ist und der Pfarrer sich in einer großen Sintflut-Vision als Noah erlebt, taucht ein gewaltiger Kardinal in prachtvollem Ornat auf und befiehlt der Gemeinde, die Arche wieder zu verlassen. Nur Don Silvestro und Clementina, die seit langem in den Pfarrer verliebte Tochter des Bürgermeisters, bleiben auf der Arche zurück. Offenbar sind nun die beiden, wie einst Adam und Eva, dazu ausersehen, Stammeltern eines neuen Menschengeschlechts zu werden. Da Don Silvestro es aber nicht über sich bringt, seine Gemeinde im Stich zu lassen, verläßt auch er die Arche. Zum Schluß verzichtet Gott auf die Sintflut und bestraft den eigenmächtigen Kardinal. Die Dorfbewohner bitten ihren Pfarrer, weiterhin für ihr Seelenheil zu sorgen, und Clementina tröstet sich mit einem Carabiniere.

SONGS Aggiungi un posto a tavola (Ein Platz am Tisch ist immer frei) – Peccato che sia peccato (Wie schade) – Sono calmo (Ruhe) – Concerto per prete e campane (Konzert für Pfarrer und Glocken) – Buttalo via (Lire, Lire) – Notte per non dormire (Träume, die lange schliefen) – Consolazione – L'amore secondo me (Ja, das ist dann Liebe) – Una formica è solo una formica (Eine Ameise) – La ballata di San Crispino (Nicht zu finden) – Clementina – Ti voglio (Ich will dich) – Quando l'Arca si fermerà (Wenn die Arche wieder hält)

Original-Besetzung Rom, Teatro Sistina
mit Johnny Dorelli, Paolo Panelli, Christy, Daniela Goggi, Ugo Maria Morosi und Bice Valori
Orchester und Chor unter Leitung von Angel »Pocho« Gatti
CBS – SUGAR / CGD

Original-Besetzung London, Adelphi Theatre (1978)
(Englische Fassung von David Forrest und Leslie Bricusse unter dem Titel »Beyond the Rainbow«)
mit Johnny Dorelli, Roy Kinnear, Dorothy Vernon, Leslie Duff, Geoffrey Burridge und Janet Mahoney
Orchester und Chor unter Leitung von Michael Reed
MCA RECORDS

Human Pacific

Buch und Regie von Rolf Hellinger
Idee, Musik und Songtexte von Richard Geppert

Mannheim, Rosengarten, 2. Oktober 1995
Hockenheim, Veranstaltungszentrum, 19. Mai 1996
(Premiere im neuen Veranstaltungsort)

PERSONEN Dany, ein junger Mann, verschleppt in Kriegsgefangenschaft – Michael, Sarah und Anna, Freunde von Dany, in Kriegsgefangenschaft – Oberst, siegreicher Herrscher der Babylonier – Bel Zazar, Nachfolger des Oberst – Transego, Danys innere Stimme – Darius, König der Meder und Perser – Mr. Lightfoot, Mr. Knuckles und Mr. Tougher, Berater der Machthaber – Bettlerkönigin, General Former, Millie, Snow, Menschen in Slums, Dienerinnen, Soldaten, Gaukler und Artisten am Hof, gefangenes Volk, Löwen und Flammen (getanzt)
ORT UND ZEIT Babylon zur Zeit des Alten Testaments

Soldaten errichten nach einem langen Marsch ein letztes Nachtlager am Vorabend ihrer triumphalen Heimkehr. Die mitgeführten Kriegsgefangenen – unter ihnen Dany – fürchten den nächsten Tag und die zu erwartende Gewalt des Oberst. Dany versucht, die übrigen Gefangenen zu beruhigen. Am Morgen des mit Furcht erwarteten nächsten Tages überrascht der Oberst mit einem Besuch das Lager; er inspiziert die Soldaten und läßt sich die Kriegsgefangenen vorführen. Dabei begegnet er zum ersten Mal Dany. Der Oberst kündigt den Bau eines überdimensionalen Standbildes an, welches zum Zeichen des Sieges und seiner Macht ein Abbild seiner Person werden soll, dem sich alle Menschen künftig zu Füßen legen sollen. Dany und seine Freunde weigern sich, dieser unwürdigen Handlung nachzukommen, und werden wegen dieses Ungehorsams mit dem Tod auf dem Scheiterhaufen bedroht. Vor der Hinrichtung will der Oberst Dany mit einer Demütigung zur Aufgabe seiner Haltung bewegen; er plant, lediglich die Freunde Danys verbrennen zu lassen. Dany, von Selbstzweifeln geplagt, kann die Verbrennung der Freunde nicht verhindern, die jedoch die Hinrichtung wie durch ein Wunder überleben. Der Oberst, stark beeindruckt von der offensichtlichen Macht Danys, bietet ihm ein Regierungsamt an und entzweit ihn dadurch mit seinen Freunden und seinem Volk.

Einige Wochen später, während Dany nachdenklich und trübsinnig im Regierungspalast weilt, betritt der angetrunkene Oberst Danys Zimmer und berichtet von einem ihn bedrückenden Traum, den Dany deuten soll. Als Dany ihm darlegt, daß der Traum des Oberst ein Vorbote des Todes ist, verläßt der Oberst völlig außer sich den Palast. In seiner Aufregung umherirrend findet er sich im Rotlichtviertel der Stadt wieder, bleibt dort aber als Herrscher unerkannt. Er wird von der Bettlerkönigin und ihrer Gefolgschaft ausge-

plündert und nackt auf der Straße zurückgelassen. Ein Suchtrupp findet den Regenten in seiner hilflosen Lage zu spät; nachdem der Oberst in den Palast zurückgebracht worden ist, stirbt er.
Bel Zazar, der neue Regent, begeht seine Inthronisierung mit einem festlichen Maskenball. Das Fest, von Artisten, Gauklern und Tänzerinnen gestaltet, wird jäh gestört, als plötzlich eine Schrift an der Wand den Untergang des babylonischen Reiches ankündigt und den Tod des neuen Herrschers voraussagt. Das Land ist von Darius, dem König der Meder und Perser, erobert; er übernimmt fortan alle Regierungsgeschäfte und weigert sich, Dany und seinem Volk die Freiheit wiederzugeben, womit er ihnen die letzte Hoffnung raubt. Falschen Beratern gelingt es zusätzlich, Dany als ehemaliges Regierungsmitglied unter dem Oberst und Bel Zazar bei Darius zu denunzieren; Darius beschließt, Dany den Löwen zum Fraß vorzuwerfen. Am nächsten Morgen entdeckt der neue Herrscher Dany friedlich zwischen den Löwen schlafend; durch dieses Wunder tief bewegt, schenkt er Dany und seinem Volk die Freiheit. Während das übrige Volk nun den Weg nach Hause antritt, bleiben Dany und seine Freunde als freie Menschen in ihrer neuen Heimat Babylonien.

CB

SONGS Ouverture – Soldiers – Save You I – Night In A Prison Camp – Who I Am – I Will Build A Monument – Who is The One – Can I Do That – Heat The Furnance – All Ye Powers – A Man For My Cabinet – Read My Dream – Red Light – I'm Sorry For You – To My People – Remember The Days – Save You II – Last Song

In Frisco ist der Teufel los

Buch und Gesangstexte von Otto Schneidereit und Maurycy Janowski
Musik von Guido Masanetz

Berlin, Metropol-Theater, 17. November 1956
(Erste Fassung unter dem Titel »Wer braucht Geld«)

Berlin, Metropol-Theater, 23. März 1962
(Neufassung)

Henschelverlag Kunst und Gesellschaft, Berlin

PERSONEN Anatol Brown, Barkassenführer – Virginia West, Hotelkellnerin – Kay, ihr Bruder, Steuermann – Chica, seine Braut, Bartänzerin – Xonga Miller, eine reiche Hafenwirtin – Sharp und Sour, Kellner und Leibwächter – Ben Benson, Spediteur – Patrick Plock, Sheriff – Jonas, genannt Klabautermann, ein alter Seemann – Bessie, eine schwarze Hotelangestellte – Doktor Spinner, Psychiater – Shefferson, Notar – Seeleute, Hafenarbeiter, Hafenmädchen, Tänzerinnen, Irrenhauswärter und Kellner
ORT UND ZEIT San Francisco in den dreißiger Jahren

Der Besitzer des Hotels Nevada in San Francisco, der wegen wirtschaftlicher Schwierigkeiten Selbstmord beging, hat offenbar keinen Erben. Deshalb will Xonga Miller, die geschäftstüchtige Inhaberin der Tampico-Bar, das mit zehntausend Dollar an sie verpfändete Hotel übernehmen. Da stellt sich heraus, daß der Barkassenführer Anatol Brown der rechtmäßige Erbe ist. Tritt er die Erbschaft an, dann muß er allerdings innerhalb weniger Stunden die zehntausend Dollar an Xonga Miller zurückzahlen, denn die Zahlungsfrist läuft um Mitternacht ab.
Xonga Miller weiß, daß der mittellose Brown dazu nicht in der Lage ist, und fühlt sich bereits als neue Besitzerin des Hotels. Brown versucht, mit ihr zu verhandeln, denn er beabsichtigt, aus dem Hotel ein Heim für alte Seeleute zu machen. Aber Xonga Miller ist nicht nur die Wirtin der Tampico-Bar, sondern zugleich eine Art Boß der Unterwelt von San Francisco. Sie hat das Hafenviertel unter ihrer Kontrolle, organisiert den Alkoholschmuggel und ist in zahlreiche andere dunkle Geschäfte verwickelt. Sie ist bemüht, Brown mit allen Mitteln auszuschalten, um das Hotel für sich zu gewinnen.
Mit Hilfe seines alten Freundes Jonas gelingt es Brown jedoch, die Hindernisse zu überwinden und die Gangsterclique um Xonga Miller hereinzulegen. Außerdem solidarisieren sich die Seeleute und Hafenarbeiter mit Browns Plan eines Seemannsheimes. Durch eine Sammelaktion wollen sie das notwendige Geld auftreiben. Kurz vor Ablauf der Frist fehlen allerdings noch fast fünfhundert Dollar. Xonga Miller triumphiert und lädt die Hafenarbeiter und Seeleute ein, im Hotel Nevada auf das Wohl der neuen Besitzerin zu trinken. Daraufhin erklärt sich Brown bereit, die Erbschaft anzutreten, und animiert seine Freunde zu einem großen Sektgelage, das Xonga Miller nun an ihn bezahlen muß. So wird glücklich die Restsumme aufgebracht, und der alte Jonas,

der selbst noch seine letzten zwanzig Dollar spendet, zieht dann als erster in das neugegründete Seemannsheim ein.

SONGS Sieben Tage lang ist eine Woche – Mein Schiff sank bei Kap Horn – Heute ist für mich plötzlich Sonntag – Hallo, da bist du platt wie eine Flunder – Von der Hudsonbay bis Feuerland – Schaut mich einer an – Seemann, hast du mich vergessen – Was ist los mit San Francisco in der Nacht – Jedes Schiff hat eine Heimat – Jetzt weiß ich genau, daß ich ihn liebe – Ich dachte nicht einmal im Traum daran – Die Zwangseinweisung – Heute nacht geht der Seemann nicht schlafen – Der Tag hat viele Stunden – Zehntausend Dollar haben wir gesammelt

Schallplatten-Besetzung
mit Peter Bindszus, Elisabeth Ebert, Wolfgang Hellmich, Gisela May, Gerd E. Schäfer, Werner Troegner, Reiner Süß und Ingeborg Springer
Orchester und Chor unter Leitung von Robert Hanell
VEB DEUTSCHE SCHALLPLATTEN – Nova

Irma la Douce

Buch und Gesangstexte von Alexandre Breffort
Musik von Marguerite Monnot

Paris, Théâtre Gramont, 12. November 1956

Deutschsprachige Fassung von Ivo Kohorte und Hanns Bernhardt
Musikalische Bearbeitung von Werner Meissner
Theater der Stadt Baden-Baden, 24. Januar 1961

Ahn & Simrock – Crescendo Bühnen- und Musikverlage GmbH,
Edition Strassegg, München

Deutschsprachige Fassung von Max Colpet
München, Theater Die Kleine Freiheit, 14. Februar 1962

PERSONEN Irma la Douce – Nestor le Fripé – Bob, Jojo, Persil, Roberto, Bonbon und Hippolyte, Zuhälter und Gauner – Der Polizeiinspektor – Professor Dudu – Der Ankläger – Der Verteidiger – Irmas Kunden, Polizisten, Schöffen, Aufseher, ein Gerichtsvollzieher und ein Arzt
ORT UND ZEIT In Paris, auf den Teufelsinseln in Französisch-Guayana und in Edinburgh zu Beginn der dreißiger Jahre

Hanne Wieder in »Irma la Douce«
München, Theater Die Kleine Freiheit (1962)

Irma la Douce ist eine junge Pariser Prostituierte, die sich ihr lebensfrohes, unverbildetes Naturell bewahrt hat. Eines Abends begegnet ihr am Montmartre der Jurastudent Nestor le Fripé, der sie vor den Tätlichkeiten ihres Zuhälters Hippolyte in Schutz nimmt. Irma und Nestor verlieben sich ineinander und ziehen zusammen. Zwar sichert ihnen Irmas Beruf ein gutes Auskommen, doch Nestor ist eifersüchtig auf ihre vielen Kunden. Da er glaubt, daß ein einziger, gutzahlender Stammkunde für ihn erträglicher wäre, und auch Irma von einem solchen Glücksfall träumt, kommt er auf die Idee, unter dem Namen Oscar als reicher Mann bei ihr aufzutauchen. Er bietet ihr zehntausend Francs für ein Rendezvous und verspricht, täglich wiederzukommen. Selbstverständlich gibt sie das Geld an Nestor, ihren Freund und Zuhälter, weiter. Dieser Kreislauf der zehntausend Francs geht nicht lange gut, denn auf diese Weise ist kein Geld für den Lebensunterhalt vorhanden. So geht er als Oscar vormittags arbeiten und nachmittags zu Irma und verbringt als Nestor die übrige Zeit mit ihr. Doch auf die Dauer ist er dieser Doppelrolle nicht gewachsen. Er wird gewissermaßen auf sich selbst eifersüchtig und bekommt Minderwertigkeitskomplexe, da Irma ständig die Vorzüge ihres reichen und eleganten Freiers Oscar rühmt. Als sie dann dahinterkommt, daß Oscar gar nicht vermögend ist, sondern mit Putzarbeiten sein Geld verdient, beschließt Nestor, die vertrackte Situation zu beenden und den Nebenbuhler zu beseitigen. Er wirft Oscars Kleider in die Seine, wird als Mörder verhaftet und zu lebenslänglicher Zwangsarbeit verurteilt. Nachdem er von Irma die Nachricht erhält, daß er bald Vater werden wird, flieht er aus dem Gefangenenlager. Um seine Unschuld zu beweisen, tritt er wieder als Oscar auf und wird schließlich rehabilitiert. Irma bringt Zwillinge zur Welt, die auf die Namen Nestor und Oscar getauft werden.

SONGS Valse milieu – Chœur des mecs (Die Crème de la Crème) – Sur le vieux Pont Caulaincourt (Auf der Brücke von Caulaincourt) – Avec les anges (Du brauchst gar nichts zu sagen) – Ah, dis-donc – J'suis un mec taré (Der letzte Dreck von 'nem Mec) – Chœur des mecs (Ein kalter Mord, das geht zu weit) – Chœur des clients (Kunden-Song) – Chanson d'Irma (Hat für mich das Leben überhaupt noch einen Sinn) – Au bagne (Bagno-Song) – Hardi, joli gondolier (Vorwärts, braver Steuermann) – Dudelsack-Song / Musik von Werner Meissner – Y a qu'Paris, Paris pour ça (In Paris am Strand der Seine)

⊙ Einzelaufnahmen mit Colette Renard
Orchester unter Leitung von Raymond Legrand
VOGUE

Original-Besetzung London, Lyric Theatre (1958)
mit Elizabeth Seal, Keith Michell, Clive Revill, Ronald Barker, John East, David Evans, Frank Olegario, Gary Raymond, Roy Desmond, Roy Evans, Harry Goodier, Bill Morgan, Julian Orchard, Howard Short und William Thorburn
Orchester unter Leitung von Alexander Faris
PHILIPS

Original Broadway-Besetzung, Plymouth Theatre (1960)
mit Elizabeth Seal, Keith Michell, Clive Revill, George S. Irving, Fred Gwynne, Zack Matalon, Aric Lavie, Osborne Smith, Stuart Damon, Rudy Tronto und George Del Monte
Orchester unter Leitung von Stanley Lebowsky
COLUMBIA RECORDS – CBS

Original-Besetzung Berlin, Komödie (1961)
mit Violetta Ferrari, Harald Juhnke, Paul Esser, Harald Sielaff, Benno Hoffmann, Kurt Jaggberg und Klaus Dahlen
Orchester und Chor unter Leitung von Olaf Bienert
PHONOGRAM – Philips

Melodienfolge
(Deutsche Songtexte von Max Colpet)
mit Hanne Wieder, Harald Leipnitz und Lucas Ammann
Orchester unter Leitung von Pepsi Auer
ARIOLA-EURODISC

FILM United Artists (1963)
(ohne Musical-Songs)
mit Shirley MacLaine und Jack Lemmon
Regie: Billy Wilder

Jekyll & Hyde

Buch und Gesangstexte von Leslie Bricusse nach der Novelle »The Strange Case of Dr. Jekyll and Mr. Hyde« von Robert Louis Stevenson
Musik von Frank Wildhorn

England, Plymouth Theatre, 28. April 1997

Produktion	Pace Theatrical Group / Fox Theatricals mit Jerry Frankel, Magicwork Entertainment und The Landmark Entertainment Group
Regie	Robin Phillips
Choreographie	Joey Pizzi

Deutsche Übersetzung von Melitta Edith
Bremen, Musical Theater, 19. Februar 1999

Produktion	Frank Buecheler, Lutz Jarosch und Neue Metropol Bremen Theater Produktion GmbH
Regie	Dietrich Hilsdorf
Choreographie	Bernd Schindowsky

PERSONEN Dr. Henry Jekyll/Mr. Edward Hyde – Lisa Carew, Jekylls Verlobte – Lucy Harris, Mädchen in der »Roten Ratte« – John Utterson, Jekylls Freund – Sir Danvers Carew, Lisas Vater – Spider – Nellie – Siegfried – Poole, Jekylls Butler – Rupert, Bischof von Basingstoke – General Lord Glossop – Sir Archibald Proops – Lady Beaconsfield – Lord Savage – Mr. Simon Stride, Freund der Familie Carew – Gäste der Familie Carew u.a.
ORT UND ZEIT London 1885

Der junge Arzt Dr. Henry Jekyll gelobt am Bett seines todkranken Vaters, eine Medizin gegen dessen Geisteskrankheit zu finden. Er ist davon überzeugt, die Elemente des Guten und des Bösen im Menschen voneinander trennen und die Menschheit damit von allem Übel erlösen zu können. Sein Antrag, das von ihm hierfür entwickelte Elixier an lebenden Menschen zu erproben, wird von der Leitung des St. Jude's Hospital empört zurückgewiesen; einzig Sir Danvers Carew, Vorsitzender der Kommission und Jekylls künftiger Schwiegervater, nimmt Anteil an seiner Arbeit.
Am selben Tag gibt Sir Danvers einen prunkvollen Empfang anläßlich der Verlobung seiner Tochter Lisa, zu dem Henry Jekyll, enttäuscht und von seinen Experimenten aufgehalten, verspätet erscheint. Jekyll läßt Lisa wissen, daß er sein Vorhaben ausführen werde und bittet sie um Verständnis für seine Arbeit. Sein Freund, der Anwalt John Utterson, entführt Dr. Jekyll in die »Rote Ratte«, eine zwielichtige Londoner Spelunke, in der es zur ersten Begegnung mit Lucy kommt, die dort als »Mädchen der Nacht« arbeitet: Als Lucy vom Lokalbesitzer Spider vor den Gästen mißhandelt wird, bietet ihr Jekyll seine Hilfe an überreicht ihr seine Visitenkarte.
Zuhause erwartet Dr. Jekyll die Nachricht vom Tod seines Vaters. Er faßt den Entschluß, das geplante Experiment nicht länger aufzuschieben und an sich selbst auszuführen. Hinter verschlossenen Türen nimmt er das Elixier ein und verwandelt sich in Edward Hyde, seine neue bösartige und unberechenbare Persönlichkeit. In dieser Gestalt sucht er erneut die »Rote Ratte« auf und verletzt Lucy, die kurz darauf beim zurückverwandelten Dr. Jekyll erscheint, um sich von ihm behandeln zu lassen. Jekyll ist erschüttert, doch ist ihm nicht bewußt, was in der »Roten Ratte« geschehen ist; er zieht sich weiter zurück und setzt die Versuche mit dem Elixier fort, deren Verlauf er schriftlich festhält.

Edward Hyde beginnt ein mörderisches Spiel, das bald ganz London in Angst und Schrecken versetzt. Er ist entschlossen, sich an den Kommissionsmitgliedern des Hospitals für ihre Ablehnung zu rächen; als ersten erschlägt er den Bischof von Basingstoke, dem fünf weitere seiner Gegenspieler folgen. Die Verwandlungen setzen immer häufiger und schließlich auch ohne die Einnahme des Elixiers ein, so daß Dr. Jekyll fieberhaft nach einem rettenden Gegenmittel forscht. Er taucht bei Lucy auf, die sich, obgleich sie sich träumerisch in Jekyll verliebt hat, der Anziehung Hydes nicht widersetzen kann. Lisa sucht ihn voller Sorge auf und stößt im unverschlossenen Labor auf die Versuchsaufzeichnungen. Utterson ist beunruhigt von Henrys neuem Testament, in dem er Edward Hyde als alleinigen Erben einsetzt, und wird Zeuge der Rückverwandlung von Mr. Hyde in Dr. Jekyll. Doch Jekyll kann beide beschwichtigen und bittet Utterson, Lucy einen Abschiedsbrief zu überbringen und sie zum sofortigen Verlassen Londons zu überreden. Aber es ist zu spät: Hyde erscheint bei Lucy und tötet sie.
Im Labor kämpfen die beiden Hälften seiner Seele verzweifelt um die Oberhand, und tatsächlich scheint jetzt das Gute in Gestalt des Henry Jekyll zu siegen. Der Weg zur Hochzeit mit Lisa ist frei. Doch inmitten des Festes verwandelt sich Jekyll erneut: Edward Hyde erdrosselt einen Gast und droht, auch Lisa zu töten. Lisa gelingt es, an den unterjochten Dr. Jekyll zu appellieren und wird verschont. Mit letzter Kraft bittet Jekyll seinen Freund Utterson, seine Qualen zu beenden und alle zu befreien. Als Utterson die Tat nicht fertigbringt, stürzt sich Jekyll in sein Schwert, fällt zu Boden und stirbt in den Armen Lisas.

TF

SONGS Prolog – Fern und im Dunkeln – Ich muß erfahren – Der Vorstand des St. Jude Hospitals – Wie soll es weitergehen – Fassade – Die Verlobungsfeier – Nimm mich wie ich bin – Loslassen – Schafft die Männer ran – Lucy und Jekyll in der »Roten Ratte« – Dies ist die Stunde – Die Verwandlung – Mädchen der Nacht – Das Gefühl von Edward Hyde – Du kennst nur eins – Freundlichkeit, Zärtlichkeit – Jemand wie du – Mörder – Da war einst ein Traum – Betrachtungen – Die Welt ist völlig irr – Nur sein Blick – Gefährliches Spiel – Der Weg zurück – Ein neues Leben – Lucys Tod – Die Konfrontation – Die Hochzeitsfeier

Aufnahme der Produktion Plymouth 1997
ATLANTIC

Aufnahme der Bremer Produktion 1999
POLYDOR

Jesus Christ Superstar

Buch von Tom O'Horgan
Gesangstexte von Tim Rice
Musik von Andrew Lloyd Webber

New York, Mark Hellinger Theatre, 12. Oktober 1971

Produzent	Robert Stigwood in Verbindung mit MCA Inc.
Regie	Tom O'Horgan

Deutschsprachige Fassung von Anja Hauptmann
Münster, Halle Münsterland, 18. Februar 1972

Bühnenverlag Felix Bloch Erben, Berlin

PERSONEN Jesus Christus – Judas Ischariot – Simon Zelotes – Petrus – Maria Magdalena – König Herodes – Hannas und Kaiphas, Hohepriester – Pontius Pilatus, römischer Landpfleger von Judäa – Das Mädchen am Feuer – Jünger, Priester, Wechsler, Händler, jüdisches Volk und römische Soldaten
ORT UND ZEIT Jerusalem zu biblischer Zeit

Wie das etwa zur gleichen Zeit entstandene Rock-Musical »Godspell«, steht auch »Jesus Christ Superstar« im Zusammenhang mit der Jesus-People-Bewegung der siebziger Jahre, die von Amerika ausging und vor allem bei der Jugend weltweite Resonanz fand. Das Musical schildert die letzten sieben Tage des Lebens von Jesus Christus. Im Gegensatz zu »Godspell«, das in spielerischem Übermut und Clownerie eine neue Glaubenszuversicht zu finden sucht, wird in der Rock-Oper »Jesus Christ Superstar« die Passionsgeschichte in oratorischer Feierlichkeit vorgetragen. Die episodische Bilderfolge entspricht der Chronologie des biblischen Geschehens. Da das jüdische Volk dem neuen wundertätigen Propheten zuströmt und ihn als Gottessohn verehrt, werden die Römer von den Pharisäern dazu gebracht, dem Volksaufwiegler den Prozeß zu machen, den sie als falschen Propheten, Gaukler und Super-Showman verspotten. Die Vertreibung der Wechsler aus dem Tempel, das Verhör vor Pilatus, das Letzte Abendmahl, die Verzweiflung Jesu im Garten Gethsemane und der psychologisch motivierte Verrat des Judas sind die wichtigsten szenischen Stationen der als Song-Zyklus gestalteten Passion, die sich in der Kreuztragung und im Kreuzestod vollendet.

SONGS Heaven on Their Minds (Weil sie ach so heilig sind) – What's the Buzz (Was ist los) – Strange Thing Mystifying (Für mich bleibt's ein Rätsel) – Everything's Alright (Alles wird gut sein) – This Jesus Must Die (Der Jesus muß weg) – Hosanna – Simon Zealotes (Simon Zelotes) – Poor Jerusalem (Armes Jerusalem) – Pilate's Dream (Der Traum des Pilatus) – The Temple (Die Vertreibung der Wechsler aus dem Tempel) – I Don't Know How to Love Him (Wie soll ich ihn nur lieben) – Damned for All Time (Verdammt für alle Zeit) – Blood Money (Blutgeld) – The Last Supper (Das Letzte Abendmahl) – I Only Want to Say (Gethsemane) – The Arrest (Die Gefangennahme) – Peter's Denial (Petri Verleugnung) – Pilate and Christ (Christus vor Pilatus) – King Herod's Song (Song des Herodes) – Juda's Death (Der Tod des Judas) – Trial Before Pilate (Die Verurteilung) – Thirty Nine Lashes (Die Geißelung) – Superstar

Schallplatten-Gesamtaufnahme
mit Ian Gillan, Murray Head, John Gustafson, Paul Davis, Yvonne Elliman, Mike d'Abo, Brian Keith, Victor Brox, Barry Dennen, Annette Brox und Paul Raven
Rock Musicians, Orchester und Chor
unter Leitung des Komponisten
MCA RECORDS

Deutsche Schallplatten-Gesamtaufnahme
mit Reiner Schöne, Oliver Tobias, John Vaughan, Peter Graf, Paula Roy, Eckard Rühl, Konstantin Wecker, Hubertus Rabe, Savin Sutter und Renate Mauerer
Rock-Gruppe Emergency, Orchester und Chor
unter Leitung von Rolf Kühn
TELDEC Telefunken-Decca

Original Film-Soundtrack
mit Ted Neeley, Carl Anderson, Larry T. Marshall, Yvonne Elliman, Joshua Mostel, Kurt Yaghjian, Robert Bingham und Barry Dennen
Orchester und Chor unter Leitung von André Previn
MCA RECORDS

FILM Universal (1973)
Regie: Norman Jewison
Choreographie: Rob Iscove

Joseph and the Amazing Technicolor Dreamcoat

Text von Tim Rice nach einer Vorlage aus dem Alten Testament (1. Mose, 37, 39–41, 50)
Musik von Andrew Lloyd Webber
Das Musical basiert auf einer 1967 von den Autoren für das Frühjahrsabschlußkonzert der Colet Court School geschriebenen Erstfassung für Knabenchor. Das Werk erfuhr eine über mehrere Jahre und diverse Stationen sich erstreckende Erweiterung bis zur heute verwendeten Endfassung.

London, Colet Court School, 1. März 1968 (20minütige Erstfassung)
Edinburgh, Edinburgh Festival, 21. August 1972 (40minütige Musical-Kurzfassung)
London, Albery Theatre, 19. Februar 1973 (60minütige Musicalfassung)
New York, Brooklyn Academy of Music, 30. Dezember 1976 (vollständige Musicalfassung)
Washington, Ford's Theater, 1981 (überarbeitete vollständige Musicalfassung)

London, Palladium Theatre, 12. Juni 1991 (Originalproduktion)

Produktion	The Really Usefull Theatre Company Limited
Regie und Choreographie	Nichola Treherne

Deutsche Fassung von Heinz Rudolf Kunze
Essen, Colosseum, 13. Dezember 1996

Regie	Steven Pimlott
Choreographie	Anthony van Laast

PERSONEN Der Erzähler – Jakob, der Vater – Joseph, Lieblingssohn – Reuben, Simeon, Levi, Naphtali, Isaachar, Asher, Dan, Zebulum, Gad, Judah und Benjamin, die übrigen Söhne – Loali, Rachel, Zilpah und Bilhah, Jakobs Frauen – Potiphar – Potiphars Frau – Pharao – Butler – Bäcker – Ismaeliten, Ägypter, ein Frauenchor, ein Männerchor (Josephs Brüder)
ORT UND ZEIT Kanaan und Ägypten zur Zeit des Alten Testaments

Joseph, der Schafhirte, ist neben seinen elf Brüdern der zweitjüngste Sohn Rachels und Jakobs. Als Lieblingssohn seines Vaters erhält er von ihm einen traumhaften Mantel in wundervollen Farben, der ihm zugleich den Neid und die Mißgunst seiner Brüder einbringt. Als Joseph den Brüdern darüber hinaus von seinen Träumen berichtet, die ihm verheißen, daß er eines Tages als bedeutender Mann über alle Brüder herrschen wird, planen die übrigen Söhne Jakobs einen Überfall auf Joseph, stehlen ihm dabei seinen Mantel und verkaufen ihren Bruder an vorbeikommende ismaelitische Kaufleute. Dem Vater erzählen sie, daß Joseph gestorben sei.
Joseph wird nach Ägypten verschleppt und dort als Sklave an den wohlhabenden Kaufmann Potiphar, den Kämmerer des Pharaos und Hauptmann der Leibwächter, weiterverkauft. Potiphar erkennt recht bald die Talente von Joseph und setzt ihn als Verwalter seiner Güter ein. Auch Potiphars Frau findet Gefallen an Joseph und versucht, ihn zu verführen. Obwohl Joseph ihr widersteht, ertappt Potiphar beide bei einem scheinbaren Rendezvous, welches von Potiphars Frau in ihrem Stolz nicht richtiggestellt, sondern wegen ihrer verletzten Eitelkeit gegen Joseph verwendet wird; Potiphar läßt Joseph daraufhin ins Gefängnis werfen.
Joseph entdeckt in der Gefangenschaft seine Fähigkeit zur Traumdeutung und wird sich mehr und mehr seiner Bestimmung bewußt. Er deutet zwei wegen Verfehlungen ein-

gekerkerten Mitgefangenen, dem Bäcker und dem Butler des Pharao, ihre Träume; seine Deutung stellt sich jeweils als zuverlässig und treffend heraus. Der Pharao – er selbst leidet seinerseits an quälenden Träumen – wird auf den Traumdeuter aufmerksam und holt sich den Rat Josephs für einen Traum, in dem sieben fette und sieben magere Kühe dem Nil entsteigen und dazu sieben dicke und dünne Kornähren vom Wind fortgeweht werden. Joseph erklärt den Traum des Pharao damit, daß sieben Jahren der Fruchtbarkeit des Landes Ägypten sieben Dürrejahre folgen werden. Er rät dem Pharao weiterhin, vorsorglich für die Zeit der Dürre Kornvorräte einzulagern. Der Pharao macht Joseph daraufhin zum obersten Beamten der Kornverwaltung und stattet ihn mit prachtvollen Kleidern und Schmuck aus.
Die vorausgesagte Dürre führt in Israel zu großer Hungersnot, unter der auch die elf Brüder Josephs mit ihrem Vater Jakob zu leiden haben. Jakob sendet daher seine Söhne nach Ägypten, um sie dort Korn kaufen zu lassen. Dort erkennt Joseph seine Brüder sofort, während sie ihn nur als mächtigen Beamten des Pharaos wahrnehmen. Joseph schenkt jedem der Brüder einen Sack voller Korn, verbindet damit aber eine Prüfung: Beim jüngsten der zwölf Brüder versteckt Joseph einen goldenen Kelch. Als die Brüder nach Hause aufbrechen wollen, läßt Joseph ihr Gepäck untersuchen, entdeckt den vermeintlich gestohlenen Kelch und droht dem Dieb mit harter Strafe. Nachdem jeder einzelne der Brüder sich zum Schutze des Jüngsten selbst als Dieb bezeichnet, kann sich Joseph von der Nächstenliebe der Brüder und von ihrem nun geläuterten Wesen überzeugen und gibt sich ihnen zu erkennen. Im Verlauf der Wiedersehensfreude darf auch der glückliche Vater seinen Lieblingssohn Joseph wieder in die Arme nehmen.

CB

SONGS You Are What You Feel/Wie vom Traum verführt – Jacob and Sons; Joseph's Coat/Jakob & Co.; Josephs Kleid – Joseph's Dreams/Josephs Träume – Poor, Poor Joseph/Armer Joseph – One More Angel in Heaven/Ein Engel mehr schwebt am Himmel – Potiphar – Close Every Door/Schließt jede Tür – Go, Go, Go, Joseph – Pharao Story – Poor, Poor Pharao; Song Of The King/Armer Pharao; Der Song des King – Pharao's Dreams Explained/Pharaos Traum gedeutet – Stone The Crows/Mich tritt ein Pferd – Those Kanaan Days/In Kanaan einst – The Brother's Come To Egypt; Grovel, Grovel/Die Brüder kommen nach Ägypten; Einschleim', Einschleim' – Who's The Thief?/Na, wer war's? – Benjamin-Calypso – Joseph All The Time/Joseph jetzt wie einst – Jacob In Egypt/Jakob in Ägypten – Any Dream Will Go/Wie vom Traum verführt

Aufnahme der Broadway-Produktion 1976
CHRYSALIS RECORDS

Aufnahme der Londoner Originalproduktion 1991
POLYDOR

Karussell
Carousel

Nach dem Volksstück »Liliom« von Ferenc Molnár
Buch und Gesangstexte von Oscar Hammerstein II
Musik von Richard Rodgers

New York, Majestic Theatre, 19. April 1945

Produktion	The Theatre Guild
Regie	Rouben Mamoulian
Choreographie	Agnes de Mille

Deutschsprachige Fassung von Robert Gilbert
Wien, Volksoper, 15. Oktober 1972

Theaterverlag S. Fischer, Frankfurt am Main

PERSONEN Mrs. Mullin, Karusselbesitzerin – Billy Bigelow, Ausrufer – Julie, seine Frau – Louise, beider Tochter – Nettie Fowler, Julies Cousine – Carrie Pipperidge, Julies Freundin – Enoch Snow, ein Fischer – Jigger Craigin, ein Seemann – David Bascombe, Fabrikant – Der Kapitän – Bruder Josua, ein Himmelsbote – Der Sternhüter – Enoch Snow junior – Der Schuldirektor – Schausteller, Fischer, Seeleute, Frauen, Mädchen, Kinder und Polizisten
ORT UND ZEIT In einer kleinen amerikanischen Hafenstadt an der Küste von Maine im Jahre 1873 und fünfzehn Jahre später

Billy Bigelow arbeitet als Ausrufer für Mrs. Mullins Karussell. Er verliebt sich in die Webereiarbeiterin Julie Jordan und wird deshalb von Mrs. Mullin entlassen. Auch Julie verliert ihren Arbeitsplatz. Die beiden heiraten und fristen mit Hilfe von Julies Cousine Nettie Fowler mühsam ihr Leben. Als Mrs. Mullin ihren beliebten Ausrufer zurückholen und zur Trennung von Julie bewegen will, erfährt Billy von seiner Frau, daß sie ein Kind erwartet. Nun läßt sich der stellungslose Billy von dem Seemann Jigger Craigin zu einem Überfall auf den Webereibesitzer Bascombe überreden. Jigger weiß, daß der reiche Bascombe am Abend zum Hafen kommen und dem Schiffskapitän eine größere Geldsumme bringen wird. Während die beiden ihrem Opfer auflauern, gewinnt Jigger dem leichtsinnigen Billy beim Kartenspiel bereits seinen Anteil an der Beute ab. Der Raubüberfall mißlingt. Jigger kann entkommen, doch Billy wird gefaßt. Um dem Zuchthaus zu entgehen, tötet sich Billy mit einem Messer. Ein himmlischer Bote führt Billy in den Hinterhof des Himmels, wo er seine Sünden abbüßen muß. Nach fünfzehn Jahren darf er für einen Tag auf die Erde zurück, um seine Tochter kennenzulernen und eine gute Tat zu vollbringen. Billy gibt sich seiner Tochter gegenüber als Freund ihres Vaters aus und will ihr einen Stern schenken, den er für sie im Himmel gestohlen hat. Sie lehnt das Geschenk ab, denn mit Diebesgut will sie nichts zu tun haben. Daraufhin schlägt Billy jähzornig sein Kind. Louise erzählt den Vorfall ihrer Mutter und diese ist überzeugt, daß der Fremde kein anderer als Billy gewesen sein kann und den Stern als Liebeszeichen gebracht hat. Billys Wunsch, seine Tochter noch einmal sehen zu dürfen, wird erfüllt. Unerkannt nimmt er an Louises Schulentlassungsfeier teil und kehrt dann mit der Zuversicht in den Himmel zurück, daß seinem Kind ein glücklicheres Leben als ihm beschieden sein wird.

SONGS Carousel Waltz (Karussell-Walzer) – You're a Queer One, Julie Jordan (Du bist seltsam, Julie Jordan) – Mister Snow (Man nennt ihn Mister Snow) – If I Loved You (Wär es Liebe) – June Is Bustin' Out All Over (So ein Sommer kommt nie wieder) – When the Children Are Asleep (Wenn die Kinder alle schlafen) – Blow High, Blow Low (Ahoi, ohé) – Soliloquy (Ich frag mich, was er denkt von mir) – A Real Nice Clambake (Das war ein feines Picknick) – Geraniums in the Winder (Geranien vor dem Fenster) – Stonecutters Cut It on Stone (Steinschneider schneiden's in Stein) – What's the Use of Wond'rin' (Was nützt alles Grübeln) – You'll Never Walk Alone (Dann gehst du nie allein) – The Highest Judge of All (Der höchste Richter)

⊙ Original Broadway-Besetzung
mit John Raitt, Jan Clayton, Christine Johnson, Jean Darling, Eric Mattson und Murvyn Vye
Orchester und Chor unter Leitung von Joseph Littau
DECCA RECORDS

Schallplatten-Besetzung
mit Robert Merrill, Patrice Munsel, Gloria Lane, Florence Henderson, Herbert Banke und George Irving
Orchester und Chor unter Leitung von Lehman Engel
RCA RECORDS

Schallplatten-Besetzung
mit David Holliday, Cheryl Kennedy, Shirley Chapman und Matt Zimmermann
Orchester und Chor unter Leitung von Sam Fonteyn
EMI RECORDS – MFP

Melodienfolge mit Lois Hunt, Harry Snow und Charmaine Harma
EPIC RECORDS

Melodienfolge mit Alfred Drake und Roberta Peters
COMMAND RECORDS

Melodienfolge mit John Raitt, Eileen Christy und Susan Watson
RCA RECORDS

Original Film-Soundtrack
mit Gordon MacRae, Shirley Jones, Clamarae Turner, Barbara Ruick, Robert Rounseville und Cameron Mitchell
Orchester und Chor unter Leitung von Alfred Newman
CAPITOL RECORDS

FILM 20th Century Fox (1956)
Regie: Henry King
Choreographie: Rod Alexander

Katharina Knie

Nach dem gleichnamigen Schauspiel von Carl Zuckmayer
Gesangstexte von Robert Gilbert
Musik von Mischa Spoliansky

München, Staatstheater am Gärtnerplatz, 18. Januar 1957

Theaterverlag S. Fischer, Frankfurt am Main

PERSONEN Karl Knie, Zirkusdirektor – Katharina, seine Tochter – Fritz und Lorenz Knie, ihre Vettern, Parterre-Akrobaten – Ignaz Scheel, Trampolin-Artist – Julius Schmittolini, Clown – Bibbo, früher Zirkusathletin, heute an der Zirkuskasse – Mario, Artist – Martin Rothacker, Landwirt – Die Rothackerin, seine Mutter – Membel, Gerichtsvollzieher – Dillinger, Polizeikommissar – Bloomaul, Tätowierer – Zirkusleute und Publikum
ORT UND ZEIT In einer deutschen Kleinstadt zu Anfang der zwanziger Jahre

Dieses musikalische Volksstück spielt im Zirkusmilieu und schildert den Konflikt der Tochter des Seiltänzers und Zirkusdirektors Karl Knie, die das entbehrungsreiche Wanderleben gegen eine solide Existenz eintauschen möchte. Sie verläßt den Vater, denn sie liebt den reichen Bauernsohn Martin Rothacker und möchte die Landwirtschaft erlernen. Katharina, die den Rothackers aus Mitleid mit den hungernden Zirkustieren Hafer gestohlen hat, lernte den jungen Bauern wegen seiner Anständigkeit und Güte lieben. Schließlich fordert er von ihr, sich für ihn oder für den Zirkus zu entscheiden, und bittet ihren Vater, sie Bäuerin werden zu lassen.
Vater Knie, der mit Leib und Seele dem Zirkus gehört, will nicht glauben, daß Katharina der jahrhundertealten Seiltänzertradition seiner Familie untreu werden könnte. In der Hoffnung, daß sie eines Tages zurückkehren wird, zieht er mit seinem Zirkus weiter durch die Lande und durchsteht die wirtschaftliche Not der Inflationsjahre. Als er schließlich wieder in das Städtchen kommt, wo Katharina den Zirkus verlassen hat, sehen sich Vater und Tochter wieder. Das Glück des alten Mannes, der meint, daß seine Tochter gekommen ist, um zum Zirkus zurückzukehren, läßt sie zögern, ihm die Wahrheit zu sagen. Außer sich vor Freude über die vermeintliche Rückkehr seiner Tochter, wagt Vater Knie gefährliche Kunststücke auf dem Hochseil. Dies alles geht jedoch über seine Kraft. Erschöpft legt der alte Mann sich nieder und will nun von seiner Tochter hören, daß sie zurückkehrt. Katharina gesteht ihm, daß sie den Bauern Martin Rothacker heiraten und seßhaft werden will, doch er hört sie nicht mehr, denn er hat die Augen für immer geschlossen. Jetzt begreift Katharina, wohin sie gehört, sie verzichtet auf die Ehe und übernimmt den Zirkus.

Hans Albers in »Katharina Knie«
München, Staatstheater am Gärtnerplatz (1957)

SONGS Bum, bum, bum – Doch das kriegt nie das Publikum zu sehn – Die Welt ist mein Wohnsitz – I-a, I-a, Hunger, Hunger, Mamma mia – Lieber Gott, deine Welt ist schön, doch sie dreht sich zu schnell – Heut sieht die Sonne so nach Sonntag aus – Da hab ich's zum ersten Mal gewußt – Ja, ja, von oben, so hoch da droben, sieht alles ganz anders aus – Mundharmonika-Lied – Trippel, trippel, trapp, halt die Zügel nicht zu knapp – Der Zirkus, der Zirkus – Das Lied vom Tätowieren – O Sankt Georg, hör uns – Sag ihm, daß ich ihm gut bin – Der Mensch muß eine Heimat haben – Aber daß wir ihm nicht seine Balancierstange mit hineinlegen durften – Zirkuszauber, Zirkusluft – Anspannen, Leute

Einzelaufnahmen einiger Lieder mit Hans Albers, der den Zirkusdirektor Knie als letzte Bühnenrolle vor seinem Tod in München und am Wiener Raimund-Theater spielte
TELDEC Telefunken-Decca

Keep cool

Buch von Marco Rima und Marco Schneider
Musik von Marco Rima, Marco Schneider und Gregory Wachter

Zug, Casino Theater, 18. August 1992

Produzenten	Marco Rima und Partner
Regie	Marco Rima
Choreographie	Richard Hes

Köln, Rheinhalle am Tanzbrunnen, 9. März 1995

Produktion	Kumagio GmbH
Regie	Max Sieber
Choreographie	Richard Hes

PERSONEN Keep Cool – Claire, Sekretärin – Big Daddy, Firmenchef – Laura

Keep Cool, ein »lässiger« junger Mann in coolem Outfit – Jeans, Lederjacke, Halskette und Sonnenbrille – sucht sowohl eine neue Wohnung als auch einen neuen Job; nachdem er einen Besichtigungstermin für eine neue Behausung am Telefon verabredet hat, begibt er sich zu einem Vorstellungstermin in ein Büro. Dort prahlt er vor der Sekretärin Claire mit seinen beruflichen und männlichen Qualitäten. Claire gefällt Keeps Imponiergehabe nicht; sie vermittelt den Bewerber schnell an Big Daddy, den Firmenchef, weiter. Auch Big Daddy durchschaut recht bald Keeps Aufschneiderei und bietet ihm einen Job als Fahrer an. Big Daddy empfiehlt, sein Angebot der Fahrertätigkeit als »Driver« zu bezeichnen, woraufhin Keep die Aufgabe übernimmt – Driver klingt in seinen Ohren besser als Fahrer.
Nun bricht Keep Cool zu dem Wohnungsbesichtigungstermin auf; dort angekommen, ist er völlig überrascht, da die Vermieterin Claire ist, die er zuvor als Sekretärin bei seinem neuen Arbeitgeber kennengelernt hat. Er erfährt dort auch, daß Claire die Geliebte seines neuen Chefs Big Daddy ist, was sie jedoch nicht hindert, Keep Cool ein Zimmer zu vermieten und sich alsbald als Vamp dem neuen Mieter zu nähern.
Keep Cools erste Fahrt führt ihn zur »Music Factory«, wo er in die Probe einer Tanzgruppe gerät. Die Akteure warten seit Stunden auf einen Solosänger; Laura, eine junge Sängerin, ergreift die Gelegenheit, ihre Interpretation des Songs »You and I« anzubieten und zu behaupten, damit könne sie den Solisten ersetzen, da ihre Darbietung die bessere sei. Ihr Vorschlag wird vom Ensemble jedoch zurückgewiesen. Als Keep Cool erscheint, halten die Darsteller ihn für den erwarteten Solisten. Diese Chance nutzt Keep Cool, um eine lässig-coole Komödie vorzuführen; das Ensemble entlarvt ihn jedoch bald als Versager; Laura, der er imponieren will, weist ihn mit ihrer Schlagfertigkeit zurück.

Mittlerweile hat Big Daddy erfahren, daß Claire einen neuen Untermieter hat und wird eifersüchtig; Claire hat jedoch ihrerseits gehört, daß Big Daddy sie mit Laura betrügt. Diese Situation möchte Keep Cool ausnutzen und lädt Claire ein, den Abend gemeinsam zu verbringen. Beide besuchen eine Disco, wobei der Besuch von vielen peinlichen Zwischenfällen begleitet ist; sie treffen auf Laura, die im Nebenjob an der Theke der Disco arbeitet. Dann beginnt Keep Cool, Claire ein Liebeslied zu singen, als plötzlich noch Big Daddy auftaucht. Er entpuppt sich als Feigling, als ihm beide Frauen gleichzeitig gegenüberstehen, woraufhin auch Laura sich von ihm abwendet. Keep Cool gibt in dieser Situation nicht auf und umwirbt Claire weiter, die nun endgültig vom coolen Gehabe genug hat. Daraufhin gibt sich Keep Cool romantisch und hat nun endlich Erfolg bei Claire. Sie versprechen sich, Freunde zu sein.

CB

SONGS Keep cool – Office – Big Daddy – Vamp – Laß mich niemals hängen – You And I – Sprechen Sie Cooldeutsch? – Lord Bless My Car – Ich will alles und noch mehr – Your Song – Oper – Mann o Mann – Disco – Solo Tu – Peinlich – Dance – Freund – Finale

Studioaufnahme 1995
POLYDOR

Kismet

Nach dem gleichnamigen Bühnenstück von Edward Knoblock
Buch von Charles Lederer und Luther Davis
Gesangstexte von Robert Wright und George Forrest
Musik von Robert Wright und George Forrest
nach Motiven von Alexander Borodin

New York, Ziegfeld Theatre, 3. Dezember 1953

Produzent	Charles Lederer
Regie	Albert Marre
Choreographie	Jack Cole

Deutschsprachige Fassung von Janne Furch
Theater der Stadt Koblenz, 22. Januar 1977

Bühnenverlag Josef Weinberger, Wien

PERSONEN Der vermeintliche Hadschi, ein Poet – Marsinah, seine Tochter – Der Kalif von Bagdad – Omar Chajjam, Hofdichter und Vertrauter des Kalifen – Der Wesir – Lalume, seine Lieblingsfrau – Jawan, Räuberhauptmann – Hassan Ben, Räuber – Der Hauptmann der Polizei – Muezzins, ein Imam, Bettler, Derwische, Händler, Marktvolk, Polizisten, Kundschafter, Leibwachen, ein Hofbeamter, ein Bote, eine Witwe, Hofleute, Prinzessinnen, Dienerinnen und Diener, Sklavinnen, Tänzer und Sänger
ORT UND ZEIT Bagdad in märchenhafter Zeit

Aus wirtschaftlicher Not mischt sich ein Poet, der sich als Vetter eines alten Hadschi ausgibt, mit seiner Tochter Marsinah unter das Bettelvolk vor einer Moschee. Da wird er von den Gefährten des Räuberhauptmanns Jawan entführt. Jawan hält den Poeten für den bettelnden Hadschi, der ihn einst verflucht hat. Um von dem Fluch befreit zu werden und seinen seitdem verschollenen Sohn wiederzusehen, bietet Jawan dem vermeintlichen Hadschi großen Reichtum. Der Poet nutzt die Situation, geht zum Schein auf das Anliegen des Räuberhauptmanns ein und bittet um etwas Zeit für das Lösen des Fluches. Auf diese Weise zu Wohlstand gekommen, kann der Poet den Wunsch der Tochter nach einem eigenen Haus erfüllen. Auf dem Basar sieht der junge Kalif von Bagdad zufällig die schöne Marsinah und verliebt sich sofort in sie. Er gibt sich als Gärtner aus und verabredet ein Wiedersehen. Inzwischen wurde Marsinahs Vater verhaftet, da man entdeckt hat, daß seine Reichtümer Diebesgut sind und er mit dem Räuberhauptmann Jawan im Bunde ist. Als der vermeintliche Hadschi und auch der eingefangene Räuberhauptmann vor den Wesir gebracht werden, stellt sich heraus, daß der Wesir Jawans vermißter Sohn ist. Das bestärkt Vater und Sohn in dem Glauben, daß der Hadschi verfluchen und vom Fluch erlösen kann. Diese Zauberkräfte will der Wesir nun für seine Zwecke ausnutzen. Er verspricht dem Hadschi, ihn zum Emir zu erheben, wenn er es verhindert, daß der Kalif seine Ankündigung wahr macht und eine Frau heiratet, die der Wesir nicht ausgesucht und auf die er keinen Einfluß hat. Nicht ahnend, daß es sich bei der Braut des Kalifen um seine eigene Tochter handelt, eilt der Poet zu ihr und umarmt sie voller Wiedersehensfreude. Das wird dem Kalifen berichtet, der seine Braut in den Palast holen will. Er hält Marsinahs Vater für ihren Geliebten und sagt die Hochzeitsvorbereitungen ab. Wie in jedem Märchen wendet sich aber alles zum Guten. Der Kalif und

Marsinah werden ein Paar. Der intrigante Wesir erhält seine gerechte Strafe, und der vom Kismet, der wechselvollen Schicksalsbestimmung des Menschen überzeugte Poet übernimmt nicht nur dessen Amt und Würde, sondern gewinnt auch dessen bildschöne Lieblingsfrau Lalume.

SONGS Sands of Time (Im Sand der Zeit) – Rhymes Have I (Poesie, Gedicht und Reim) – Fate (Kismet) – Bazaar of the Caravans (Basar der Karawanen) – Not Since Niniveh (Nicht seit Ninive) – Baubles, Bangles and Beads (Gold und Perlen) – Stranger in Paradise (Ein Fremder im Paradies) – He's in Love (So verliebt) – Gesticulate (Gestikulieren) – Night of My Nights (Nacht voller Glück) – Was I Wazir (Wesirs Plaisir) – Rahadlakum – And This Is My Beloved (Das ist mein Traum von Liebe) – The Olive Tree (Ein Narr unter dem Olivenbaum) – Zubbediya

Original Broadway-Besetzung
mit Alfred Drake, Doretta Morrow, Richard Kiley, Henry Calvin, Joan Diener, Richard Oneto, Hal Hackett und Lucy Andonian
Orchester und Chor unter Leitung von Louis Adrian
COLUMBIA RECORDS – CBS

Original-Besetzung New York, Lincoln Center (1965)
mit Alfred Drake, Lee Venora, Richard Banke, Henry Calvin, Anne Jeffreys, Rudy Vejar, Albert Toigo und Anita Alpert
Orchester und Chor unter Leitung von Franz Allers
RCA RECORDS

Schallplatten-Besetzung
mit Robert Merrill, Adele Leigh, Kenneth McKellar, Ian Wallace und Regina Resnik
Orchester Mantovani und Chor
LONDON/DECCA RECORDS

Schallplatten-Besetzung
mit Gordon MacRae und Dorothy Kirsten
EMI – Angel Records

Original Film-Soundtrack
mit Howard Keel, Ann Blyth, Vic Damone und Dolores Gray
Orchester und Chor unter Leitung von André Previn
MGM RECORDS

FILM MGM (1955)
Regie: Vincente Minnelli
Choreographie: Jack Cole

Kiss Me, Kate

Buch von Samuel und Bella Spewack
Musik und Gesangstexte von Cole Porter

New York, New Century Theatre, 30. Dezember 1948

Produzenten	Saint-Subber und Lemuel Ayers
Regie	John C. Wilson
Choreographie	Hanya Holm

Deutschsprachige Fassung von Günter Neumann
Frankfurt am Main, Städtische Bühnen, 19. November 1955

Bühnenverlag Felix Bloch Erben, Berlin

Deutschsprachie Fassung von Marcel Prawy
Wien, Volksoper, 14. Februar 1956

PERSONEN Fred Graham (Petruchio) – Lilli Vanessi (Katharina) – Ann Lane (Bianca) – Bill Calhoun (Lucentio) – Gremio – Hortensio – Harry Trevor (Baptista) – Zwei Ganoven – Hattie, Garderobiere – Paul, Garderobier – Ralph, Inspizient – Mister Harrison Howell – Ein Arzt und zwei Krankenschwestern, ein Taxichauffeur, ein Bühnenportier, Diener, ein Putzmacher, Bürger von Padua, Bühnenpersonal und Ballett
ORT UND ZEIT Amerika in der Gegenwart

Johannes Heesters und Lola Müthel in »Kiss Me, Kate«
München, Staatstheater am Gärtnerplatz (1956)

Sehr originell sind in diesem Musical die von Premierenhektik erfüllten turbulenten Ereignisse hinter der Bühne eines amerikanischen Theaters mit dem Geschehen der Shakespeare-Komödie »Der Widerspenstigen Zähmung« gleichnishaft verknüpft. Die Hauptrolle der männerfeindlichen Katharina spielt Lilli Vanessi. Als Petruchio ist Fred Graham ihr Partner. Trotz ihrer Scheidung vor einem Jahr verbindet die beiden noch immer eine echte Neigung. Schwärmerisch erinnern sie sich an ihre bescheidenen Theateranfänge. Lilli ist inzwischen mit dem Industriellen Harrison Howell liiert, der die Theaterproduktion finanziert. Fred flirtet mit Ann Lane, die er in einem Nachtlokal für die Rolle der Bianca entdeckt hat. Ihr zuliebe wurde auch der Popsänger Bill Calhoun engagiert. Als Lilli Vanessi versehentlich ein für Ann Lane bestimmtes Blumenbukett erhält, ist sie glücklich und gerührt über Freds vermeintliche Aufmerksamkeit. Nachdem sich aber der Irrtum aufklärt, fühlt sie sich verhöhnt und will auf der Stelle das Theater verlassen. Außerdem gefährden zwei Ganoven die Vorstellung. Sie fordern von Fred die sofortige Einlösung eines mit seinem Namen unterschriebenen Schuldscheins, den in Wahrheit der dem Glücksspiel verfallene Bill Calhoun ausgestellt hat. Geschickt benutzt Fred die beiden Ganoven, um die beleidigte Diva zu zwingen, das Stück zu Ende zu spielen. Mit List und überzeugender Männlichkeit gelingt es schließlich Fred Graham alias Petruchio, das widerspenstige Kätchen alias Lilli Vanessi auf der Bühne und hinter den Kulissen zu zähmen.

SONGS Another Op'nin', Another Show (Premierenfieber) – Why Can't You Behave (Wann kann ich dir traun) – Wunderbar – So in Love (Ich bin dein) – We Open in Venice (Von Venedig nach Venedig) – Tom, Dick or Harry (Hinz oder Kunz) – I've Come to Wive It Wealthily in Padua (Ich will mich reich beweiben hier in Padua) – I Hate Men (Kampf dem Mann) – Were Thine That Special Face (Ach, wärst du doch so hold) – Too

Darn Hot (Es ist viel zu heiß) – Where Is the Life That Late I Led (Wo ist die liebestolle Zeit) – Always True in My Fashion (Aber treu bin ich nur dir) – Bianca – Brush Up Your Shakespeare (Schlag nach bei Shakespeare) – I Am Ashamed That Women Are So Simple (Ich schäm mich, daß wir Frau'n so närrisch handeln) – So Kiss Me, Kate (So küß mich doch)

Original Broadway-Besetzung
mit Alfred Drake, Patricia Morison, Lisa Kirk, Harold Lang, Edwin Clay, Charles Wood, Harry Clark, Jack Diamond, Annabelle Hill, Lorenzo Fuller, Eddie Sledge und Fred Davis
Orchester und Chor unter Leitung von Pembroke Davenport
COLUMBIA RECORDS – CBS

Original-Besetzung London, Coliseum (1951)
mit Bill Johnson, Patricia Morison, Julie Wilson, Danny Green, Sidney James und Archie Savage
Orchester unter Leitung von Freddie Bretherton
EMI RECORDS – WRC

Schallplatten-Besetzung
mit Alfred Drake, Patricia Morison, Lisa Kirk, Harold Lang, Bob Sands, Ray Drakely, Aloysius Donovan und Alexis Dubroff
Orchester und Chor unter Leitung von Pembroke Davenport
CAPITOL RECORDS

Melodienfolge
mit Howard Keel, Anne Jeffreys und Gogi Grant
Orchester unter Leitung von Henri René
RCA RECORDS

Melodienfolge
mit Earl Wrightson, Lois Hunt und Mary Mayo
COLUMBIA RECORDS – CBS

Melodienfolge
mit Frank Sinatra, Sammy Davis jr., Dean Martin, Jo Stafford, Johnny Prophet, Phyllis McGuire, Lou Monte, Dinah Shore und Kelly Smith
Orchester und Chor unter Leitung von Morris Stoloff
REPRISE

Melodienfolge
mit Peter Alexander und Olive Moorefield
Orchester und Chor unter Leitung von Johannes Fehring
ARIOLA-EURODISC

⊙ Melodienfolge
mit Lore Lorentz, Heinz Hoppe, Ingeborg Hallstein, Wolfgang Kieling, Peter Rubin und Horst Indra
Orchester und Chor unter Leitung von Heinz Geese
POLYDOR

Melodienfolge
mit Rex Gildo, Gitte, Ralf Bendix und Paul Kuhn
Orchester und Chor unter Leitung von Wolfram Röhrig
EMI Electrola

Melodienfolge
mit Lorna Dallas, Arturo Testa, Heidi Brühl, Pit Krüger und Benno Hoffmann
Orchester unter Leitung von Heinz Gietz
EMI Electrola

Original Film-Soundtrack
mit Howard Keel, Kathryn Grayson, Ann Miller, Bobby Van, Tommy Rall, Bob Fosse, Keenan Wynn und James Whitmore
Orchester und Chor unter Leitung von André Previn
MGM RECORDS

FILM MGM (1953)
Regie: George Sidney
Choreographie: Hermes Pan

Knickerbocker Holiday

Buch und Gesangstexte von Maxwell Anderson
Musik von Kurt Weill

New York, Ethel Barrymore Theatre, 19. Oktober 1938

Produktion	The Playwrights Co.
Regie	Joshua Logan
Choreographie	Carl Randall

Deutschsprachige Fassung von Ute und Volker Canaris
Hamburg, Thalia-Theater, 25. September 1976
(tik – Theater in der Kunsthalle)

Vertriebsstelle und Verlag deutscher Bühnenschriftsteller und Bühnenkomponisten GmbH, Norderstedt

PERSONEN Pieter Stuyvesant, Gouverneur – Brom Broeck – Mynheer Tienhoven – Tina, seine Tochter – Mynheer Roosevelt – Mynheer Vanderbilt – Mynheer de Peyster – Mynheer de Vries – Mynheer van Rensselaer – Mynheer van Cortlandt junior – Marshal Schermerhorn – Mistress Schermerhorn – General Poffenburgh – Tenpin – Anthony Corlear – Washington Irving, Schriftsteller – Bürger, Meisjes, Soldaten und Indianer
ORT UND ZEIT Neu-Amsterdam im Jahre 1647

»Knickerbocker« ist der Spitzname für die holländischen Kaufleute und Siedler, die 1614 die Handelsniederlassung Neu-Amsterdam, das heutige New York, gründeten. Diese Bezeichnung geht zurück auf Washington Irvings »Geschichte von New York«, die der amerikanische Schriftsteller 1809 unter dem Pseudonym Diedrich Knickerbocker veröffentlichte. Das Musical ist eine Persiflage auf die amerikanische Pionierzeit der holländischen Kolonisten und zugleich eine Satire auf die von faschistischen Diktaturen bedrohte weltpolitische Situation der dreißiger Jahre unseres Jahrhunderts.

Im Mittelpunkt der Handlung steht die historische Gestalt des Pieter Stuyvesant, der 1647 Generaldirektor der Niederländisch-Westindischen Kompanie und Gouverneur der Kolonie Neuniederland in Amerika wurde. Während seiner Regentschaft erweiterte er das Territorium der holländischen Kolonie und herrschte innenpolitisch als selbstherrlicher Diktator. Sein Gegenspieler ist der holländische Einwanderer Brom Broeck, dem jeglicher Kadavergehorsam zuwider ist und dessen Braut Tina, die Tochter des Ratsherrn Tienhoven, von ihrem Vater an den Gouverneur verschachert werden soll. Die Auseinandersetzung zwischen demokratischer Gesinnung und diktatorischen Praktiken wird in der Form von Schildbürger- und Schelmenstreichen sehr bühnenwirksam parodiert. Es gibt politische Korruption, Opportunismus, bornierte Engstirnigkeit, groteske Liebeskonflikte, blutrünstige Indianerkämpfe und sinnlosen Heldentod. Zum Schluß triumphiert die von Brom Broeck ausgelöste Opposition gegen den Diktator Pieter Stuyvesant, der politisch nachgibt und sich mit den Ratsherren arrangiert, um unangefochten als eine Art demokratischer Schutzpatron der Stadt New York in die Geschichte einzugehen, während Brom Broeck den Prototyp des modernen Amerikaners verkörpert mit seiner »phantastischen und unerklärlichen Abneigung gegen Befehle, verbunden mit tiefem Abscheu vor korrupten Regierungen und völliger Unfähigkeit, etwas dagegen zu tun«.

SONGS Washington Irving's Song (Mein Stück erzählt von New York) – Clickety-Clack (Klapperdiklapp) – Entrance of the Council (Der Einzug des Rates) – Hush, Hush (Bist im Rat du ein Greenhorn) – There's Nowhere to Go but Up (Ja, dann kann's nur noch aufwärtsgehn) – It Never Was You (Aber nie fand ich dich) – How Can You Tell an American (Wie ist der Mann aus Amerika) – Will You Remember Me (Mein Lieb, ob du noch an mich denkst) – One Touch of Alchemy (Ein Hauch von Dämonie) – The One Indispensable Man (Ein ganz unentbehrlicher Mann) – Young People Think About Love (Doch wer jung ist, braucht Liebe nur) – September Song – All Hail, the Political Honeymoon (Heil dem politischen Wonnemond) – Ballad of the Robbers (Räuber-Ballade) – Sitting in Jail (Solange wie du Gast bist im Knast) – We Are Cut in Twain (In Lieb und Leben) – To War (Auf zum Kampf) – Our Ancient Liberties (Wo ist die güldene Freiheit hin) – May and January (O seht den Unterschied der Jahre) – The Scars (Wenn ein tapferer Soldat) – Dirge for a Soldier (Totenklage für einen Soldaten) – No, Ve Vouldn't Gonto Do It (Nein, wir werden dat niet machen)

⊙ Original Broadway-Besetzung
mit Walter Huston, Richard Kollmar, Mark Smith, Jeanne Madden und Ray Middleton
Orchester unter Leitung von Maurice Abravanel
JOEY DISCS

Melodienfolge
mit Jerry Lanning, Margery Cohen, Judy Lander und Hal Watters
Orchester unter Leitung von Newton Wayland
PARAMOUNT RECORDS
(Berlin to Broadway with Kurt Weill)

FILM United Artists (1944)
mit Nelson Eddy und Charles Coburn
Regie: Harry Joe Brown

Der König und ich
The King and I

Nach dem Roman »Anna and the King of Siam« von Margaret Landon auf der Grundlage der Tagebuchaufzeichnungen »The English Governess at the Siamese Court« von Anna Leonowens
Buch und Gesangstexte von Oscar Hammerstein II
Musik von Richard Rodgers

New York, St. James Theatre, 29. März 1951

Produzenten	Richard Rodgers und Oscar Hammerstein II
Regie	John van Druten
Choreographie	Jerome Robbins

Deutschsprachige Fassung von Janne Furch
München, Staatstheater am Gärtnerplatz, 17. April 1966

Bühnenverlag Felix Bloch Erben, Berlin

PERSONEN Anna Leonowens, englische Erzieherin – Louis, ihr kleiner Sohn – Der König von Siam – Thiang, seine Lieblingsfrau – Kronprinz Tschulalongkorn – Prinzessin Ying Yaowlak – Der Kralahome, Kanzler – Phra Alack, Hofbeamter – Tuptim, eine junge Burmesin – Lun Tha, burmesischer Gesandter – Sir Edward Ramsay, englischer Gesandter – Kapitän Orton – Ein Dolmetscher – Siamesische Prinzen und Prinzessinnen, die Frauen des Königs, Hofstaat, Tänzerinnen und Tänzer
ORT UND ZEIT Bangkok um 1860

Yul Brynner in dem Film »The King and I« (1956)

Anna Leonowens, die attraktive Witwe eines englischen Kolonialoffiziers, wird als Erzieherin an den Hof des Königs von Siam berufen. Auf diese Reise in ein fremdes Land nimmt Anna ihren kleinen Sohn Louis mit. Aus der Konfrontation mit einer asiatischen Kultur und mit einem despotischen Herrscher ergeben sich für die Engländerin viele Probleme, doch die Erziehung der zahlreichen Kinder des Königs macht ihr große Freude. Es gelingt ihr, das Vertrauen der Kinder zu gewinnen und auch bei den Frauen des Königs Sympathie zu erwecken. Die Burmesin Tuptim, die der König für seinen Harem geschenkt bekommen hat, liebt ihren Landsmann Lun Tha, der sich als Gesandter in Bangkok aufhält, und will mit ihm fliehen. Anna ist der jungen Burmesin sehr zugetan und behält ihr Wissen über die geplante Flucht für sich. Tuptim wird gefaßt und vor den König gebracht, der sie auspeitschen will. Da greift Anna ein und bringt den König dazu, von seinem Vorhaben abzulassen, obwohl er ihre Empörung über sein Handeln nicht versteht. Zwei Welten stehen sich unversöhnlich gegenüber. Als Tuptim erfährt, daß ihr Geliebter tot ist, nimmt sie sich selbst das Leben. Anna ist über diese Grausamkeit so entsetzt, daß sie das Land verlassen will und dem König den kostbaren Ring zurückschickt, den er ihr einst geschenkt hat. Da erfährt sie, daß der König einen Herzanfall erlitten hat und im Sterben liegt. Die Auseinandersetzung mit Anna und sein Verzicht auf die Behauptung seiner königlichen Macht und Würde haben seinen Lebenswillen gebrochen. Anna eilt zu dem Sterbenden, dessen menschliche Qualitäten sie zu spät erkennt, und entschließt sich, in Siam zu bleiben und den jungen Thronfolger zu einem humanen Herrscher zu erziehen.

SONGS I Whistle a Happy Tune (Ich steh wie ein Zinnsoldat) – My Lord and Master (Mein Herr und König) – Hello, Young Lovers (Die Zeit der Liebe) – The March of the Siamese Children (Marsch der siamesischen Kinder) – A Puzzlement (Es ist wunderlich) – Getting to Know You (Wenn wir uns kennen) – We Kiss in a Shadow (Ein Flüstern von Liebe) – Shall I Tell You What I Think of You (Ihm dienen) – Something Wonderful (Er ist wunderbar) – Western People Funny (Siams feine Damen) – I Have Dreamed (Hab geträumt) – The Small House of Uncle Thomas (Onkel Toms Hütte) – Song of the King (Lied des Königs) – Shall We Dance (Wär's nicht schön)

⊙ Original Broadway-Besetzung
mit Gertrude Lawrence, Yul Brynner, Doretta Morrow, Larry Douglas und Dorothy Sarnoff
Orchester und Chor unter Leitung von Frederick Dvonch
MCA RECORDS / DECCA RECORDS

Original-Besetzung London, Drury Lane Theatre (1953)
mit Valerie Hobson, Herbert Lom, Doreen Duke, Jan Mazarus und Muriel Smith
Orchester und Chor unter Leitung von Reginald Burston
PHILIPS RECORDS

Original-Besetzung New York, Lincoln Center (1964)
mit Risë Stevens, Darren McGavin, Lee Venora, Frank Porretta, Patricia Neway und James Harvey
Orchester und Chor unter Leitung von Franz Allers
RCA RECORDS

Schallplatten-Besetzung
mit Lois Hunt
EPIC RECORDS

Schallplatten-Besetzung
mit Barbara Cook und Theodore Bikel
COLUMBIA RECORDS – CBS

Original Broadway-Besetzung, Uris Theatre (1977)
mit Constance Towers, Yul Brynner, June Angela, Martin Vidnovic, Hye-Young Choi, Alan Amick und Gene Profanato
Orchester und Chor unter Leitung von Milton Rosenstock
RCA RECORDS

⊙ Original-Besetzung München, Staatstheater am Gärtnerplatz
mit Liselotte Ebnet, Hans Putz, Dorothea Chryst, Ernst Schütz, Eva-Maria Görgen und Thomas Marguliés
Orchester und Chor unter Leitung von Franz Allers
PHONOGRAM – Philips

Original Film-Soundtrack
mit Deborah Kerr, Yul Brynner, Rita Morena, Carlos Rivas und Terry Saunders
Orchester und Chor unter Leitung von Alfred Newman
CAPITOL RECORDS

FILM 20th Century Fox (1956)
Regie: Walter Lang
Choreographie: Jerome Robbins

Das Lächeln einer Sommernacht

A Little Night Music

Nach dem schwedischen Film »Sommarnattens Leende«
von Ingmar Bergman
Buch von Hugh Wheeler
Musik und Gesangstexte von Stephen Sondheim

New York, Shubert Theatre, 25. Februar 1973

Produzent und Regie	Harold Prince
Choreographie	Patricia Birch

Deutschsprachige Fassung von Eckart Hachfeld
Wien, Theater an der Wien, 14. Februar 1975

Bühnenverlag Theater an der Wien Betriebs-GmbH, Wien

PERSONEN Madame Leonora Armfeldt – Desirée, ihre Tochter – Fredrika, ihre Enkelin – Fredrik Egerman, Rechtsanwalt – Anne, seine zweite Frau – Henrik, sein Sohn aus erster Ehe – Graf Carl-Magnus Malcolm – Charlotte, seine Frau – Petra, Frid, Bertrand und Osa, Dienerschaft – Liedersänger

ORT UND ZEIT Schweden um die Jahrhundertwende

Dreimal lächelt die Sommernacht über die Torheit der Menschen, erklärt die Schloßherrin Madame Armfeldt ihrer Enkelin Fredrika. Das erste Mal lächelt sie über die jungen Verliebten, die das Leben noch nicht kennen. Ein zweites Mal lächelt sie über die Älteren, die immer noch zuwenig wissen. Das dritte Lächeln gilt den Alten, die zuviel wissen. Auf dem Landsitz der welterfahrenen Madame Armfeldt, die in ihrer bewegten Vergangenheit die Geliebte gekrönter Häupter war, entwickelt sich während einer Sommerparty eine subtile erotische Gesellschaftskomödie. Dabei lösen sich die differenzierten Verwicklungen dreier Ehe- und Liebespaare. Madame Armfeldts Tochter, die erfolgreiche Schauspielerin Desirée, war vor vielen Jahren mit dem Rechtsanwalt Fredrik Egerman liiert, der jetzt in zweiter Ehe mit der blutjungen Anne verheiratet ist. Desirée und Fredrik sind sich nach langer Trennung wiederbegegnet. In Fredrik, der seine Ehe mit Anne sexuell noch nicht vollzogen hat und seine mädchenhafte Frau mit großer Rücksicht und Geduld behandelt, ist die alte Liebe zu Desirée wiedererwacht. Durch eine Indiskretion Fredrikas erfährt Anne davon, daß Henrik, der aus Fredriks erster Ehe stammende Sohn, seine junge Stiefmutter liebt. Verzweifelt über seine hoffnungslose Liebe, will Henrik Selbstmord begehen. Dadurch erkennt Anne ihre Liebe zu Henrik, und die beiden finden zueinander. Graf Malcolm, Desirées derzeitiger Geliebter, ist auf seinen Nebenbuhler Fredrik eifersüchtig und kommt deshalb ungeladen mit seiner Frau Charlotte auf den Landsitz von Madame Armfeldt. Charlotte will die Party nutzen, ihren Mann wieder fester an sich zu binden, und flirtet deshalb mit Fredrik. Als der Graf die beiden überrascht, fordert er Fredrik zum Duell. In Sorge um die beiden Männer, verraten Desirée und Charlotte ihre wahren Gefühle. Die Gräfin gewinnt ihren Mann endgültig zurück, während Desirée und Fredrik nun sicher sind, daß sie zueinander gehören. So lächelte die Sommernacht über die jungen Liebenden Henrik und Anne und die beiden Paare Fredrik und Desirée und den Grafen mit seiner Frau. Als Madame Armfeldt stirbt, erfüllt sich das dritte Lächeln der Sommernacht.

SONGS Night Waltz – Now (Jetzt) – Later (Später) – Soon (Bald) – The Glamorous Life (Ein Leben voller Glanz) – Remember (Du weißt noch) – You Must Meet My Wife (Die Frau mußt du sehen) – Liaisons – In Praise of Women (Zum Lob der Frau) – Every Day a Little Death (Jeden Tag ein kleiner Tod) – A Weekend in the Country (Ein Weekend auf dem Lande) – The Sun Won't Set (Die Sonne sinkt) – It Would Have Been Wonderful (Ja, das wäre wundervoll) – Perpetual Anticipation (Ein ewig unerfülltes Hoffen) – Send in the Clowns (Wo sind die Clowns) – The Miller's Son (Des Müllers Sohn)

Original Broadway-Besetzung
mit Hermione Gingold, Glynis Jones, Judy Kahan, Len Cariou, Victoria Mallory, Mark Lambert, Laurence Guittard, Patricia Elliott, D. Jamin-Bartlett, George Lee Andrews, Benjamin Rayson, Teri Ralston, Barbara Lang, Gene Varrone und Beth Fowler
Orchester unter Leitung von Harold Hastings
COLUMBIA RECORDS – CBS

Original-Besetzung London, Adelphi Theatre (1975)
mit Hermione Gingold, Jean Simmons, Christine McKenna, Joss Ackland, Veronica Page, Terry Mitchell, David Kernan, Maria Aitken, Diane Langton und Michael Harbour
Orchester und Vokalquintett unter Leitung von Ray Cook
RCA RECORDS

Einzelaufnahmen mit Zarah Leander
Orchester unter Leitung von Sven-Olof Waldoff
EMI Electrola

Original Film-Soundtrack
mit Hermione Gingold, Elizabeth Taylor, Chloe Franks, Len Cariou, Lesley-Anne Down, Christopher Guard, Laurence Guittard und Diana Rigg
COLUMBIA RECORDS – CBS

FILM Sascha-Wien Film/Elliott Kastner (1977)
(New World Picture)
Regie: Harold Prince

Lady Be Good

Buch von Guy Bolton und Fred Thompson
Gesangstexte von Ira Gershwin
Musik von George Gershwin

New York, Liberty Theatre, 1. Dezember 1924

Produzenten	Alex A. Aarons und Vinton Freedley
Regie	Felix Edwardes
Choreographie	Sammy Lee

Deutschsprachige Fassung von Max Colpet
Dortmund, Städtische Bühnen, 19. September 1976

Music International Productions, Clifton Park/New York

PERSONEN Dick Trevor – Susie, seine Schwester – Shirley, seine Freundin – Jack Robinson – Joséphine Vanderwater, eine reiche Lady – Flunkey, ihr Butler – J. Watterson Watkins, genannt Watty, Rechtsanwalt – Bertie Bassett, Hilfssheriff – Buck Benson, Journalist – Sammy Cooper, Fotoreporter – Pedro Manuel Estrada, ein mexikanischer Betrüger – Rufus Parks, Vermögensverwalter – Straßenpassanten, Party-, Hotel- und Yachtclub-Gäste, Polizisten und Hotelpersonal
ORT UND ZEIT Amerika in den zwanziger Jahren

Die Geschwister Dick und Susie schlagen sich recht und schlecht durchs Leben. Dick träumt davon, als Erfinder sein Glück zu machen, aber seine ausgefallenen Ideen sind mehr Phantastereien als praktisch verwertbare Erfindungen. Da die beiden schon seit sieben Monaten die Miete schuldig sind, werden sie schließlich auf die Straße gesetzt. In dieser Notsituation sieht Dick keinen anderen Ausweg, als auf ein Heiratsangebot der reichen Lady Vanderwater einzugehen. Seine Schwester möchte ihn jedoch vor einer solchen Vernunftheirat bewahren, denn sie weiß, daß er in Shirley verliebt ist. So will nun Susie versuchen, Geld zu beschaffen, und geht deshalb auf das Angebot des Rechtsanwalts Watkins ein, die Witwe eines verschollenen Millionenerben zu spielen. Watkins stellt ihr dafür einen Anteil an der Provision in Aussicht, die er von seinem Klienten, dem Mexikaner Pedro Manuel Estrada, erhalten soll, wenn es mit diesem Trick gelingt, an die Erbschaft heranzukommen. Als sich dann herausstellt, daß der rechtmäßige Erbe noch lebt und gar nicht verheiratet ist, gerät Susie in eine heikle Lage. Zum Schluß wendet sich aber alles zum Guten, denn sie ist zwar nicht die Witwe des ehemaligen Abenteurers und nunmehrigen Millionenerben Jack Robinson, aber sie wird seine Frau. Auch ihr Bruder Dick findet in Shirley den richtigen Lebenspartner.

SONGS We're Here Because (Wir zwei sind hier, weil ich dich liebe und du mich liebst) – Hang on to Me (Verlaß dich nur auf mich) – A Wonderful Party (Das ist eine Party) – The End of a String (Nehmt sie am Gängelband) – Fascinating Rhythm (Fabelhafter Rhythmus) – So Am I (Ist es nicht wunderbar) – Oh, Lady Be Good (O Lady, sei gut zu mir) – Linger in the Lobby (Man trifft alle in der Halle) – I'd Rather Charleston (Ich tanz lieber Charleston) – The Half of It, Dearie-Blues (Darling-Blues) – Juanita – Little Jazz Bird – Swiss Miss/Jodel Song – The Man I Love

⊙ Original-Besetzung London, Empire Theatre (1926)
mit Fred Astaire, Adele Astaire, William Kent, George Vollaire und Buddy Lee
EMI RECORDS – WRC (SH 124 und SH 185)

FILM MGM (1941)
mit Ann Sothern, Eleanor Powell, Red Skelton, John Carroll und Robert Young
Regie: Norman Z. McLeod

Lady in the Dark

Buch von Moss Hart
Gesangstexte von Ira Gershwin
Musik von Kurt Weill

New York, Alvin Theatre, 23. Januar 1941

Produzent	Sam H. Harris
Regie	Hassard Short und Moss Hart
Choreographie	Albertina Rasch

Deutschsprachige Fassung von Maria Teichs und R. A. Stemmle
unter dem Titel »Das verlorene Lied«
Kassel, Hessisches Staatstheater, 24. Mai 1951

Deutschsprachige Fassung von Marianne Schubart und Karl Vibach
Lübeck, Bühnen der Hansestadt, 11. September 1976

Vertriebsstelle und Verlag deutscher Bühnenschriftsteller und Bühnenkomponisten GmbH, Norderstedt

PERSONEN Norma Elliott, Herausgeberin eines Frauenmagazins – Kendall Nesbitt, ihr verheirateter Geliebter – Randy Curtis, Filmstar – Charley Johnson, Werbemanager – Miss Foster, Sekretärin – Russell Paxton, Photograph – Maggie Grant, Redakteurin – Alison du Bois, Kolumnistin – Miss Stevens, Empfangsdame – Dr. Alexander Brooks, Psychotherapeut – Miss Bowers, Sprechstundenhilfe – Büroboten, Mannequins und Traumerscheinungen
ORT UND ZEIT Amerika in den vierziger Jahren

Die Konzeption dieses Musicals durchbrach die bis dahin üblichen Klischees und eröffnete dem amerikanischen musikalischen Unterhaltungstheater neue Entwicklungsmöglichkeiten. Eine psychoanalytische Fallstudie ist der Inhalt des Wirklichkeit und Traum verschmelzenden szenischen und musikalischen Geschehens.

Norma Elliott ist Herausgeberin eines erfolgreichen Frauenmagazins. Ihr langjähriger Geliebter Kendall Nesbitt teilt ihr mit, daß seine Frau endlich in eine Scheidung eingewilligt hat und daß er sie nun heiraten möchte. Gleichzeitig wird Norma von dem Hollywood-Star Randy Curtis umworben. Ihre Unfähigkeit, sich zwischen diesen beiden Männern zu entscheiden, stürzt Norma in eine schwere seelische Krise, so daß sie sich schließlich in psychotherapeutische Behandlung begibt. Ihre Träume, die sie dem Psychiater erzählt, enthüllen Normas psychische Zwiespältigkeit. Im ersten Traum erlebt sich Norma als Schönheitsidol, als begehrte, triumphierende Frau, die allen ihren Konkurrentinnen überlegen ist. Ein Porträt, das von ihr gemalt wird und zur Karikatur entartet, zerstört diese Illusion. Ihr zweiter Traum mischt Kindheits- und Jugenderlebnisse mit ihrer derzeitigen Konfliktsituation. Der dritte Traum zeigt Norma als Star einer Monster-Zirkus-Show. Ihre Unentschiedenheit wird als Attraktion geistiger Akrobatik angekündigt. Dann verwandelt sich die Szene in ein Tribunal. Norma wird wegen ihrer Entschlußlosigkeit angeklagt. Ihr Werbemanager Charley Johnson tritt als Trapezkünstler auf und fordert als Staatsanwalt ihre Entscheidung. Kendall Nesbitt ist Löwenbändiger und fungiert zugleich als Zeuge, Randy Curtis ist Kunstreiter und ihr Verteidiger. Schließlich enthüllt das im Traum sich äußernde Unbewußte, daß Normas Probleme auf frühe Kindheits- und Jugenderlebnisse, auf eine übermäßige Vaterbindung und ein starkes Unterlegenheitsgefühl gegenüber der Mutter zurückgehen. Durch die Freilegung und Bewußtmachung ihrer Persönlichkeitsentwicklung wird sie in die Lage versetzt, die Konfliktsituation zu lösen. Sie erkennt, daß sowohl Kendall Nesbitt als auch Randy Curtis labile Menschen sind, die in der beruflich erfolgreichen Frau einen Halt suchen. So entscheidet sie sich für ihren Mitarbeiter Charley Johnson, der als selbstbewußte und dynamische Persönlichkeit ein zu ihr passender Partner ist.

SONGS Oh Fabulous One (Du Zaubergestalt) – The World's Inamorata (Welch ein Schönheitsidol bin ich) – You've Only One Life to Live (Du lebst nur dies eine Mal) – Girl of the Moment (Schönste des Abends) – Mapleton High (College Blau-Weiß) – This Is New (Schau mich an) – The Princess of Pure Delight (Die Prinzessin der reinen Glückseligkeit) – The Greatest Show on Earth (Die größte Show der Welt) – He Gave Her the Best Years of His Life (Er gab ihr des Lebens beste Zeit) – Tschaikowsky – The Saga of Jenny (Die Ballade von Jenny) – My Ship (Mein Schiff)

Original Broadway-Besetzung
mit Gertrude Lawrence, Bert Lytell, Victor Mature, Macdonald Carey und Danny Kaye
Orchester und Chor unter Leitung von Maurice Abravanel
RCA RECORDS

Schallplatten-Besetzung
mit Risë Stevens und Adolph Green
COLUMBIA RECORDS – CBS

Melodienfolge
mit Jerry Lanning, Hal Watters, Judy Lander und Margery Cohen
Orchester unter Leitung von Newton Wayland
PARAMOUNT RECORDS
(Berlin to Broadway with Kurt Weill)

FILM Paramount (1943)
mit Ginger Rogers, Ray Milland, Warner Baxter, Jon Hall, Barry Sullivan, Mischa Auer und Don Loper
Regie: Mitchell Leisen

Ludwig II. – Sehnsucht nach dem Paradies

Musical von Stephan Barbarino
Musik von Franz Hummel

Füssen, Musical Theater Neuschwanstein, 7. April 2000

Produzent	Stephan Barbarino
Regie	Stephan Barbarino
Choreographie	John Caraffa
Veranstalter	Ludwig Musical AG

PERSONEN Ludwig II., König von Bayern – Sissi, Kaiserin von Österreich – Sophie, Prinzessin von Bayern – Edgar Hanfstaengl, Hofphotograph – Allergia, Traumina und Spontaneia, Nymphen – Dr. von Gudden – Otto von Bismarck – Ministerpräsident von Lutz – Kabinettsekretär von Pfistermeier – Richard Wagner – Cosima von Bülow – Hans von Bülow – Josef Kainz – Preußischer Gesandter – Kaiser Franz Josef – Baumeister – Fremdenführer – Hofsekretär – Prinz Otto – Baroness von Ow – Freifrau von Roehrl – Georgina Josefine Hintermeier – Freifrau von Arnim – Brigitta Ehrlich zu Ehrlicher – Prinzessin von Thurn und Taxis – Oberstleutnant von Washington – Graf von Hoinstein – Stallmeister Hornig – Staatsminister von Crailsheim – Fürst zu Hohenlohe – Prinz von Thurn und Taxis – Bereiterin
ORT UND ZEIT Bayern zur Lebenszeit Ludwigs II.

1. Akt (München 1864): Ein endloser Trauerzug begleitet den Sarg des bayerischen Königs Maximilian II., darunter sein Sohn und Thronfolger Ludwig II. In einer Kirche erscheinen dem jungen König drei schwarze Nymphen. Sie weissagen ihm einen steinigen, einsamen Weg, warnen ihn vor Wasser, Weibern und Staatsgeschäften und ermutigen ihn, seine Träume zu verwirklichen und phantastische Schlösser zu bauen. Im Audienzsaal der Residenz werden Ludwig und seinen Ministern die neuesten Waffen vorgeführt. Man hofft, die Kriegsbegeisterung des Königs wecken zu können. Ein preußischer Gesandter kommt und will die Bayern für einen Krieg gegen Österreich gewinnen. Die Minister brüskieren ihn. Ungeduldig erwarten sie die Regierungserklärung ihres Königs, der aber träumt von einem friedlichen, der Kunst geweihten Bayern.
2. Akt (Bad Kissingen): Im prunkvollen Ballsaal des bayerischen Kurortes vergnügen sich die gekrönten Häupter Europas und ihr Hofstaat im Walzertakt. Ludwig und seine Cousine Elisabeth gestehen sich ihre Liebe, obwohl sie um deren Aussichtslosigkeit wissen. Die schöne Kaiserin von Österreich und der König träumen von einem fernen Paradies. Daraufhin begegnet Ludwig dem Komponisten Richard Wagner, für dessen sagenhafte Opern er schwärmt. Die Minister beobachten mit Argwohn, was der König dem verschuldeten Komponisten verspricht. Listig erzwingen sie von Ludwig im Namen der Staatsraison die Verlobung mit Sissis Schwester Sophie, die jedoch bereits heimlich in den jungen Hofphotographen Hanfstaengl verliebt ist.
3. Akt (Residenz): Ludwigs kleiner Bruder Otto spielt Krieg mit seinen Zinnsoldaten und erleidet dabei einen Wahnsinnsanfall. Der König erkennt seine Ohnmacht gegenüber der Kriegspolitik seiner Minister und sucht Trost in der Musik. Im Musikzimmer singt Sissi, begleitet vom Hofkapellmeister von Bülow, für Ludwig das Lied von Adler und

Möwe, ein Sinnbild ihrer vergeblichen Liebe. Auch Sophie läßt sich zum Gesang auffordern, singt aber absichtlich falsch und bringt Ludwig dazu, die Verlobung aufzulösen. Glücklich fallen sich Sophie und Hanfstaengl in die Arme. Für den König liegt in Wagners Musiktheater die Zukunft der Musik. Nach der Privatvorstellung einer neuen Oper des angebeteten Meisters überrascht Ludwig den Komponisten mit von Bülows Gattin Cosima in flagranti und fühlt sich nun von aller Welt betrogen. Da eröffnen ihm die Nymphen ein neues Lebensziel: die Traumwelt der Königsschlösser.

4. Akt (Schlösserwelt): Auf der Baustelle von Schloß Neuschwanstein kommentieren die Minister die Baupläne des Königs. Fürst Bismarck kauft Ludwig mit der Zustimmung zur Gründung des Deutschen Kaiserreichs zugleich die Souveränität ab. Als Gegenleistung erhält der bayerische Monarch die finanziellen Mittel, seine architektonischen Phantasien weiter zu verwirklichen. Ludwig verwandelt sich in den Märchenkönig, der nächtliche Schlittenfahrten unternimmt, in exotischer Umgebung Gelage veranstaltet und sich schließlich in einem Ballon um die Welt träumt. Nicht einmal Sissi gelingt es, Ludwig seinen weltfernen, einsamen Phantasien zu entreißen. Unterdessen fassen die Minister den Entschluß, den König für verrückt zu erklären und abzusetzen.

5. Akt (Grotte und See): Im Schutz seiner kristallenen Grotte wird der König zum Regisseur, der in einem orgiastischen Bacchanal seine Helden Lohengrin und Siegfried in Szene setzt. Immer mehr wird Ludwig selbst Teil seiner Inszenierung. Falsche und echte Freunde erscheinen ihm im Rausch der Erinnerung, mit Sissi singt er ein Liebesduett. Doch seine Feinde, die Politiker und Beamten, wollen ihn verhaften und stoßen ihn aus diesem letzten phantastischen Traum. Doch da kommt ihnen der König zuvor: Nach einem

Donnerschlag übergibt Ludwig den Ministern seine königlichen Insignien Krone, Zepter und Mantel. »In der Erinnerung erwacht mein Paradies und ruft nach mir« sind die letzten Worte des Märchenkönigs am Ufer des Starnberger Sees.
(Quelle: Ludwig Musical AG)

SONGS Du holde Kunst – Sissis Liebeslied – Allianz-Song – Immobilien-Song – Ministermarsch – Adler und Löwe – König-Ludwig-Walzer – Paradies-Polka – Ned daschregga – Cannabis Kanapee – Stepp-Plattler – Ballonfahrt um die Welt – Weltschmerz-Arie – Verlobungswalzer – Single-Ballade – Bacchanal – Zeit wird Musik – Erinnerung ist Paradies – Gloria

Aufnahme der Originalversion
POLYDOR

Madame Scandaleuse

Nach dem gleichnamigen Bühnenstück von Josef Maria Frank
Buch und Gesangstexte von Ernst Nebhut
Musik von Peter Kreuder

Wien, Raimund-Theater, 3. September 1958

Ahn & Simrock – Crescendo Bühnen- und Musikverlage GmbH, München

PERSONEN Hélène, eine reiche Witwe – Gaby, ihre Tochter – Pierre Lalou, ein Bohemien – Marcel de la Grange, Staatssekretär – André, sein Sohn – Sir Horace Sargent, Attaché der englischen Botschaft – Rodriguez, Staatspräsident – Lopez, Polizeiminister – Federico, ein Agent – Chinita, ein Bordellmädchen – Jean, ein Diener
ORT UND ZEIT An der französischen Riviera und in Mittelamerika um die Jahrhundertwende

Zarah Leander in »Madame Scandaleuse«
München, Deutsches Theater (1959)

Nach dem Tode ihres ersten Mannes mußte sich Hélène mit ihrer Tochter Gaby in Paris mühsam durchschlagen, wurde Chansonsängerin und lernte dann einen Spieler und Abenteurer kennen, dem sie nach Mittelamerika folgte. Als er sich das Leben nahm, erbte sie dessen Silberminen, die es ihr ermöglichen, ein sorgloses Leben zu führen und ihre Tochter standesgemäß zu erziehen. In ihrer luxuriösen Villa an der französischen Riviera wird die attraktive Witwe von Sir Horace Sargent, dem Attaché der englischen Botschaft, von dem Staatssekretär Marcel de la Grange und von ihrem Jugendfreund, dem Maler und Bohemien Pierre Lalou, umschwärmt, doch sie weist alle Heiratsangebote ab. Ihre Tochter Gaby ist mit André, dem Sohn des Staatssekretärs de la Grange, verlobt, der ihr wegen ihres ungestümen jugendlichen Temperaments ständig Vorhaltungen macht. Hélène tröstet ihn jedoch, daß Gaby mit zunehmendem Alter schon in die gesellschaftlichen Konventionen finden wird. Niemand ahnt, daß Hélène ein Doppelleben führt, denn sie ist in Wahrheit die Besitzerin des Vergnügungsetablissements »El Paraïso«, eines eleganten Spielsalons mit diskretem Bordellbetrieb in der Hauptstadt eines mittelamerikanischen Staates, und tritt dort auch als Chansonsängerin auf. In der dezenten Atmosphäre ihres Nachtklubs trifft der Staatspräsident Rodriguez mit den Diplomaten Sir Horace Sargent und Marcel de la Grange zu politischen und geschäftlichen Verhandlungen zusammen, und ebenso überraschend tauchen schließlich auch Gaby und später ihr Verlobter André im »El Paraïso« auf. Die Wahrheit läßt sich nun nicht länger verheimlichen, daß Hélène Bordellbesitzerin ist und ihre angeblichen Silberminen das »El Paraïso« sind. Es kommt zu einem Eklat, und André löst seine Verlobung mit Gaby. Lediglich Hélènes alter Verehrer Pierre Lalou, der ihr nachgereist und längst hinter das Geheimnis ihres Doppellebens gekommen ist, hält in dieser Situation zu ihr. In Hélènes Villa an der französischen Riviera lösen sich dann die Konflikte. Hélène und Gaby besitzen genügend Persönlichkeit, um den gesellschaftlichen Makel zu überwinden. Gaby und André heiraten, und Hélène findet mit ihrem alten Freund Pierre Lalou ein neues Lebensglück.

SONGS Daran zerbricht man doch nicht – Eine schöne Frau kann alles tragen – Man muß für alles bezahlen – Die alte Liebe – Jeder Mann braucht mal was fürs Herz – Man muß den Männern was bieten – Cherchez la femme – Frauen sind schwer zu durchschauen – Mit Fünfzig wird das Leben erst schön – Wenn eine zu mir Liebling sagt – Madame Scandaleuse

Einzelaufnahmen mit Zarah Leander
Orchester unter Leitung von Friedrich Schröder
ARIOLA-EURODISC

Mame

Nach dem Roman »Auntie Mame« von Patrick Dennis
und dem gleichnamigen Bühnenstück
Buch von Jerome Lawrence und Robert E. Lee
Musik und Gesangstexte von Jerry Herman

New York, Winter Garden Theatre, 24. Mai 1966

Produzenten	Robert Fryer Lawrence Carr Sylvia und Joseph Harris
Regie	Gene Saks
Choreographie	Onna White

Deutschsprachige Fassung von Robert Gilbert
Nürnberg, Städtische Bühnen, 1. Oktober 1970

Bühnenverlag Felix Bloch Erben, Berlin

PERSONEN Mame Dennis – Patrick Dennis, ihr Neffe und Pflegekind/Patrick Dennis als junger Mann – Dwight Babcock, sein Vormund – Babcock junior – Agnes Gooch, Kindermädchen – Ito, Hausdiener – Vera Charles, Schauspielerin – Lindsay Woolsey, Verleger – Ralph Devine – Madame Branislowski – Beauregard Jackson Pickett Burnside – Seine Mutter – Onkel Jeff – Cousin Fan – Sally Cato – Mr. und Mrs. Upson – Gloria, ihre Tochter – Pegeen Ryan – Peter Dennis – Partygäste, Hotel-, Theater- und Ladenpersonal, Polizisten, Zeitungsboys, Leierkastenmänner, Taxifahrer, Ballett
ORT UND ZEIT Amerika zwischen 1928 und 1946

Mame ist eine unkonventionelle Frau, die ihr Leben genießt, bis sie durch den New Yorker Börsenkrach von 1929 ihr Vermögen verliert. Trotzdem behauptet sie ihren Lebensmut und zeigt sich der jäh veränderten Situation gewachsen. Um sich und ihren kleinen Neffen, den verwaisten Patrick Dennis, durchzubringen, versucht sie sich in verschiedenen Berufen, kann sich aber nirgends lange halten. Schließlich lernt sie den reichen Farmer Beauregard Burnside kennen, der sie heiratet. Durch ihn wird sie mit der dünkelhaften High Society der Südstaaten konfrontiert. Als Burnside seine Zukünftige der Familie vorstellt, ergeben sich zahlreiche Komplikationen, die Mame mit ihrem natürlichen Charme geschickt meistert. Ihr Glück ist jedoch nur von kurzer Dauer, denn ihr Mann verunglückt tödlich. Aber die Liebe zu ihrem Pflegekind gibt Mame wieder Kraft und Zuversicht. Da muß sie erfahren, daß der inzwischen zum jungen Mann herangewachsene Patrick ein langweiliges Durchschnittsmädchen aus spießigen neureichen Verhältnissen heiraten will. Weil sie ihn nicht davon überzeugen kann, daß er nicht in dieses dümmlich-versnobte Milieu gehört, greift Mame erfolgreich zu einer List. Die phantasiebegabte junge Innenarchitektin Pegeen Ryan ist ein Mädchen, das besser zu ihm paßt. In der Liebe zu Patricks Sohn Peter findet Mame dann wieder einen neuen Lebensinhalt.

SONGS Saint Bridget – It's Today (Heut ist heut) – Open a New Window (Mach's Fenster auf, Junge) – The Man in the Moon (Der Mann im Mond) – My Best Girl (Du bleibst mein Schatz) – We Need a Little Christmas (Uns ist weihnachtlich zumute) – The Fox Hunt (Die Fuchsjagd) – Mame – Bosom Buddies (Busenfreunde) – Gooch's Song (Was mach ich jetzt) – That's How Young I Feel (So jung fühl ich mich) – If He Walked into My Life (Wo ist er, der von damals)

◉ Original Broadway-Besetzung
mit Angela Lansbury, Frankie Michaels, Jerry Lanning, Jane Connell, Beatrice Arthur, Charles Braswell und Sab Shimono
Orchester und Chor unter Leitung von Donald Pippin
COLUMBIA RECORDS – CBS

Melodienfolge
(Deutsche Songtexte von Janne Furch)
mit Heidi Brühl, Klaus Löwitsch und Leo Leandros
Orchester und Chor unter Leitung von Franz Allers
PHONOGRAM – Philips

Original Film-Soundtrack
mit Lucille Ball, Frankie Michaels, Jerry Lanning, Jane Connell, Beatrice Arthur und Robert Preston
WARNER BROS. RECORDS

FILM Warner Bros. (1974)
Regie: Gene Saks
Choreographie: Onna White

Der Mann von La Mancha

Man of La Mancha

Nach dem Roman »El ingenioso Hidalgo Don Quijote de la Mancha«
von Miguel de Cervantes Saavedra
und dem Fernsehspiel »I, Don Quixote« von Dale Wasserman
Buch von Dale Wasserman
Gesangstexte von Joe Darion
Musik von Mitch Leigh

New York, Anta Washington Square Theatre, 22. November 1965

Produzenten	Albert W. Selden und Hal James
Regie	Albert Marre
Choreographie	Jack Cole

Deutschsprachige Fassung von Robert Gilbert
Wien, Theater an der Wien, 4. Januar 1968

Bühnenverlag Felix Bloch Erben, Berlin

PERSONEN Der Dichter Cervantes (Alonso Quijano, ein spanischer Landjunker, als fahrender Ritter genannt Don Quixote von La Mancha) Sein Diener (Sancho Pansa, sein Knappe) – Der Hauptmann – Soldaten – Inquisitoren – Der »Gouverneur«, der »Herzog« und andere Gefangene, von denen die weiteren Rollen der Romanhandlung gespielt werden: Aldonza Lorenzo/Dulcinea von Toboso – Der Wirt – Maria, seine Frau – Antonia, Alonso Quijanos Nichte – Bakkalaureus Sansón Carrasco, ihr Verlobter/Der Spiegelritter – Die Haushälterin – Der Padre – Der Barbier – Pedro, Juan, Anselmo, Tenorio, Paco und José, Maultiertreiber – Fermina, eine Magd – Ein Zigeunermädchen – Zigeuner – Don Quixotes Pferd Rosinante und Sancho Pansas Esel

ORT UND ZEIT Ein Kerker in Sevilla und verschiedene imaginäre Schauplätze in Spanien zu Ende des sechzehnten Jahrhunderts

Im Mittelpunkt des Bühnengeschehens stehen verschiedene Episoden aus dem berühmten Roman »Don Quixote« des spanischen Dichters Cervantes. Wie sein Romanheld, befand sich auch Cervantes in ständigem Widerspruch mit den Realitäten der Umwelt. Zu Beginn des Musicals wird er mit seinem Diener von den Schergen der spanischen Inquisition in den Kerker geworfen, weil er es gewagt hat, als Steuereinnehmer Klostergut zu pfänden. Seine Mitgefangenen, brutale Mörder und Diebe, wollen ihn ausrauben, finden aber nur das Manuskript seines Romans und wollen die für sie wertlosen Papiere verbrennen. Cervantes hält sie davon ab, indem er ihnen Rechenschaft über sein Leben und Schaffen gibt. Dabei verschmilzt das Schicksal des Dichters mit den Abenteuern des fahrenden Ritters Don Quixote. So wird Don Quixotes Kampf gegen die Windmühle beschworen, seine schwärmerische Liebe zu der Dirne Aldonza, die er in seiner Phantasie zur edlen Dame Dulcinea von Toboso macht und gegen vermeintliche Widersacher mit dem Schwert verteidigt, seine Erhebung zum Ritter von der traurigen Gestalt durch den Wirt einer zweifelhaften Schenke, seine Begegnung mit Zigeunern, die er für maurische Abkömmlinge eines afrikanischen Fürsten hält und von denen er ausgeraubt wird, und schließlich sein Kampf gegen den Spiegelritter, der in Wirklichkeit der Arzt Sansón Carrasco ist, der den angeblich geistesgestörten Abenteurer zu seiner Familie zurückbringt. Don Quixote, der als fahrender Ritter gegen jegliches Unrecht zu Felde zog, stirbt auf seinem heimatlichen Landsitz in der Mancha, ohne seinen ritterlichen Idealen untreu zu werden. Beeindruckt von seinem Lebensschicksal, hoffen die Gefangenen, daß es Cervantes gelingen möge, sich vor den Inquisitoren ebenso überzeugend zu verteidigen wie vor ihnen.

Josef Meinrad in »Der Mann von La Mancha«
Wien, Theater an der Wien (1968)

SONGS I, Don Quixote (Ich bin ich, Don Quixote, der Herr von La Mancha) – It's All the Same (Mir ist jeder recht) – Dulcinea – I‘m Only Thinking of Him (Ich denke nur noch an ihn) – I Really Like Him (Ich mag ihn) – What Do You Want of Me (Was will er bloß von mir) – Little Bird, Little Bird (Kleiner Fink, kleiner Fink) – The Barber's Song (Lied des Barbiers) – Golden Helmet (O du Goldhelm des Mambrino) – To Each His Dulcinea (Hab deine Dulcinea) – The Impossible Dream (Er träumt den unmöglichen Traum) – The Dubbing (Ritter von der traurigen Gestalt) – Aldonza – A Little Gossip (Ein bißchen Tratschen) – The Psalm (De profundis)

Original Broadway-Besetzung
mit Richard Kiley, Irving Jacobson, Joan Diener, Ray Middleton, Jon Cypher, Mimi Turque, Eleanor Knapp, Robert Rounseville, Gino Conforti und Harry Theyard
Orchester und Chor unter Leitung von Neil Warner
MCA RECORDS / KAPP RECORDS

Original-Besetzung London, Piccadilly Theatre (1968)
mit Keith Michell, Bernard Spear, Joan Diener, David King, Peter Arne, Olive Gilbert und Alan Crofoot
Orchester und Chor unter Leitung von Denys Rawson
MCA RECORDS / DECCA RECORDS

Original-Besetzung Wien, Theater an der Wien
mit Josef Meinrad, Fritz Muliar, Blanche Aubry, Norman Foster, Frank Dietrich, Brunhilde Feuchtmaier, Bianca Zambelly, Egon Simonet, Carlo Lando, Rudolf Katzböck, Jörg Maria Berg, Berno Cramm, Harald Sielaff, Hannes Müller und Rudolf Wasserlof
Orchester und Chor unter Leitung von Johannes Fehring
POLYDOR

Original Film-Soundtrack
mit Peter O'Toole, James Coco, Sophia Loren, Harry Andrews, John Castle, Julie Gregg, Rosalie Crutchley, Ian Richardson und Gino Conforti
Orchester und Chor unter Leitung von Laurence Rosenthal
UNITED ARTISTS RECORDS

FILM United Artists (1972)
Regie: Arthur Hiller
Choreographie: Gillian Lynne

Mein Freund Bunbury

Nach der Komödie »Bunbury« von Oscar Wilde
Buch von Helmut Bez und Jürgen Degenhardt
Gesangstexte von Jürgen Degenhardt
Musik von Gerd Natschinski

Berlin, Metropol-Theater, 2. Oktober 1964

Theaterverlag VEB Lied der Zeit, Berlin

PERSONEN Jack Worthing – Cecily Cardew – Algernon Moncrieff – Lady Bracknell – Gwendolen, ihre Tochter – Frederick Chasuble, Major der Heilsarmee – Laetitia Prism – Jeremias/John, Butler – Tom, Freddy, Maud und andere Freunde Algernons – Slim, Anthony und andere Freunde Cecilys – Lord Ipswich – Lady Ipswich – Lady Plumpering – Lady Greenham – Die Susi-Miller-Girls – Ein Männerquartett – Ein Entertainer – Ein Bahnbeamter, Reisende und Straßenpassanten, Reporter, Radsportler, Ladys und Lords, Heilsarmee, Arbeitslose, Prostituierte und Penner
ORT UND ZEIT London um 1925

Oscar Wildes ironische Gesellschaftskomödie wurde im Musical vom viktorianischen England in die hektischen und von starken sozialen Gegensätzen bestimmten zwanziger Jahre unseres Jahrhunderts verlegt. Das Grundthema ist das gleiche geblieben, es geht um das Phänomen durch gesellschaftliche Zwänge bedingter Flucht in ein Doppelleben. Handlungsort ist die Weltstadt London mit ihrer vom degenerierten Adel bis zu den Ärmsten der Slums reichenden heterogenen Gesellschaftsstruktur. Das Geschehen ist von den starken Kontrasten zwischen gesellschaftlicher Etikette und Zügellosigkeit bestimmt, von den Gegensätzen zwischen Establishment und Halb- und Unterwelt, zwischen frommen Chorälen der Heilsarmee und kommerziellem Amüsierbetrieb der Music-Halls, lasziven Modetänzen, Sensationsgier und Kriminalität.

Der blasierte Aristokrat Algernon Moncrieff ist ein erfolgreicher Kriminalschriftsteller. Seine Romane werden jedoch in Wahrheit von der Heilsarmee-Schwester Laetitia Prism verfaßt und von der blaublütigen alten Lady Bracknell redigiert, wobei sie jeweils für die richtige Mischung von Horror und Sex sorgt. Immer dann, wenn Algernon aus seinem ihn langweilenden Milieu in das Londoner Nachtleben am Piccadilly Circus flüchten will, gibt er vor, sich um seinen kranken Freund Bunbury kümmern zu müssen.

Auch Jack Worthing bedient sich eines imaginären und seiner Hilfe dringend bedürftigen Freundes Bunbury, um sein Doppelleben abzusichern. Er spielt den weltläufigen, eleganten Lebemann, fristet aber in Wirklichkeit sein ärmliches Leben als Hauptmann der Heilsarmee. Sein Mündel Cecily Cardew ist ebenfalls tagsüber ein frommes Mitglied der Heilsarmee, tritt aber nachts als Sunshine-Girl in der Music-Hall auf.

Hinter dem tugendhaften Major der Heilsarmee Frederic Chasuble verbirgt sich ein notorischer Säufer. Zum Schluß werden die Doppelexistenzen aufgedeckt, und es kommt zu peinlichen Enthüllungen, aber auch zu einem Happy-End.

SONGS Kommt und seid fröhlich – Die ernsten Pflichten – Von morgens bis nach Mitternacht – Die kleinen Freuden – Black Bottom – Mein Freund Bunbury – So wie du – Ein bißchen Horror und ein bißchen Sex – Piccadilly – Fatima – Die Upper Ten – Weil ich verliebt und glücklich bin – Hochstapler-Tango – Ich halt dich fest fürs ganze Leben – Ich glaube, es war der Jasmin – Ich bin perplex – Sunshine-Girl – Damals in Soho – Wie die Männer lügen – Gluck, gluck, ein guter Schluck

Melodienfolge
mit Bob Benny, Maria Alexander, Horst Schulze und Margot Dörr
Orchester und Chor unter Leitung des Komponisten
VEB DEUTSCHE SCHALLPLATTEN – Amiga

Schallplatten-Besetzung
mit Eberhard Büchner, Maria Alexander, Horst Schulze, Gisela May, Gudrun Wichert, Reiner Süß, Willi Schwabe, Cordy Millowitsch, Hans-Joachim Blochwitz und Rudolf Hentschel
Orchester und Chor unter Leitung des Komponisten
VEB DEUTSCHE SCHALLPLATTEN – Nova

Zwischenspiel und Ballettmusik
Großes Rundfunkorchester Berlin
unter Leitung des Komponisten
VEB DEUTSCHE SCHALLPLATTEN – Amiga

Millionen für Penny

Buch und Gesangstexte von Max Colpet
Musik von Lotar Olias

München, Staatstheater am Gärtnerplatz, 5. Februar 1967

Edition Esplanade GmbH, Hamburg

PERSONEN Lord, Sig und Alfredo, Gauner – Penny Touchwood, Schauspielerin – O'Brian, Polizeisergeant – Rusty, Barsängerin – Miller, Theaterbesitzer – Harrison, Manager – Der Polizeiinspektor – Green, Bankbeamter – Eine Zimmervermieterin, ein Verbrecher, Polizisten und Striptease-Girls
ORT UND ZEIT New York in der Gegenwart

Das Gaunertrio Lord, Sig und Alfredo findet in dem leerstehenden alten Victoria-Theater Unterschlupf und richtet dort eine Falschmünzerwerkstätte ein. Um vor Überraschungen sicher zu sein, vereinbaren sie, bei Gefahr wie Schauspieler auf einer Probe zu reagieren. Als die junge Schauspielerin Penny Touchwood auftaucht und sich am Victoria-Theater um ein Engagement bewerben will, mimen sie vielbeschäftigte Künstler. Das naive Provinzmädchen glaubt ihnen diese Komödie. Sie wird engagiert und soll auch gleich einen Vorschuß von dreißig Dollar erhalten. Mit einer gefälschten Hundertdollarnote schickt man die Nichtsahnende zum Wechseln. Alles geht gut, aber Penny freundet sich mit dem Polizeisergeanten O'Brian an, und das schafft erneute Komplikationen. O'Brian, der weiß, daß dieses Theater stillgelegt wurde, schöpft Verdacht. Er will sich an Ort und Stelle überzeugen, wird dann aber vom Theaterfieber gepackt und bringt sogar den Polizeichor dazu, in dem angeblich geplanten neuen Musical nach Schillers »Räubern« mitzuwirken. So geraten die Gauner wider Willen immer mehr in die Situation, ihren Rollen als Theaterunternehmer und Schauspieler gerecht werden zu müssen. Sie sind fieberhaft damit beschäftigt, die Premiere vorzubereiten, und Alfredo porträtiert für das Theaterplakat die Hauptdarstellerin Penny, in die er sich inzwischen verliebt hat. Als der tatsächliche Theaterbesitzer plötzlich auftaucht und das alte Haus verkaufen will, erklären die Gauner, das Theater erwerben zu wollen, und hinterlegen aus ihrem Falschgeldbestand eine Kaution. Auf dem Plakat erkennt ein Bankbeamter Penny als das Mädchen wieder, das ihm Falschgeld angedreht hat. Nun droht Penny und dem Gaunertrio die Verhaftung. Aber die einstigen Falschmünzer, die inzwischen zu werbetüchtigen Theatermanagern geworden sind, können sich aus der Affäre ziehen, indem sie aus den Einnahmen der bereits ausverkauften Premiere das

Theater kaufen und der Bank die gefälschten hundert Dollar ersetzen. Dem Erfolg ihres neuen Musicals steht nun nichts mehr im Wege.

SONGS Ein völlig leerer Magen – Vielleicht geschieht ein Wunder – Beamten-Cha-Cha-Cha – Wenn es Nacht wird in New York – Einmal möcht ich erwachen – Man soll die Polizei nicht unterschätzen – Die Welt ist doch für alle da – Woher nehmen und nicht stehlen – Nur der Kunst weihen wir unser Leben – Striptease – Geld ist nicht alles – Das hat sich Schiller nicht gedacht – Charleston – Wallstreet – Ich liebe dich – Das war noch vor deiner Zeit – Ohne dich bin ich ein Blatt im Wind – Auch wenn die Schale rauh, der Kern ist gut

Original-Besetzung München, Staatstheater am Gärtnerplatz
mit Werner Kotzerke, Rudolf Wessely, Manfred Ball
und Violetta Ferrari
Orchester und Chor unter Leitung von Gernot Schwickert
LOC (Edition Esplanade, Hamburg)

Les Misérables

Buch nach der Romanvorlage von Victor Hugo
von Alain Boublil und Claude-Michel Schönberg
Liedtexte von Alain Boublil und Jean-Marc Natel
Musik von Claude-Michel Schönberg

Paris, Palais des Sports, 22. September 1980
(Uraufführung der französische Erstfassung)

Produktion	Europe 1, Spectacles ALAP-Lumbroso, Palais des Sports
Regie	Robert Hossein
Choreographie	Arthur Plasschaert

London, Barbican Theatre, 8. Oktober 1985 (Premiere der überarbeiteten englischen Neufassung)

Buch von Alain Boublil, Claude-Michel Schönberg und James Fenton
unter Verwendung der französischen Vorlage
Liedtexte von Herbert Kretzmer

Produzent	Cameron Mackintosh
Regie	Trevor Nunn und John Caird
Choreographie	Kate Flatt

Deutsche Fassung von Heinz Rudolf Kunze
Wien, Raimundtheater, 15. September 1988 (deutschsprachige Erstaufführung)

Duisburg, Musical Theater, 26. Januar 1996 (deutsche Erstaufführung)

Produzent	Rolf Deyhle
Veranstalter	Stella Musical AG

PERSONEN Jean Valjean, Sträfling – Javert, Polizeibeamter – Fantine, Arbeiterin – Cosette, Tochter von Fantine, als Kind und als Herangewachsene – Vorarbeiter – Bischof von Digne – Madame und Monsieur Thénardier – Eponine, Tochter der Thénardiers – Montparnasse, Babet, Brujon und Claquesous, Mitglieder von Thénardiers Räuberbande – Marius, Student – Enjolras, Studentenanführer – Combeferre, Feuilly, Courfeyrac, Joly, Grantaire, Lesgles, Jean und Prouvaire, Studenten – Gavroche, Straßenjunge – Mitglieder der Chain-Bande, Bauer, Wirt, Wirtsfrau, zwei Polizisten, alte Frau, Matrosen, Arbeiter und Arbeiterinnen, Dirnen, Trinker, Bettler, Zuhälter, Crone, Bamatabois, Fauchelevent, Wirtshausgäste, Volk
ORT UND ZEIT Digne im Jahr 1815, Montreuil-sur-Mer und Montfermeil im Jahr 1823, Paris im Jahr 1832

Im Jahr 1815 wird der Gefangene Jean Valjean auf Bewährung aus seiner 19 Jahre währenden Kettenhaft entlassen, obwohl der Polizeipräfekt Javert von Valjeans verbrecherischer Natur überzeugt ist. Valjeans Auflagen für die Freiheit sind derart hoch, daß der ehemalige Sträfling sich weiterhin wie ein Ausgestoßener fühlt. Der Freigelassene findet bald freundliche Aufnahme im Haus des Bischofs von Digne, Valjean mißbraucht jedoch das Vertrauen des Bischofs und stiehlt ihm einen silbernen Pokal. Als er wegen des Diebstahls von der Polizei verhört wird, stellt sich der Bischof schützend vor ihn und behauptet, daß der Pokal ein Geschenk an Jean sei. Jean ist von diesem Großmut stark bewegt; er beschließt, ein neues Leben zu beginnen.
Acht Jahre später: Jean ist mittlerweile unter dem Namen Monsieur Madeleine zum Fabrikanten und Bürgermeister der Stadt Montreuil-sur-Mer geworden. In seiner Fabrik arbeitet Fantine, die ihre uneheliche Tochter zur geldgierigen Familie Thénardier in Pflege geben muß, um in der Fabrik Geld verdienen zu können. Von den Arbeiterinnen in Valjeans Fabrik wird Fantine ständig wegen ihres unehelichen Kindes gehänselt; darüber hinaus möchte der Vorarbeiter der Fabrik, weil er von Fantine schon oft abgewiesen wurde,

sich gern an ihr rächen und nutzt die Gelegenheit, im Auftrag von Valjean einen Streit in der Fabrik zu schlichten, um Fantine zu entlassen. In ihrer Not sieht sich Fantine gezwungen, zunächst ihre Kette, dann ihr Haar und schließlich sich selbst zu verkaufen, und wird so zur Prostituierten, um sich und ihre Tochter ernähren zu können.

Der Streit mit einem Freier führt dazu, daß Javert sie ins Gefängnis sperren will; Valjean verhindert dies jedoch kraft seines Bürgermeisteramtes und läßt die inzwischen schwerkranke Fantine in ein Hospital bringen. Im Verlauf des Zusammentreffens von Valjean und dem Polizeipräfekten erfährt Valjean, der von Javert nicht erkannt wird, daß der Polizist den Sträfling Nr. 24601 nun endlich gefaßt habe; Valjean erkennt, daß offensichtlich ein Unschuldiger statt seiner inhaftiert ist und gesteht, daß er selbst der Gesuchte sei.

Bevor der Polizist Javert Valjean verhaften kann, flieht dieser. Er besucht die sterbende Fantine im Krankenhaus und versichert ihr, daß er sich ihrer Tochter Cosette annehmen wird. Die Pflegeeltern Cosettes, die Familie Thénardier, will das Kind zunächst nicht herausgeben, da es der Familie als billige Arbeitskraft dient und der Tochter des Hauses, Eponine, die Arbeit abnimmt. Valjean handelt daraufhin aus, daß er gegen eine große Geldsumme Cosette mitnehmen darf; sie leben fortan als Vater und Tochter in Paris.

Neun Jahre später: Im Paris des Jahres 1832 herrscht aufgrund von Seuchen und Armut im Volk große Not. Die Familie Thénardier, inzwischen zu einer Räuberbande verkommen, überfällt Valjean und Cosette. Javert greift ein, erkennt aber Valjean erneut nicht, der nun flüchtet.

Eponine ist in den Studenten Marius verliebt, der seinerseits aber von Cosettes Anblick während einer flüchtigen Begegnung gefesselt ist. Widerwillig hilft ihm Eponine bei der Suche nach Cosette. Eine Studentengruppe unter

Enjolras, Joly, Grantaire, der auch Marius angehört, zettelt eine Demonstration zugunsten der Armen und Unterdrückten an; die Demonstration endet in einem Barrikadenkampf, bei dem Eponine erschossen wird, während Javert, von den Studenten als Spitzel entlarvt, von ihnen gefangengehalten wird. Valjean befindet sich in der Nähe der Kämpfe, um das Leben von Marius für Cosette zu retten; die Studenten überlassen ihm die Entscheidung über das Leben Javerts und Valjean läßt den Polizisten entkommen. Für den nächsten Tag wird ein Großangriff der Polizei erwartet; der Aufstand der Studenten wird blutig niedergeschlagen und Marius schwer verletzt. Valjean rettet Marius und flüchtet in die Kanäle von Paris, wo auch Thénardier und seine Bande ihr Unwesen treiben, indem sie die Toten des Aufstandes berauben und dem bewußtlosen Marius einen Ring abnehmen. Als Valjean sich mit Marius wieder ans Tageslicht traut, wird er dort bereits von Javert erwartet, der ihn nun endgültig verhaften will. Valjean bringt Javert zu einem Aufschub der Verhaftung, da er den verletzten Marius zunächst in ein Hospital bringen will, worauf Javert wieder sein Einverständnis gibt, danach jedoch, geplagt von Selbstzweifeln hinsichtlich seiner vernachlässigten Gesetzestreue und Pflichten, Selbstmord begeht.
Cosette pflegt nun Marius, der nicht ahnt, wer ihn gerettet hat, während Valjean sich entfernt, nachdem er Marius seine eigene unrühmliche Vergangenheit gestanden und gebeten hat, daß Cosette von seiner Geschichte nichts erfahren möge.
Cosette und Marius können nun heiraten; das Glück beider wird jedoch bald vom Erscheinen Thénardiers getrübt, der behauptet, daß Valjean ein Mörder sei, und ihnen den – dem vermeintlich toten Marius gestohlenen – Ring zeigt. Marius erkennt nun, wer ihm das Leben gerettet hat und macht sich mit Cosette auf die Suche nach Valjean; sie finden ihn tod-

krank. Er hat nun noch die Gelegenheit, Cosette von ihrer eigenen Lebensgeschichte berichten, sieht darauf noch einmal die für das Gute Gestorbenen, die Elenden, an sich vorbeiziehen, bevor auch er stirbt.

CB

SONGS Prolog – At The End Of The Day/Am Ende vom Tag – I Dreamed A Dream/Ich hab geträumt vor langer Zeit – Lovely Ladies/Leichte Mädels – Who Am I/Die Prüfung – Come To Me/Fantines Tod – Confrontation/Der doppelte Schwur – Castle On A Cloud/In meinem Schloß – Master Of The House/Wen ha'm wir hier? – The Thénardier Waltz Of Treachery/Der Handel – Look Down/Schaut her – Stars/Sterne – Red And Black/Rot und Schwarz (Das ABC-Café) – Do You Hear The People Sing?/Das Lied des Volkes – In My Life/Schon so lang (Rue Plumet) – A Heart Full Of Love/Mein Herz ruft nach dir – Plumet Attack/Der Überfall – One Day More/Der Aufbruch – On My One/Nur für mich – Javert At The Barricade/Javert auf der Barrikade – Little People/Siegen oder untergeh'n – First Attack/Der erste Angriff – A Little Fall Of Rain/Der Regen (Eponines Tod) – Drink With Me/Trinkt mit mir – Bring Him Home/Bring ihn heim – Dog Eats Dog/In der Kanalisation – Javert's Soliloque/Javerts Selbstmord – Turning/Weiter – Empty Chairs At Empty Tables/Dunkles Schweigen an den Tischen – Wedding Chorale/Die Hochzeit – Beggars At The Feast/Bettler ans Buffet – Epilog

Schallplatte der französischen Produktion 1980
FIRST NIGHT

Fassung der englischen Produktion 1985
FIRST NIGHT

Fassung der amerikanischen Produktion 1987
GEFFEN

Aufnahme der deutschen Bühnenfassung 1988
POLYDOR

Studioproduktion
FIRST NIGHT

FILM

1. Les Misérables; dreiteilige Stummfilmserie, USA 1909, Regie: Edwin S. Porter
2. Les Misérables; vierteilige Stummfilmserie, USA 1909, Regie: Van Dyke Brooke
3. Les Misérables; vierteilige Stummfilmserie, Frankreich 1912, Regie: Albert Capellani
4. Les Misérables; Stummfilm, USA 1918, Regie: Frank Lloyd
5. Les Misérables (2. Episode der Serie Tense Moments With Great Authors); Stummfilm, Großbritannien 1922, Produzent: H. B. Parkinson
6. Les Misérables; vierteilige Serie, Frankreich 1925, Regie: Henri Fescourt
7. The Bishop's Candlesticks; Episode aus der Romanvorlage von Victor Hugo, USA 1929, Regie: Norman McKinnell
8. Les Misérables; dreiteilige Serie, Frankreich 1933, Regie: Raymond Bernard
9. Les Misérables, USA 1935, Regie: Richard Boleslawski
10. Los Miserables, Mexiko 1944, Regie: Fernando A. Rivero
11. El Bouassa', Ägypten 1944, Regie: Kamal Salim
12. I Miserabili (in zwei Episoden), Italien 1948, Regie: Riccardo Freda
13. Ezai Padum Padu, Indien 1950, Regie: K. Ramnoth
14. Les Misérables, Japan 1950, Regie: Daisuke Ito
15. Les Misérables; Fernsehfilm, USA 1978, Regie: Glenn Jordan
16. Les Misérables, Frankreich/Italien 1982, Regie: Robert Hossein
17. Gavroche; Episode aus Les Misérables, Sowjetunion 1937, Regie: Tatjana Lukaschewitsch

Miss Saigon

Texte von Alain Boublil (französisch) und Richard Maltby jr. (englisch) als freie Adaption des Librettos der Oper »Madame Butterfly« von Giacomo Puccini nach dem Roman »Madame Chrysanthemum« von Pierre Loti
Musik von Claude-Michel Schönberg

London, Theatre Royal Drury Lane, 20. September 1989

Produzent	Cameron Mackintosh
Regie	Nicholas Hytner
Choreographie	Bob Avian

Deutsche Übersetzung von Heinz Rudolf Kunze
Stuttgart, Music Hall, 2. Dezember 1994

Produzent	Rolf Deyhle
Regie	Mitchell Lemsky
Choreographie	Maggie Goodwin
Veranstalter	Stella Musical AG

PERSONEN Kim, vietnamesisches Barmädchen – GI Chris – GI John, Chris' Freund – Engineer, »Chef im Ring« – Thuy, vietnamesischer Offizier – Ellen, Chris' Ehefrau in Amerika – Mimi, Gigi, Yvonne und Yvette, Bargirls – Tam, Sohn von Kim und Chris – Marinesoldaten, Offiziere der südvietnamesischen Armee, nordvietnamesische Soldaten, Dragon (Akrobat), Bewohner Saigons, Flüchtlinge, Geschäftemacher, Tänzerinnen, Touristen
ORT UND ZEIT Saigon während der letzten Wochen des Vietnam-Krieges, April 1975; Ho-Chi-Minh-Stadt (Saigon), April 1978; Atlanta/USA, September 1978; Bangkok, Oktober 1978

Im Nightclub »Dreamland« in Saigon findet ein Schönheitswettbewerb vietnamesischer Barmädchen statt, unter denen sich die 17jährige Kim befindet. Sie erregt Aufmerksamkeit bei dem GI Chris, dessen Freund John für Chris daraufhin beim Barinhaber »Chef im Ring« eine Liebesnacht mit Kim erwirbt. In Kims Hütte verlieben sich Kim und Chris ineinander. Kurze Zeit später muß Chris mit dem letzten US-Hubschrauber Saigon verlassen, da die Truppen des Vietcong in die Stadt einfallen.
Drei Jahre später: Kim ist mittlerweile Mutter des aus der Verbindung mit Chris hervorgegangenen Sohnes Tam und lebt im Ho-Chi-Minh-Regime; sie hofft auf die Rückkehr des Vaters ihres Kindes, der seinerseits keine Kenntnis von seiner Vaterschaft hat.
Überraschend erscheint nun der Offizier Thuy, dem Kim bereits als Kind zur Ehefrau versprochen wurde. Kim verweigert sich Thuy, der daraufhin wutentbrannt droht, Kims Sohn Tam zu töten. In einer dramatischen Szene erschießt Kim den Offizier und flieht mit dem »Chef im Ring« und vielen hundert anderen Menschen als »boat people« in Richtung Bangkok.
Chris, der inzwischen in Amerika eine neue Existenz aufgebaut und geheiratet hat, erinnert sich immer wieder in Alpträumen an die Ereignisse in Vietnam und denkt dabei oft an Kim. Während einer Konferenz, die sich in den USA mit dem Schicksal vietnamesisch-amerikanischer Kinder, der sogenannten »Bui Doi«, befaßt, hört Chris durch John vom Schicksal Kims und davon, daß sie einen Sohn von ihm hat. Chris läßt nach Kim und Tam suchen und fliegt mit Ellen, seiner Frau, nach Thailand, um sein Kind zu sehen.
Kim erfährt von Chris' Ankunft und berichtet dem »Chef im Ring«, daß Chris sie selbst, Tam und den »Chef im Ring« mit nach Amerika nehmen wolle, woraufhin der »Chef im Ring« in der Überzeugung, daß nun sein eigener »amerika-

nischer Traum« in Erfüllung gehen könne, Kim den Aufenthaltsort von Chris in Bangkok mitteilt.
In einer Traumsequenz erlebt Kim noch einmal die dramatischen letzten Stunden mit Chris vor dessen überstürzter Flucht aus Vietnam und die US-Hubschrauber, die Hunderte von verzweifelten Vietnamesen zurücklassen.
Kim sucht nun Chris' Hotel auf; dort trifft sie jedoch nur auf Ellen, Chris' amerikanische Ehefrau, die ihr die Wahrheit über Chris' heutiges Leben schildert. Die verzweifelte Kim sieht nun nur mehr eine Möglichkeit, ihrem Sohn Tam künftig ein besseres Dasein zu verschaffen und den »amerikanischen Traum« wenigstens ihrem Kind zu erfüllen: Sie entscheidet sich dafür, in den Tod zu gehen, um für Tam ein besseres Leben zu ermöglichen.

CB

SONGS The Heat Is On In Saigon/Saigon, du fieberst im Licht – The Movie In My Mind/Mein Märchenfilm vom Glück – Why God Why?/Mein Gott, warum? – Sun And Moon/Sonne und Mond – The Telephone/Telefon-Song – The Deal/Der Deal – The Ceremony/Die Zeremonie – This I Find?/Du hier? – The Last Night Of The World/Die letzte Nacht der Welt – The Morning Of The Dragon/Die Dämmerung des Drachens – I Still Believe/Ich glaub' an dich – Back In Town (This Is The Hour)/Dies ist die Stunde – You Will Not Touch Him – If You Want To Die In Bed; Let Me See His Western Nose/Tja, wer stirbt nicht gern im Bett; Ein Paß in meiner Hand – I'd Give My Life For You/Ich geb' mein Leben her für dich – Bui-Doi – What A Waste/Ist's das wert? – Please/Ist die Reise bald vorbei? – The Fall Of Saigon/Saigon fällt – The Truth Inside Your Head – Room 317/Zimmer 317 – Now That I've Seen Her/Ich kam und sah sie – The Confrontation/Die Konfrontation – The American Dream – The Sacred Bird – Finale

Aufnahme Londoner Produktion (komplett und Highlights)
GEFFEN
FIRST NIGHT

Aufnahme der deutschen Fassung Stuttgart 1994
POLYDOR

Moral

Nach der gleichnamigen Komödie von Ludwig Thoma
Buch und Gesangstexte von Günther Schwenn
Musik von Franz Grothe

Gelsenkirchen, Musiktheater im Revier, 26. Oktober 1974

Theaterverlag Kurt Desch GmbH, München

PERSONEN Ninon de Hauteville – Fritz Beermann, Rentier – Lina, seine Frau – Effie, beider Tochter – Hans-Jakob Dobler, ein junger Dichter – Adolf Bolland, Kommerzienrat – Klara, seine Frau – Dr. Hauser, Justizrat – Otto Wasner, Gymnasialprofessor – Frau Lund – Fräulein Koch-Pinneberg – Betty, Dienstmädchen – Freiherr von Simbach, Polizeipräsident – Assessor Ströbel – Reisacher, Schreiber – Schmuttermaier, Polizeikommissär – Erbprinz Emil – Baron Botho von Schmettau, sein Adjutant – Polizisten, Insassinnen des Frauengefängnisses, Zeitungsjungen, Schulmädchen und Einwohner von Emilsburg
ORT UND ZEIT In einer kleinen deutschen Residenzstadt zu Anfang unseres Jahrhunderts

Der bürgerliche Reichstagskandidat und Präsident des Sittlichkeitsvereins Fritz Beermann unterhält sich mit den Gästen seines Hauses über Sitte und Moral. Während die einen seine strengen Ansichten teilen, amüsiert sich Frau Lund, eine unkonventionelle und lebenserfahrene alte Dame, über die Moralheuchelei des Bürgertums. Justizrat Hauser pflichtet ihr bei, und auch Beermanns Gattin mokiert sich über das tugendhafte Gehabe ihres Mannes und seiner Freunde. Da wird berichtet, daß man die kleinstädtische Lebedame Madame Ninon de Hauteville verhaftet hat. Der übereifrige Polizeiassessor Ströbel will ihren Lebenswandel aufdecken. Madame de Hauteville sieht der Untersuchung sehr gelassen entgegen, denn zu ihren Kunden gehören viele einflußreiche Bürger. Auch Fritz Beermann muß davor zittern, daß es zu Enthüllungen kommen könnte. Als sich schließlich herausstellt, daß auch Erbprinz Emil zu Madame de Hautevilles Verehrern gehörte, wird Ströbel an seinen Aktivitäten gehindert. Man versucht, alles zu vertuschen und die kompromittierende Dame aus der Stadt zu schaffen. Sie nutzt ihre überlegene Situation und fordert für die Aufgabe ihres blühenden Geschäftes eine hohe Entschädigung. Fritz Beermann übernimmt es im Namen des Sittlichkeitsvereins, die Summe aufzubringen. Für dieses selbstlose und patriotische Handeln wird er in den Adelsstand erhoben und erhält den fürstlichen Hausorden Emils des Gütigen.

SONGS Hier ist die Welt noch wie vor hundert Jahren – Hunger macht erfinderisch – Man muß Besitz zusammenhalten – Zucht und Ordnung, Recht und Sitte – Wir sind das Brot der Polizei – Ja, Liebe ist gefährlich – Die Moral tut sehr moralisch – Hat dich die Justiz im Griff – Es gibt für mich nur das Gesetz – Ohne Litzen, ohne Tressen – Warum bin ich so gern bei dir – Einmal habe ich geliebt – In Emilsburg – Wir turnen für das Vaterland – Ich frage nicht nach Titel und nach Orden – Es ist so still – Alles nackt – Der Geist ist willig, aber das Fleisch ist schwach – Wir gründen eine feine Familie – Die Laterna magica – Und die Moral von der Geschicht

Music Man
The Music Man

Nach der gleichnamigen Erzählung von Meredith Willson und Franklin Lacey
Buch, Gesangstexte und Musik von Meredith Willson

New York, Majestic Theatre, 19. Dezember 1957

Produzenten	Kermit Bloomgarden Herbert Greene Frank Productions Inc.
Regie	Morton Da Costa
Choreographie	Onna White

Deutschsprachige Fassung von Hanns Bernhardt, Hans Peter Doll und Peter Zadek
Bremen, Theater der Freien Hansestadt, 16. März 1963

Strassegg-Verlag KG, Bad Reichenhall

PERSONEN Harold Hill, Vertreter – Marcellus Washburn, sein Freund – Mrs. Paroo – Elisabeth, ihre Tocher, Bibliothekarin – Winthrop, ihr kleiner Bruder – Bürgermeister Georg Shinn und seine Frau Eulalia Meckecknie – Zaneeta und Amaryllis, ihre Töchter – Tommy Djilas, Zaneetas Freund – Jacey Squires, Ewart Dunlop, Olin Britt und Oliver Hix, Mitglieder der Schulaufsichtsbehörde – Alma Hix, Maud Dunlop, Ethel Toffelmeier und Mrs. Squires, Mitglieder des Frauenvereins – Charlie Cowell, Vertreter – Locke, Polizist – Vier Vertreter, ein Eisenbahnschaffner, Männer, Frauen, Jugendliche und Kinder
ORT UND ZEIT River City im amerikanischen Staat Iowa 1912

Harold Hill ist ein Handlungsreisender besonderer Art. Mit viel Phantasie, großer Überredungskunst und raffinierten Tricks, die seinen Berufsstand in Verruf bringen, hat er ungewöhnliche Verkaufserfolge. Als angeblicher Musikprofessor redet er Müttern und Vätern ein, daß ihre Kinder musikalisch hochbegabt seien, verspricht, eine Kinderkapelle zu gründen und die Ausbildung zu übernehmen, und schwatzt ihnen die dazu notwendigen Instrumente und Uniformen auf. Nach dem Abschluß der Kaufverträge sucht er dann regelmäßig das Weite. So treibt er es auch mit den braven Bürgern von River City im Staate Iowa. Um sich vor der Entdeckung seiner Hochstapelei zu schützen, denn Harold Hill ist vollkommen unmusikalisch und kann keine einzige Note lesen, flirtet er mit der Bibliothekarin Elisabeth Paroo, die zugleich als Musiklehrerin tätig ist. Sie durchschaut sein betrügerisches Spiel, hält aber zu ihm, da seine Unternehmungen die verschlafene Provinzstadt mit neuem Leben erfüllen. Er überrumpelt den wichtigtuerischen Bürgermeister Shinn und erobert die Sympathie des von Eulalia Mackecknie Shinn geleiteten lokalpatriotischen Frauenvereins, macht aus der bürokratischen Schulaufsichtsbehörde ein Gesangsquartett, gewinnt das Vertrauen der Jungen und Mädchen und erweckt eine allgemeine Begeisterung für die neue amerikanische Marschmusik. Durch seinen Übereifer wird er länger am Ort festgehalten, als es für ihn gut ist. Als man schließlich die Wahrheit über Harold Hill aufdeckt, tritt Elisabeth Paroo für ihn ein. Die beiden werden ein Paar, und wie durch ein Wunder kommt es in River City tatsächlich zur Gründung einer Kinderkapelle.

SONGS Rock Island – Iowa Stubborn (Wir in Iowa hier) – Ya Got Trouble (Es ist ein Jammer um euch) – Piano Lesson (Der Klavierunterricht) – Goodnight, My Someone (Goodnight, mein Jemand) – Seventy-Six Trombones (Siebenundsiebzig Posaunen) – Sincere (Eiskrem) – The Sudder-but-Wiser Girl for Me (Ein Baby mit Pfeffer und Sex) – Pick-a-Little, Talk-a-Little (Picke, picke, picke, picke) – Goodnight, Ladies – Marian the Librarian (Elisabeth, sei doch nett) – My White Knight (O mein Traum) – Wells Fargo Wagon (Die Wells-Fargo-Kutsche) – It's You (Nur du) – Shipoopi – Lida Rose – Will I Ever Tell You (Traum so fern, Traum so nah) – Gary, Indiana – Till There Was You (Es gab Glocken im Tal)

Original Broadway-Besetzung
mit Robert Preston, Barbara Cook, Pert Kelton, Helen Raymond, Iggie Wolfington und The Buffalo Bills
Orchester und Chor unter Leitung von Herbert Greene
CAPITOL RECORDS

Original-Besetzung London, Adelphi Theatre (1961)
mit Van Johnson, Patricia Lambert, Ruth Kettlewell, Nan Munro, Bernard Spear und The Iowa Four
Orchester und Chor unter Leitung von Gareth Davies
STANYAN RECORDS/EMI RECORDS

Original Film-Soundtrack
mit Robert Preston, Shirley Jones, Pert Kelton, Hermione Gingold, Buddy Hackett, Ronnie Howard und The Buffalo Bills
Orchester und Chor unter Leitung von Ray Heindorf
WARNER BROS. RECORDS

FILM Warner Bros. (1962)
Regie: Morton Da Costa
Choreographie: Onna White

Das musikalische Himmelbett

I Do, I Do

Nach der Komödie »The Fourposter« von Jan de Hartog
Buch und Gesangstexte von Tom Jones
Musik von Harvey Schmidt

New York, 46th Street Theatre, 5. Dezember 1966

Produzent	David Merrick
Regie	Gower Champion

Deutschsprachige Fassung von Peter Goldbaum und Walter Brandin
Düsseldorf, Schauspielhaus, 24. August 1968

Vertriebsstelle und Verlag deutscher Bühnenschriftsteller und Bühnenkomponisten GmbH, Norderstedt

Deutschsprachige Fassung von Johannes Felsenstein
Berlin, Komische Oper, 9. Juni 1974

PERSONEN	Das Ehepaar Michael und Agnes
ORT UND ZEIT	Amerika in der ersten Hälfte unseres Jahrhunderts

Dieses Zwei-Personen-Stück schildert typische Situationen des Ehelebens von der Hochzeit bis zum Alter. Im Mittelpunkt des Geschehens steht ein großes Himmelbett, in dem vor Agnes und Michael bereits viele andere Paare glücklich waren und das nach ihnen auch noch Freude und Leid vieler anderer Ehepaare erleben wird. Die Handlung beginnt mit der Hochzeitsnacht, mit Zukunftsplänen und Flitterwochen. Der Mann macht als Schriftsteller Karriere. Agnes erzieht ihre beiden Kinder, fühlt sich aber im übrigen ein wenig vernachlässigt und unausgefüllt. Es kommt zu Differenzen, die aber immer wieder beigelegt werden können, da das Paar nicht nur durch das Himmelbett miteinander verbunden ist. Schließlich sind die Kinder erwachsen und verlassen das Haus, das nun für das alternde Ehepaar zu groß ist und Gefühle der Leere und Verlassenheit auslöst. Michael und Agnes beschließen, das Haus aufzugeben, und lassen nicht ohne Wehmut das Himmelbett für ein nachkommendes junges Paar zurück.

SONGS I Do, I Do (Das große Ja) – Together Forever (Beisammen für immer) – Goodnight (Gut Nacht) – I Love My Wife (Ich bin verliebt in meine Frau) – Something News (Etwas ist nun geschehn mit mir) – My Cup Runneth Over (Wie wunderbar, daß es dich gibt) – Love Isn't Everything (Nur Liebe reicht noch nicht) – Nobody's Perfect (Fehler hat jeder) – It's a Well Known Fact (Eins ist sonnenklar) – Flaming Agnes (Die tolle Agnes) – The Honeymoon Is Over (Die Flitterwochen sind vorüber) – Where Are the Snows of Yesteryear (Wo ist der Schnee vom letzten Jahr) – When the Kids Get Married (Wenn die Kinder groß sind) – My Daughter Is Marrying an Idiot (Ich krieg einen Trottel zum Schwiegersohn) – What Is a Woman (Was sind wir Frauen) – Someone Needs Me (Irgendwer braucht mich noch) – The Best Day of All (Dein wichtigster Tag, der heißt morgen) – This House (Dieses Haus war ein gutes Haus all die vielen Jahre)

Original Broadway-Besetzung
mit Robert Preston und Mary Martin
Orchester unter Leitung von John Lesko
RCA RECORDS

Einzelaufnahmen
mit Fred Bertelmann und Gitta Lind
Orchester unter Leitung von Hans Hammerschmid
ARIOLA-EURODISC

My Fair Lady

Nach der Komödie »Pygmalion« von George Bernard Shaw
Buch und Gesangstexte von Alan Jay Lerner
Musik von Frederick Loewe

New York, Mark Hellinger Theatre, 15. März 1956

Produzent	Herman Levin
Regie	Moss Hart
Choreographie	Hanya Holm

Deutschsprachige Fassung von Robert Gilbert
Berlin, Theater des Westens, 25. Oktober 1961

Bühnenverlag Felix Bloch Erben, Berlin

Wiener Fassung von Gerhard Bronner
Wien, Theater an der Wien, 18. November 1969

PERSONEN Professor Henry Higgins – Eliza Doolittle – Alfred P. Doolittle, ihr Vater – Oberst Pickering – Mrs. Higgins, die Mutter des Professors – Mrs. Pears, Hausdame – Freddy Eynsford-Hill – Mrs. Hill, seine Mutter – Harry – Jamie – Professor Zoltan Karpathy – Die Königin von Transsylvanien – Mrs. Hopkins – Butler und Zofen bei Professor Higgins – Damen und Herren der englischen Gesellschaft, Cockneys, Händler und Marktfrauen, Gaukler
ORT UND ZEIT London und Umgebung 1912

Professor Henry Higgins, ein eingefleischter Junggeselle, lebt ganz seiner wissenschaftlichen Arbeit, dem Studium der Sprachen und Dialekte. Auf dem Marktplatz vor der Covent Garden Opera trifft er zufällig mit Oberst Pickering zusammen, einem gerade aus Indien nach London gekommenen Fachkollegen. Den Wortschwall des schimpfenden Blumenmädchens Eliza Doolittle, den er lautgetreu in seinem Notizbuch aufzeichnet, nimmt Professor Higgins zum Anlaß, seine Theorie zu erklären, daß nicht die Herkunft, sondern die Sprache den Menschen macht. Er lädt Pickering als Gast in sein Haus und versichert ihm, daß er durch eine sorgfältige Sprachausbildung sogar aus diesem ordinären Blumenmädchen eine Lady machen könne.
Eliza, die dieses Gespräch mit angehört hat, erscheint dann bei Professor Higgins, um bei ihm Sprechunterricht zu nehmen. Sie möchte eine Lady werden und einen Blumenladen eröffnen. Higgins ist über ihr Anliegen verblüfft, doch dann reizt ihn das Experiment.
Elizas Vater, der Müllkutscher Alfred P. Doolittle, vermutet hinter dem Aufenthalt seiner Tochter im Hause des Professors eine Liebesaffäre und versucht, die Situation für sich finanziell auszunutzen, er wird jedoch abgewiesen. Durch Vermittlung von Professor Higgins kommt Doolittle zu Wohlstand und gesellschaftlichem Ansehen.
Nach wochenlanger harter Arbeit, wobei Higgins keine Rücksicht auf die seelischen Konflikte des jungen Mädchens nimmt, wird Eliza beim Pferderennen in Ascot der Gesellschaft präsentiert. Sie fällt dabei aus der Rolle, doch der junge Aristokrat Freddy Eynsford-Hill ist von ihrer Originalität und Natürlichkeit so begeistert, daß er ihr den Hof macht.
Higgins und Eliza setzen den Sprechunterricht fort. Eines Tages ist es dann soweit: Auf dem Diplomatenball ist Eliza die von allen anerkannte und bewunderte schönste Lady.

Julie Andrews und Rex Harrison in »My Fair Lady«
New York, Mark Hellinger Theatre (1956)

Higgins und Pickering triumphieren und vergessen dabei, daß Elizas Leistung nicht allein das Ergebnis der Sprachdressur ist. Verletzt und empört verläßt Eliza das Haus des Professors, der jetzt erst den Wandel des jungen Mädchens zur liebenden jungen Frau begreift und schließlich eingesteht, wie sehr er sich an sie gewöhnt hat. Als sie zu ihm zurückkehrt, überwindet er seinen Stolz, und es gibt ein Happy-End.

SONGS Why Can't the English (Kann denn die Kinder keiner lehren, wie man spricht) – Wouldn't It Be Loverly (Wäre det nich wundascheen) – With a Little Bit of Luck (Mit 'nem kleenen Stückchen Glück) – I'm an Ordinary Man (Bin ein Mann wie jedermann) – Just You Wait (Wart's nur ab) – Poor Professor Higgins (Ach, Professor Higgins) – The Rain in Spain (Es grünt so grün) – I Could Have Danced All Night (Ich hätt getanzt heut nacht) – Ascot Gavotte – On the Street Where You Live (In der Straße, mein Schatz, wo du lebst) – You Did It (Sie sind es, der's geschafft hat) – Show Me (Tu's doch) – Get Me to the Church on Time (Bringt mich pünktlich zum Altar) – A Hymn to Him (Kann eine Frau nicht sein wie ein Mann) – Without You (Ohne dich) – I've Grown Accustomed to Her Face (Ich bin gewöhnt an ihr Gesicht)

Original Broadway-Besetzung
mit Rex Harrison, Julie Andrews, Stanley Holloway, Robert Coote, John Michael King, Gordon Dilworth, Rod McLennan und Philippa Bevans
Orchester und Chor unter Leitung von Franz Allers
COLUMBIA RECORDS – CBS

Original Broadway-Besetzung (1976)
(20th Anniversary Production)
mit Ian Richardson, Christine Andreas, George Rose, Robert Coote, Jerry Lanning, John Clarkson, Richard Neilson und Sylvia O'Brien
Orchester und Chor unter Leitung von Theodore Saidenberg
COLUMBIA RECORDS – CBS

Original-Besetzung Berlin, Theater des Westens
mit Paul Hubschmid, Karin Hübner, Alfred Schieske, Friedrich Schönfelder, Rex Gildo, Boris Greverus und Hans Hardt
Orchester und Chor unter Leitung von Franz Allers
PHONOGRAM – Philips

⊙ Original-Besetzung München, Deutsches Theater (1962)
mit Wolfgang Lukschy, Sonja Ziemann, Kurt Pratsch-Kaufmann, Herbert Tiede, Frank Duval, Adi Appelt und Pino Demschik
Orchester und Chor unter der Leitung von Franz Allers
PHONOGRAM – Philips

Original-Besetzung Wien, Theater an der Wien
mit Josef Meinrad, Gabriele Jacoby, Hugo Gottschlich, Egon Jordan, Kurt Huemer, Rudolf Wasserlof, Peter Göller und Edith Hieronymus
Orchester und Chor unter Leitung von Johannes Fehring
PREISER RECORDS

Melodienfolge
mit Peter Alexander, Cissy Kraner, Herta Talmar, Willy Millowitsch, Peter René Körner und Sándor Kónya
Orchester und Chor unter Leitung von Kurt Edelhagen
POLYDOR

Melodienfolge
mit Bruce Low, Herta Staal und Bruno Fritz
Orchester und Chor unter Leitung von Friedrich Schröder
ARIOLA-EURODISC

Melodienfolge
mit Willy Hagara, Gitte, Bill Ramsey und Rex Gildo
Orchester unter Leitung von Erich Becht
EMI Electrola

Melodienfolge
mit Paul Hubschmid, Cornelia Froboess, Klaus Havenstein, Kurt Waitzmann und Howard Carpendale
Orchester und Chor unter Leitung von Heinz Gietz
EMI Electrola

Original Film-Soundtrack
mit Rex Harrison, Audrey Hepburn, Stanley Holloway, Wilfrid Hyde-White und Jeremy Brett
Orchester und Chor unter Leitung von André Previn
CBS

Film-Soundtrack der deutsprachigen Synchronisation
mit Friedrich Schönfelder, Monika Dahlberg, Klaus W. Krause, Robert Klupp und Karl-Ernst Mercker
CBS

FILM Warner Bros. (1964)
Regie: George Cukor
Choreograpie: Hermes Pan

No, No, Nanette

Nach der Erzählung »My Lady Friends« von May Eddington
Buch von Otto Harbach und Frank Mandel
Gesangstexte von Irving Caesar und Otto Harbach
Musik von Vincent Youmans

Nach ersten Aufführungen in Detroit und Cincinnati im April 1924, fast einjähriger Laufzeit in Chicago und einer Aufführungsserie in Boston eroberte das Musical dann auch den Broadway.
Einige Monate zuvor hatte am 11. März 1925 im Londoner Palace Theatre eine englische Produktion Premiere.

New York, Globe Theatre, 16. September 1925

Produzent und Regie	H. H. Frazee
Choreographie	Sammy Lee

Deutschsprachige Fassung von Hans H. Zerlett und Arthur Rebner
Berlin, Metropol-Theater, 7. November 1925

Deutschsprachige Neufassung von Karl Vibach
Musikalische Bearbeitung von Roland Sonder-Mahnken
Westerland, Kurtheater, 7. Juli 1958
(Produktion des Nordmark-Landestheaters Schleswig)

In einer Bearbeitung von Burt Shevelove kam es am 19. Januar 1971 im New Yorker 46th Street Theatre zu einer Neuproduktion, die einen erneuten weltweiten Erfolg des Musicals begründete.

Deutschsprachige Neufassung von Rainer Wallraf
München, Deutsches Theater, 6. September 1973

Ronny Musikverlag GmbH, Hamburg

PERSONEN Jimmy Smith, Verleger – Mary, seine Frau – Nanette, ihre Pflegetochter – Pauline, Dienstmädchen – Billy Early, Rechtsanwalt – Lilian, seine Frau – Tom Trainor, ihr Neffe – Flora Latham, Betty Brown und Winnie Winslow, Schützlinge von Jimmy Smith – Nanettes Freundinnen und Freunde

ORT UND ZEIT In London und in einem Seebad, Mitte der zwanziger Jahre

Der Verleger Jimmy Smith, der mit dem Druck und Verkauf der Bibel und religiöser Traktate zu einem beträchtlichen Vermögen gekommen ist, hat eine Schwäche für hilflose junge Mädchen. So hat er die elternlose Nanette als Pflegetochter in sein Haus aufgenommen, in dem seine tugendhafte Frau Mary das Regiment führt und streng auf gutes Benehmen und bürgerliche Wohlerzogenheit achtet. »No, no, Nanette, das schickt sich nicht« gehört zu ihren ständigen Redensarten. Deshalb darf sie auch nichts davon erfahren, daß ihr Mann drei weiteren jungen Damen väterlich zugetan ist und sie finanziell unterstützt. Jimmy Smith beauftragt daher den mit ihm befreundeten Rechtsanwalt Billy Early, mit seinen immer zudringlicher werdenden Schützlingen Flora Latham, Betty Brown und Winnie Winslow zu verhandeln, um sie durch eine großzügige Abfindung loszuwerden. Tom, der Neffe von Billys Frau Lilian, der sich in die hübsche Nanette verliebt hat, ist dazu ausersehen, Billy bei dieser Aufgabe zu assistieren. Die drei jungen Damen werden in das Landhaus von Jimmy Smith bestellt, wo überraschend auch alle anderen Personen der Handlung zusammentreffen, was zu zahlreichen Mißverständnissen führt.
Zum Schluß klärt sich jedoch alles auf. Lilian, die annimmt, ihren Mann bei einem Liebesabenteuer mit drei jungen Damen erwischt zu haben, und sich darüber empört, daß er dazu auch noch den Namen und das Haus seines Freundes Jimmy Smith mißbraucht, wird von Billys Treue überzeugt. Flora, Betty und Winnie werden finanziell abgefunden und

verschwinden aus Jimmys Leben. Mary verzeiht ihrem Mann, und Nanette und Tom werden ein Paar.

SONGS Too Many Rings Around Rosie (Männer sind ewige Kinder) – I've Confessed to the Breeze (Alle Welt weiß, daß ich dich liebe) – The Call of the Sea (Blaues Meer) – I Want to Be Happy – No, No, Nanette – Peach on the Beach (Nur ein Knall) – Tea for Two – You Can Dance with Any Girl at All (Tanzen kannst du gern mit jedem Girl) – Telephone Girlie (Hallo, hallo, Fräulein am Telephon) – Where-Has-My-Hubby-Gone Blues (Wo-ist-mein-Billy-Boy – Blues) – Waiting for You (Laß mich nicht warten) – Take a Little One-Step (Tanz doch mal den Onestep)

Original-Besetzung London, Palace Theatre (1925)
mit Joseph Coyne, Binnie Hale, George Grossmith, Irene Browne und Seymour Beard
Orchester unter Leitung von Percival Mackey
STANYAN RECORDS/EMI RECORDS – WRC

Schallplatten-Besetzung
mit Charles Young, Vivienne Martin, Leslie Fyson, Ann Beach, Tony Adams, Joanne Brown und Alison Chamberlain
Orchester und Chor unter Leitung von Alyn Ainsworth und Geoff Love
EMI RECORDS

Original Broadway-Besetzung (1971)
mit Jack Gilford, Ruby Keeler, Susan Watson, Patsy Kelly, Bobby Van, Helen Gallagher, Roger Rathburn, K. C. Townsend, Loni Zoe Ackermann und Pat Lysinger
Orchester und Chor unter der Leitung von Buster Davis
COLUMBIA RECORDS – CBS

Original-Besetzung London, Drury Lane Theatre (1973)
mit Tony Britton, Anna Neagle, Barbara Brown, Thora Hird, Teddy Green, Anne Rogers, Peter Gale, Anita Graham, Elaine Holland und Jenny Wren
Orchester und Chor unter Leitung von Grant Hossack
CBS

FILM First National Pictures/Warner Bros. (1930)
mit Alexander Gray, Bernice Clair und ZaSu Pitts
Regie: Clarence Badger
Choreographie: Larry Ceballos

RKO (1940)
mit Victor Mature, Anna Neagle und ZaSu Pitts
Regie: Herbert Wilcox

Of Thee I Sing

Buch von George S. Kaufman und Morrie Ryskind
Gesangstexte von Ira Gershwin
Musik von George Gershwin

New York, Music Box Theatre, 26. Dezember 1931

Produzent	Sam H. Harris
Regie	George S. Kaufman
Choreographie	George Hale

Samuel French Inc., New York

PERSONEN John P. Wintergreen – Alexander Throttlebottom – Mary Turner – Diana Devereaux – Louis Lippman – Francis X. Gilhooley – Matthew Arnold Fulton – Senator Robert E. Lyons – Senator Carver Jones – Sam Jenkins, Chefsekretär – Miss Benson, Chefsekretärin – Der Oberste Richter – Der französische Botschafter – Ein Zimmermädchen – Eine Putzfrau – Ein Senatssekretär – Ein Fremdenführer – Wladimir Widowitsch und Jussef Jussewitsch, Ringer – Ein Arzt – Girls des Schönheitswettbewerbs, Schiedsrichter, Photographen, Reporter, Paradegirls und Boys, Polizisten, Mitglieder des Obersten Gerichtshofs, Senatoren, Sekretäre und Sekretärinnen, Militärgarde des französischen Botschafters, südamerikanische Touristen, Gäste und Diener
ORT UND ZEIT Amerika zu Anfang der dreißiger Jahre

Das Musical ist eine Satire auf die amerikanischen Verhältnisse der dreißiger Jahre, insbesondere auf den Wahlkampf, auf die Beschränktheit der »großen« Politik, auf die Rechtsprechung, auf die Schönheitskonkurrenzen und auf den Kult mit Ehe und Mutterschaft.
Mister Wintergreen bewirbt sich um die amerikanische Präsidentschaft, als Vizepräsident kandidiert Mister Throttlebottom. Ihr Wahlkampf steht unter dem Slogan »Mehr Liebe ins Weiße Haus«. Die Wahlmanager organisieren eine große Schönheitskonkurrenz, wobei die Siegerin den Präsidenten heiraten und First Lady der Nation werden soll. Diana Devereaux aus Louisiana, die »Blume des Südens«, wird zur schönsten Frau Amerikas gewählt. Mister Wintergreen heiratet jedoch Mary Turner, die das Muster einer amerikanischen Hausfrau ist und die besten Brötchen bäckt. Der neugewählte Präsident hat damit nicht nur das an die Siegerin der Schönheitskonkurrenz gegebene Eheversprechen mißachtet, sondern zugleich Frankreich brüskiert, denn Diana Devereaux ist die illegitime Tochter des illegitimen Sohnes eines illegitimen Neffen von Napoleon. Frankreich droht mit dem Abbruch der diplomatischen Beziehungen. Der von Diana Devereaux angestrengte Prozeß scheint für den Präsidenten einen unglücklichen Ausgang zu nehmen. Da verkündet Mrs. Wintergreen, daß sie ein Kind erwartet. Das ändert die Situation schlagartig, denn noch niemals wurde in Amerika ein werdender Vater vor Gericht gestellt. Das von einem bedenklichen Geburtenrückgang bedrohte Frankreich fordert als Entschädigung das Kind des Präsidenten. Mrs. Wintergreen bringt Zwillinge zur Welt, auf deren Auslieferung Frankreich unter Androhung eines Krieges besteht. Auf dem Höhepunkt der außen- und innenpolitischen Verwicklungen findet der Präsident schließlich den rettenden Ausweg, indem er sich auf die amerikanische Verfassung beruft. Danach muß der Vizepräsident in

allen Fällen einspringen, in denen der Präsident seinen Pflichten nicht nachkommen kann. Vizepräsident Throttlebottom heiratet die schöne Diana Devereaux, und so gibt es eine glückliche Lösung der weltpolitischen Krise.

SONGS Wintergreen for President – Who Is the Lucky Girl to Be – The Dimple on My Knee – Because, Because – Never Was a Girl So Fair – Some Girls Can Bake a Pie – Love Is Sweeping the Country – Of Thee I Sing – Here's a Kiss for Cinderella – I Was the Most Beautiful Blossom – Hello, Good Morning – Who Cares – Garçon, s'il vous plait – The Illegitimate Daughter – The Roll Call – Jilted – Who Could Ask for Anything More – Posterity – Trumpeter, Blow Your Horn

Original-Besetzung New York, Ziegfeld Theatre (1952)
mit Jack Carson, Paul Hartman, Betty Oakes, Lenore Lonergan, Jack Whiting, Loring Smith, Jonathan Lucas, Florenz Ames, Howard Freeman, J. Pat O'Malley, Donald Foster und Robert F. Simon
Orchester und Chor unter Leitung von Maurice Levine
CAPITOL RECORDS

Oh Kay

Buch von Guy Bolton und Pelham Grenville Wodehouse
Gesangstexte von Ira Gershwin und Howard Dietz
Neue Gesangstexte von Pelham Grenville Wodehouse
Musik von George Gershwin

New York, Imperial Theatre, 8. November 1926

Produzenten	Alex A. Aarons und Vinton Freedley
Regie	John Harwood
Choreographie	Sammy Lee

Deutschsprachige Fassung von Max Colpet
nach der neuen Off-Broadway-Bearbeitung von 1960, die mit Songs aus anderen Gershwin-Werken erweitert wurde
Dortmund, Städtische Bühnen, 31. Mai 1978

Music International Productions, Clifton Park/New York

PERSONEN Popham, Earl of Blandings, genannt Pops – Kay, seine Schwester – Jimmy Winter, ein Playboy – Constance, seine Braut – Appleton, ihr Vater, Richter – Larry Potter – McGee, genannt Shorty – Jansen, Zollinspektor – Polly, Phil, Odile, Izzy und Jean, Girls des Cottontail-Clubs – Saunders, Chauffeur – Zollbeamte und Alkoholschmuggler
ORT UND ZEIT Sommervilla in einer kleinen amerikanischen Stadt an der Atlantikküste zur Zeit des Alkoholverbots um 1927

Kay ist die Schwester des Grafen Popham, Earl of Blandings, der mit seiner Jacht Alkohol nach Amerika schmuggelt. Seine Komplicen Larry und Shorty benutzen den Keller der unbewohnten Sommervilla von Jimmy Winter als Lager für die heiße Ware. Jimmy ist ein reicher Playboy, der überraschend von einer Weltreise in die Villa zurückkehrt, um dort mit seiner zweiten Frau Constance die Flitterwochen zu verbringen. Daraus ergibt sich für die Alkoholschmuggler eine problematische Situation. Da mehrere junge Mädchen die Villa für den Empfang des von ihnen umschwärmten Playboys herrichten, kann die Schmuggelware nicht mehr unauffällig beiseite geschafft werden. Um eine Entdeckung des Alkohollagers zu verhindern, kommt man auf die Idee, Shorty als neuen Butler auszugeben. Die gefährliche Lage der Gangster spitzt sich zu, als Kay, die ohne Paß an Land gegangen ist, vor dem sie verfolgenden Zollinspektor Jansen in die Villa flüchtet. Jimmy Winter erkennt in ihr das Mädchen wieder, das ihn einmal vor dem Ertrinken gerettet hat, und schützt Kay vor der Verhaftung, indem er sie als seine Frau ausgibt. Kay geht auf dieses Spiel ein, aus dem bald Ernst wird. Zu ihrem Glück hat sich Jimmys soeben mit Constance geschlossene zweite Ehe als ungültig herausgestellt, weil zum Zeitpunkt der Eheschließung seine erste Frau noch nicht in eine Scheidung eingewilligt hatte. Als nun die Annullierung der ersten Ehe doch noch erfolgt und Jimmy seine Constance ordnungsgemäß heiraten könnte, sorgt Kay dafür, daß aus dieser Hochzeit nichts wird. Nach vielerlei Verwicklungen gelingt es den Gangstern, Zollinspektor Jansen zu überlisten und die hochprozentige Schmuggelware in Sicherheit zu bringen. Jimmy heiratet Kay, und dadurch ist dann auch ihr Aufenthalt in Amerika legitimiert.

SONGS The Woman's Touch (Die Frau im Haus) – The Twenties Are Here to Stay (Die Goldenen Zwanziger sind da), aus dem Musical »Primrose« – Don't Ask = Home (Zu Haus) – Stiff Upper Lip (Stell deinen Mann), aus dem Film »A Damsel in Distress« – Maybe (Wer weiß) – The Pophams (Mit uns ist nicht gut Kirschen essen), aus dem Musical »Primrose« – Do, Do, Do (Tu's, tu's, tu's) – Clap Yo' Hands (Klatsche und sing) – Someone to Watch Over Me (Jemand, der glücklich mich macht) – Fidgety Feet (Plötzlich kribbelt's im Fuß) – Dear Little Girl = You'll Still Be There (Und doch bleibst du bei mir) – Little Jazz Bird, aus dem Musical »Lady Be Good« – Oh Kay, You're O. K. (O Kay, bist o. k.)

Original-Besetzung London, His Majesty's Theatre (1927)
mit Gertrude Lawrence, Harold French und Claude Hulbert
EMI RECORDS – WRC (SH 185)

Original-Besetzung New York (1960)
mit Murray Matheson, Marti Stevens, David Daniels, Eddie Phillips, Bernie West, Rosemarrie Sheer, Linda Lavin, Penny Fuller, Francesca Bell, Lynn Gay Lorino und Sybil Scotford
Dorothea Freitag (p.) und Reginald Beane (p.)
20th CENTURY FOX RECORDS

Schallplatten-Besetzung
mit Barbara Ruick, Jack Cassidy, Allen Case und Roger White
Orchester und Chor unter Leitung von Lehman Engel
COLUMBIA RECORDS – CBS

Oklahoma

Nach dem Bühnenstück »Green Grow the Lilacs« von Lynn Rigg
Buch und Gesangstexte von Oscar Hammerstein II
Musik von Richard Rodgers

New York, St. James Theatre, 31. März 1943

Produktion	The Theatre Guild
Regie	Rouben Mamoulian
Choreographie	Agnes de Mille

Deutschsprachige Fassung von Robert Gilbert
Münster, Halle Münsterland, 24. August 1973
(Berliner Musical-Produktion)

Theaterverlag S. Fischer, Frankfurt am Main

PERSONEN Curly McLain, Cowboy – Laurey Williams, eine junge Farmerin – Eller Murphey, ihre Tante – Judd Fry, Farmarbeiter – Andrew Carnes – Ado Annie, seine Tochter – Will Parker – Ali Hakim, Hausierer – Gertie Cummings – Ike Skidmore, Rancher – Farmer, Farmarbeiter, Cowboys und Mädchen
ORT UND ZEIT Oklahoma im Jahre 1907

Der Cowboy Curly ist in die junge Farmerin Laurey verliebt. In den Augen der Leute sind die beiden längst ein Paar, ihr Stolz hindert sie aber immer wieder daran, einander ihre Liebe zu bekennen. Nun will er sie in einer Kutsche zu einem Fest auf die Skidmore-Ranch mitnehmen. Um ihn eifersüchtig zu machen, hat sie jedoch beschlossen, mit ihrem Farmarbeiter Judd Fry auf das Fest zu fahren. Curly verbietet seinem Nebenbuhler, der ein ungebärdiger Eigenbrötler mit zweifelhafter Vergangenheit ist, Laurey zu nahe zu kommen, doch Judd begleitet Laurey zu dem Fest. Dort werden von den Mädchen hergerichtete Picknick-Körbe versteigert. Wer am meisten bietet, darf mit der Spenderin tanzen. Judd opfert seine ganzen Ersparnisse. Curly will ihn überbieten, verkauft deshalb seine Pistole und gewinnt Laureys Korb. Um zu verhindern, daß die beiden Rivalen ernsthaft aneinandergeraten, fordert Laureys resolute Tante Eller den Cowboy zum Tanz auf. Als Judd der jungen Farmerin Vorhaltungen macht, wird er von ihr entlassen. Wütend schwört Judd Rache. Ängstlich sucht Laurey bei Curly Schutz, und die beiden gestehen sich ihre Liebe. Einige Wochen später heiraten sie. Da taucht der seit seiner Entlassung verschwundene Judd wieder auf und fordert Curly zum Zweikampf. Er zieht ein Messer, wird aber von dem waffenlosen Curly zu Boden geworfen und verletzt sich dabei tödlich mit seinem eigenen Messer. Ein sofort zusammengerufenes Gericht spricht Curly frei, und so kann das junge Paar einer glücklichen Zukunft in dem neugegründeten Staat Oklahoma entgegengehen.

SONGS Oh, What a Beautiful Mornin' (Was für ein herrlicher Morgen) – The Surrey with the Fringe on Top (Die Kutsche mit den Fransen dran) – Kansas City – I Cain't Say No (Ich sag nie nein) – Many a New Day (Irgendeinmal kommt ein neuer Tag) – It's a Scandal, It's a Outrage (Es ist schändlich, es ist scheußlich) – People Will Say We're in Love (Sonst sagt man, wir sind verliebt) – Pore Judd Is Daid (O, Judd ist tot) – Lonely Room

(Niemand, nur ich) – Out of My Dreams (Aus meinem Traum) – The Farmer and the Cowman (Der Farmer und der Cowboy) – All er Nothin' (Das Ganze oder gar nichts) – Oklahoma

Original Broadway-Besetzung
mit Alfred Drake, Joan Roberts, Howard da Silva, Celeste Holm und Lee Dixon
Orchester und Chor unter Leitung von Jay Blackton
MCA RECORDS / DECCA RECORDS

Original-Besetzung London, Drury Lane Theatre (1947)
mit Howard Keel
STANYAN RECORDS

Schallplatten-Besetzung
mit Nelson Eddy, Virginia Haskins und Kaye Ballard
COLUMBIA RECORDS – CBS

Schallplatten-Besetzung
mit Stuart Foster, Lois Hunt und Fay DeWitt
EPIC RECORDS

Schallplatten-Besetzung
mit John Raitt und Florence Henderson
COLUMBIA RECORDS – CBS

Melodienfolge
mit Benno Kusche, Christine Görner, Fifi Brix und Heinz Maria Lins
Orchester und Chor unter Leitung von Hans-Georg Arlt
ARIOLA-EURODISC

Melodienfolge
mit Willy Hagara, Cornelia Froboess, Greetje Kauffeld und Paul Kuhn
Orchester und Chor unter Leitung von Erich Becht
EMI Electrola

Original Film-Soundtrack
mit Gordon MacRae, Shirley Jones, Charlotte Greenwood, Rod Steiger, James Whitmore, Gloria Grahame, Gene Nelson und Jay C. Flippen
Orchester und Chor unter Leitung von Jay Blackton und Adolph Deutsch
CAPITOL RECORDS

FILM Magna (1955)
Regie: Fred Zinnemann
Choreographie: Agnes de Mille

Oliver

Nach dem Roman »Oliver Twist« von Charles Dickens
Buch, Gesangstexte und Musik von Lionel Bart

London, New Theatre, 30. Juni 1960

Produzent	Donald Albery
Regie	Peter Coe

Deutschsprachige Fassung von Wilfried Steiner
Salzburg, Landestheater, 18. September 1985

Verlag Josef Weinberger, Wien

PERSONEN Oliver Twist – Witwe Corney, Vorsteherin des Waisenhauses – Mr. Bumble, Aufseher – Mr. Sowerberry, Leichenbestatter – Seine Frau – Charlotte, beider Tochter – Noah Claypole, Gehilfe – Artful Dodger, ein junger Taschendieb – Fagin, Hehler – Bill Sikes, Ganove – Nancy, seine Freundin – Mr. Brownlow – Bet – Old Sally – Mr. Grimwig – Mrs. Bedwin – Waisenkinder, Diebe und Einwohner von London
ORT UND ZEIT London und Umgebung in den dreißiger Jahren des vorigen Jahrhunderts

Der Waisenjunge Oliver wächst in einem Kinderarbeitshaus auf. Als Oliver eines Tages mehr zu essen verlangt, wird er wegen seiner Aufsässigkeit als billige Arbeitskraft an den Leichenbestatter Sowerberry verkauft. Dort setzt er sich verzweifelt gegen den boshaften Gehilfen Noah Claypole zur Wehr und wird zur Strafe in einen Keller gesperrt. Oliver kann sich jedoch befreien und flieht nach London. Hier begegnet er dem jungen Taschendieb Artful Dodger, der ihn zu dem Hehler Fagin bringt. Fagin beherbergt elternlose Kinder und leitet sie als Diebe an. Auf einem Raubzug der Kinder, an dem Oliver zum ersten Male teilnimmt, wird er gefaßt und eines Diebstahls bezichtigt, den ein anderer begangen hat. Vor Gericht stellt sich aber seine Unschuld heraus. Der bestohlene Mister Brownlow hat Mitleid mit dem verwahrlosten Oliver und nimmt ihn bei sich auf. Im Hause des wohlhabenden alten Mannes verbringt Oliver eine glückliche Zeit. Doch Fagin und sein Komplice Bill Sikes befürchten, daß Oliver sie verraten könnte, und beschließen, ihn zu entführen. Bill Sikes zwingt seine Freundin Nancy, zu der Oliver Vertrauen gefaßt hat, weil sie dem Jungen aufrichtig zugetan ist, bei der Entführung zu helfen. Oliver wird nun von den Verbrechern gefangengehalten, die ihn weiter für ihre kriminellen Zwecke benutzen wollen. Nancy bereut ihr Handeln und möchte Oliver retten. Sie verabredet mit Mister Brownlow, der inzwischen erfahren hat, daß Oliver der Sohn seiner frühverstorbenen Nichte ist, ihm das Kind heimlich wiederzubringen. Bill entdeckt Nancys Absicht und tötet sie. Er versucht, mit Oliver zu entkommen, der jedoch aus aller Gefahr gerettet und von seinem Großonkel glücklich in die Arme geschlossen wird.

SONGS Food, Glorious Food (Brot, herrliches Brot) – Oliver – I Shall Scream (Oh, ich schrei) – Boy for Sale (Bub zum Verkauf) – That's Your Funeral (Das ist Ihr Problem) – Where Is Love (Wer liebt mich) – Consider Yourself (Komm, fühle dich ganz zu Haus) – Pick a Pocket or Two (Mach die krummen Finger schön lang) – It's a Fine Life (Das ist Leben) – I'd Do Anything (Ich tu, was du willst) – Be Back Soon (Kommt gut heim) – Oom-Pah-Pah (Um-pa-pa) – My Name (Bill Sikes) – As Long as He Needs Me (Solange Bill mich will) – Who Will Buy (Wer will kaufen) – Reviewing the Situation (Überdenke ich meine Lage)

Original-Besetzung London
mit Keith Hamshere, Hope Jackman, Paul Whitsun-Jones, Barry Humphries, Sonia Fraser, Martin Horsey, Ron Moody, Danny Sewell, Georgia Brown und Diane Gray
Orchester und Chor unter Leitung von Marcus Dods
DECCA RECORDS

Original Broadway-Besetzung, Imperial Theatre (1963)
mit Bruce Prochnik, Hope Jackman, Willoughby Goddard, Michael Goodman, Clive Revill, Danny Sewell, Georgia Brown und Alice Playten
Orchester und Chor unter Leitung von Donald Pippin
RCA RECORDS

Schallplatten-Besetzung
mit Denis Waterman, Violet Carson, Leslie Fyson, Tony Tanner, Stanley Holloway, Charles Granville und Alma Cogan
Orchester und Chor unter Leitung von Tony Osborne
CAPITOL RECORDS

Original Film-Soundtrack
mit Mark Lester, Peggy Mount, Harry Secombe, Jack Wild, Ron Moody, Shani Wallis und Sheila White
Orchester und Chor unter Leitung von John Green
RCA RECORDS

FILM Romulus/Columbia (1968)
Regie: Carol Reed
Choreographie: Onna White

One Touch of Venus

Nach der Erzählung »The Tinted Venus« von F. Anstey
Buch von S. J. Perelman und Ogden Nash
Gesangstexte von Ogden Nash
Musik von Kurt Weill

New York, Imperial Theatre, 7. Oktober 1943

Produzenten	Cheryl Crawford und John Wildberg
Regie	Elia Kazan
Choreographie	Agnes de Mille

PERSONEN Whitelaw Savory – Molly Grant – Taxi Black – Stanley – Venus – Rodney Hatch – Mrs. Kramer – Gloria, ihre Tochter – Mrs. Moats – Sam – Rose – Der Geschäftsführer eines Kaufhauses – Ein Busfahrer – Ein Polizeileutnant – Doktor Rook, Psychiater – Zuvetli – Zwei Anatolier – Studenten der Whitelaw Savory Foundation of Modern Art

ORT UND ZEIT Amerika zu Anfang der vierziger Jahre

Whitelaw Savory, der Präsident einer privaten Kunstakademie in New York, hat in Kleinasien eine antike Venus-Statue aufkaufen lassen. Er ist fasziniert von der Ähnlichkeit des Marmorstandbildes mit seiner Geliebten, die eines Tages verschwand und die er nie vergessen hat. Begeistert erläutert er seinem Friseur Rodney Hatch die einmalige Schönheit der Statue. Hatch ist zwar beeindruckt, meint aber, daß es auch heute noch so graziöse Frauen gibt. Dabei denkt er vor allem an seine Freundin Gloria Kramer. Während Savory zum Telefon gerufen wird, will Hatch die Probe aufs Exempel machen und steckt deshalb einen Ring, den er gerade für seine Freundin gekauft hat, an den ausgestreckten Finger der Marmorfigur. Das erweckt die Venus zum Leben, die dem Friseur erklärt, daß er ihr Schicksal sei. Entsetzt flüchtet Hatch, aber die Venus verfolgt ihn. Als Savory zurückkehrt, muß er annehmen, daß der Friseur die Statue gestohlen hat.

Da Hatch nur an Gloria denkt, unternimmt die Venus alles, die beiden auseinanderzubringen, und läßt schließlich Gloria sogar verschwinden. Hatch gerät in Mordverdacht und wird verhaftet. Die Venus folgt ihm ins Gefängnis, wo es ihr gelingt, ihn für sich zu gewinnen und mit ihm zu fliehen. Um Hatch von dem Mordverdacht zu befreien, zaubert die Venus dann Gloria wieder herbei. Es kommt zu einer Auseinandersetzung wegen des versprochenen Rings und zum endgültigen Bruch zwischen Hatch und der eifersüchtigen Gloria.

Ein Gesandter aus Kleinasien bittet die Venus, wieder in ihre Heimat zurückzukehren, weil das Land seit ihrem Verschwinden vom Unglück verfolgt ist. Die Göttin weigert sich, da sie Hatch ewige Liebe geschworen hat, findet aber einen Ausweg aus diesem Dilemma. Sie verläßt Hatch, und die Marmorstatue steht plötzlich wieder in der Akademie. Bald darauf kommt zu Whitelaw Savory ein der Venus verblüffend ähnlich sehendes junges Mädchen, um sich bei ihm als Kunststudentin anzumelden. Dabei begegnet sie dem Friseur und will sich ihm vorstellen. Das ist jedoch nicht nötig, denn Hatch hat in ihr bereits die Liebesgöttin wiedererkannt.

SONGS New Art Is True Art – One Touch of Venus – How Much I Love You – I'm a Stranger Here Myself – West Wind – Way Out West in Jersey – Foolish Heart – The Trouble with Women – Speak Low – Doctor Crippen – Very, Very, Very – Catch Hatch – That's Him – Wooden Wedding

⊙ Original Broadway-Besetzung
mit Mary Martin und Kenny Baker
Orchester und Chor unter Leitung von Maurice Abravanel
DECCA RECORDS

Melodienfolge
mit Margery Cohen, Judy Lander, Jerry Lanning und Hal Watters
Orchester unter Leitung von Newton Wayland
PARAMOUNT RECORDS
(Berlin to Broadway with Kurt Weill)

FILM Universal (1948)
mit Ava Gardner, Robert Walker und Dick Haymes
Regie: William A. Seiter
Choreographie: Billy Daniels

On the Town
New York, New York

Nach einer Konzeption von Jerome Robbins
und dem Ballett »Fancy Free«
Buch und Gesangstexte von Betty Comden und Adolph Green
Musik von Leonard Bernstein

New York, Adelphi Theatre, 28. Dezember 1944

Produzenten	Oliver Smith und Paul Feigay
Regie	George Abbott
Choreographie	Jerome Robbins

Deutschsprachige Fassung von Rolf Merz und Gerhard Hagen
Kaiserslautern, Pfalztheater, 25. September 1977

Music International Productions, Clifton Park/New York

PERSONEN Gabey, Chip und Ozzie, drei Matrosen – Ivy Smith, Studentin – Hildy, Taxifahrerin – Lucy, ihre Freundin – Claire, Studentin – Pitkin W. Bridgework, ihr Verlobter – Maude Dilly, Gesangslehrerin – Flossie und ihre Freundin – Ein Plakatkleber – Eine alte Dame – Mister S. Uperman, Taxiunternehmer – Professor Waldo Figment, Anthropologe – Diana Dream und Dodo Dolores, Nightclub-Sängerinnen – Bimmy, Schaubudenbesitzer – Hafenarbeiter, Matrosen, Hafenmädchen, Straßenpassanten, U-Bahn-Fahrgäste, Polizisten, Presseleute, ein Designer, Museumsbesucher, Schulmädchen, eine Opernsängerin, ein Schauspieler, Musiker, Bargäste, ein Conférencier, Girls, Kellner, Rummelplatzbesucher, Tänzer und Tänzerinnen
ORT UND ZEIT New York zu Anfang der vierziger Jahre

Gabey, Chip und Ozzie, drei Matrosen der amerikanischen Kriegsmarine, haben vierundzwanzig Stunden Landurlaub und erleben New York. In der U-Bahn sieht Gabey ein Werbeplakat mit dem Porträt von Ivy Smith, der neuen »Miss U-Bahn des Monats«. Dieser Mädchentyp entspricht so stark seinen Wunschvorstellungen, daß er beschließt, Ivy ausfindig zu machen. Seine Freunde finden dieses Vorhaben ebenso aussichtslos wie lächerlich, erklären sich dann aber doch dazu bereit, ihm zu helfen. Sie benutzen die auf dem Plakat angegebenen Hinweise auf Ivys Privatleben dazu, systematisch nach ihr zu suchen. Chip übernimmt die U-Bahn, da Ivy dieses Verkehrsmittel täglich benutzt. Ozzie besucht Museen und Kunstschulen, denn Ivy studiert Malerei. Gabey fährt zur Carnegie-Hall, wo Ivy Gesangs- und Ballettunterricht nimmt. Am Times Square wollen die drei dann später wieder zusammenkommen. Chips und Ozzies Suche ist vergeblich, doch Chip lernt dabei die Taxifahrerin Hildy kennen, und Ozzie freundet sich mit der Studentin Claire an, die ihm in einem Museum begegnet. Gabey hat jedoch Glück und findet Ivy in der Carnegie-Hall. Sie verabreden ein Wiedersehen für den Abend, das durch Ivys Gesangslehrerin Maude Dilly verhindert wird. Um Gabey über seine Enttäuschung hinwegzuhelfen, unternehmen Chip und Ozzie mit ihm und ihren beiden Freundinnen Hildy und Claire einen Bummel durch New Yorks Nachtlokale. Als Gabey und Ivy im Vergnügungspark von Coney Island doch noch zusammentreffen, ist der Urlaub zu Ende, und die Matrosen müssen auf ihr Schiff zurück, nehmen jedoch unvergeßliche Erinnerungen an ihre New Yorker Abenteuer mit an Bord.

SONGS I Feel Like I'm Out of Bed, Yet (Mir ist, als ob ich noch im Bett wär) – New York, New York – Miss Turnstiles (Miss U-Bahn) – Come Up to My Place (Komm mit zu mir, Boy) – Carried Away (Das regt mich auf) – Lonely Town (Einsame Stadt) – Do-Re-Do – I Can Cook, Too (Ich kann kochen) – Lucky to Be Me (Ich bin glücklich, ich zu sein) – So Long, Baby (Bye, Bye, Baby) – I'm Blue (Warum bringst du mich um) – Ya Got Me (Du hast mich) – I Understand (Macht nichts, schon gut) – Some Other Time (Ein andermal) – Bimmy's Harem Show

⊙ Schallplatten-Besetzung
mit John Reardon, Cris Alexander, Adolph Green, Nancy Walker, Betty Comden, George Gaynes und Randel Striboneen
Orchester und Chor unter Leitung des Komponisten
COLUMBIA RECORDS – CBS

Original-Besetzung London, Prince of Wales Theatre (1963)
mit Don McKay, Franklin Kiser, Elliott Gould, Carol Arthur, Gillian Lewis und Meg Walter
Orchester und Chor unter Leitung von Lawrence Leonard
CBS

Melodienfolge
mit Adolph Green, Nancy Walker, Betty Comden und Mary Martin
DECCA RECORDS

FILM MGM (1949)
mit Gene Kelly, Frank Sinatra, Jules Munshin, Vera-Ellen, Betty Garrett und Ann Miller
Regie und Choreographie: Stanley Donen und Gene Kelly

Pajama Game
The Pajama Game

Nach dem Roman »7 ½ Cents« von Richard Bissell
Buch von George Abbott und Richard Bissell
Musik und Gesangstexte von Richard Adler und Jerry Ross

New York, St. James Theatre, 13. Mai 1954

Produzenten	Frederick Brisson, Robert E. Griffith und Harold Prince
Regie	George Abbott und Jerome Robbins
Choreographie	Bob Fosse

Deutschsprachige Fassung unter dem Titel »Herz im Pyjama« von Klaus Günter Neumann und Helmut Zander
Wiesbaden, Hessisches Staatstheater, 3. Dezember 1956

Bühnenverlag Sikorski KG, Hamburg

PERSONEN Myron Hasler, Textilfabrikant – Gladys, Chefsekretärin – Sid Sorokin, Betriebsleiter – Mabel, seine Sekretärin – Vernon Hines, Fertigungsleiter – Prez, Betriebsratsvorsitzender – Babe Williams, Vorsitzende der Schlichtungskommission – Ihr Vater – Mae, Joe, Poopsie und Brenda, Mitglieder des Betriebsrates – Max, Textilvertreter – Arbeiterinnen und Arbeiter, Bargäste und Kellner
ORT UND ZEIT Amerika in unserer Zeit

Sid Sorokin ist der neue Betriebsleiter einer amerikanischen Textilfabrik, die Pyjamas herstellt. Da der ehrgeizige Betriebsleiter auf stärkere Rationalisierung drängt, gerät er mit der Schlichtungskommission der Betriebsgewerkschaftsleitung in Konflikt. Dabei macht Babe Williams, die Vorsitzende der zwischen Arbeitnehmern und Arbeitgeber vermittelnden Schlichtungskommission, auf ihn großen Eindruck. Die amerikanischen Textilarbeiter sollen nach einem neuen Tarifvertrag siebeneinhalb Cents mehr Stundenlohn bekommen. Aber Myron Hasler, der Inhaber der Pyjamafabrik, will sich nicht an diese Regelung halten, und so droht ein Streik. Ein gelungener Betriebsausflug scheint zwar die kritische Situation etwas zu entspannen, aber es kommt dann doch zu einem Bummelstreik. Diese Situation bleibt natürlich nicht ohne Auswirkungen auf das persönliche Verhältnis zwischen der Gewerkschaftsfunktionärin Babe und dem Betriebsleiter Sid. Um den Konflikt beizulegen, überredet Sid die Chefsekretärin Gladys, ihm Zugang zu den Geschäftsbüchern zu verschaffen. Dadurch erfährt er, daß der neue Lohntarif von dem Firmeninhaber in der Preiskalkulation längst berücksichtigt ist, aber den Arbeitnehmern vorenthalten wurde. Sid stellt seinen Chef zur Rede und erreicht die Durchsetzung der Gewerkschaftsforderung. Nach diesem Erfolg gibt Babe dem Betriebsleiter Sid gern ihr Jawort.

SONGS The Pajama Game (Das Pyjama-Spiel) – Racing with the Clock (Wettlauf mit der Uhr) – A New Town Is a Blue Town (Stadt meiner Träume) – I'm Not at All in Love (Nein, ich verlieb mich nicht) – I'll Never Be Jealous Again (Ich vertrau ihr) – Hey, There (Träumst du) – Her Is (Meine Frau) – Sleep-Tite (Hasler-Song) – Once a Year Day (Das gibt's nicht alle Tage) – Small Talk (Sag mir etwas von Liebe) – There Once Was a Man (Es liebte ein Mann) – Steam Heat (Ich hab Sehnsucht) – Think of the Time I Save (Sehn Sie, so spart man Zeit) – Hernando's Hideaway – 7 ½ Cents (Kinder, siebeneinhalb Cents)

Original Broadway-Besetzung
mit John Raitt, Janis Paige, Eddie Foy jr., Carol Haney, Reta Shaw, Stanley Prager, Buzz Miller und Peter Gennaro
Orchester und Chor unter Leitung von Hal Hastings
COLUMBIA RECORDS – CBS

Original-Besetzung London, Coliseum (1955)
mit Edmund Hockridge, Joy Nichols, Max Wall, Elizabeth Seal, Joan Emney und Frank Lawless
Orchester und Chor unter Leitung von Robert Lowe
EMI RECORDS

Original Film-Soundtrack
mit John Raitt, Doris Day, Eddie Foy jr., Carol Haney, Reta Shaw, Kenneth LeRoy, Buzz Miller und Jack Straw
Orchester und Chor unter Leitung von Ray Heindorf
COLUMBIA RECORDS – CBS

FILM Warner Bros. (1957)
Regie: Stanley Donen
Choreographie: Bob Fosse

Das Phantom der Oper
The Phantom of the Opera

Buch von Richard Stilgoe und Andrew Lloyd Webber, zusätzliche Texte von Charles Hart und Richard Stilgoe nach der Romanvorlage von Gaston Leroux
Musik von Andrew Lloyd Webber

London, Her Majesty's Theatre, 9. Oktober 1986

Produzent	Cameron Mackintosh
Regie	Harold Prince
Choreographie	Gillian Lynne

Deutsche Fassung von Michael Kunze
Wien, Theater an der Wien, 20. Dezember 1988 (deutschsprachige Erstaufführung)
Hamburg, Theater Neue Flora, 29. Juni 1990 (deutsche Erstaufführung)

Produzenten	Rolf Deyhle und Friedrich Kurz
Veranstalter	Stella Musical AG

PERSONEN Phantom – Christine Daaé, Tänzerin und Sängerin – Raoul, Vicomte de Chagny, ihr Verehrer und Patron der Oper – Monsieur Firmin und Monsieur André, neue Besitzer der Opéra populaire – Madame Firmin – Carlotta Giudicelli, Diva, Darstellerin der Elissa und der Countess – Madame Giry, Ballettmeisterin – Meg Giry, ihre Tochter, Tänzerin – Monsieur Reyer, Korrepetitor – Ubaldo Piangi, Tenor, Darsteller des Hannibal und des Don Juan – Monsieur Lefèvre, ehemaliger Besitzer der Oper – Joseph Buquet, alter Bühnenarbeiter – Auktionator, zwei Träger, Scharfschütze, Feuerwehrmann
ORT UND ZEIT Das Pariser Opernhaus im Jahr 1861 und 1905

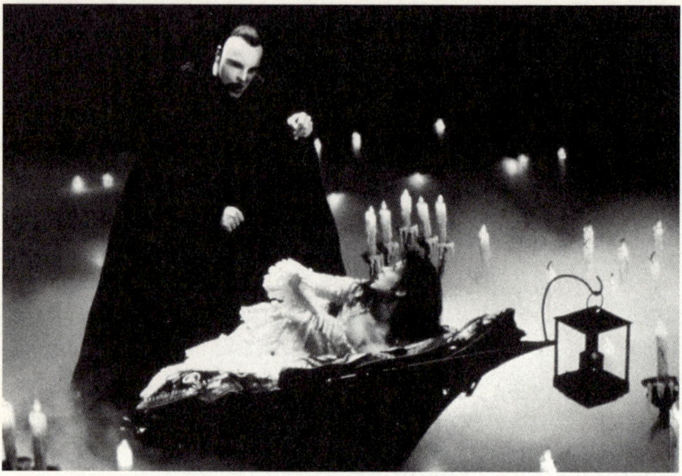

Thomas Schulze und Colby Thomas in »Das Phantom der Oper«
Hamburg, Theater Neue Flora (1990)

Prolog: Während einer Versteigerung alter Bühnenrequisiten im Pariser Opernhaus im Jahr 1905 erwirbt Raoul Vicomte de Chagny das Plakat einer alten Hannibal-Inszenierung, welches ihn an seine Jugendliebe Christine erinnert, die in »Hannibal« die Titelrolle gesungen hat. Raoul möchte zusätzlich weitere Requisiten erwerben, jedoch beginnt ein Kronleuchter während der Auktion plötzlich, bedrohlich zu schwanken, und erinnert an die nie völlig aufgedeckten Ereignisse um das Phantom der Oper, welches einige Zeit zuvor die Oper in Angst versetzte.
Auf der Bühne wird gerade »Hannibal von Chalumeau« geprobt; die Probe wird unterbrochen von Lefèvre, dem scheidenden Operndirektor, der seine beiden Nachfolger vorstellt, Monsieur André und Monsieur Firmin. Carlotta Giudicelli, der Star des Hauses, gibt den neuen Direktoren

zu Ehren ein kleines Ständchen, welches jäh unterbrochen wird, als ein Teil der Bühnendekoration knapp neben ihr zu Boden geht. Alle Anwesenden deuten dies als Zeichen, daß das Phantom wieder zurückgekehrt sei. Madame Giry, die Ballettmeisterin, erscheint nun mit einem Schriftstück des Phantoms, welches sie zu verlesen hat. Das Phantom fordert hierin die Reservierung des Logenplatzes 5 und die monatliche Zahlung einer Summe von 20 000 Francs. Unter diesen Umständen und Gefahren sieht sich Carlotta nicht mehr in der Lage, die Premiere zu singen; dies wird zur Chance für das Ballettmädchen Christine Daaé, die die Rolle der Königin Elissa in der folgenden Aufführung mit großem Erfolg übernimmt. In der Künstlergarderobe gesteht Christine ihrer Freundin Meg, daß sie immer wieder eine geheimnisvolle Stimme höre, die sie für die Stimme eines Engels der Lieder halte, der ihr von ihrem sterbenden Vater vor einiger Zeit vorausgesagt wurde. Der Besucher Raoul de Chagny, der in Christine eine Freundin aus früheren Tagen wiedererkannt hat, lädt sie ein; die Einladung wird jedoch von Christine zurückgewiesen. Kaum hat Raoul die Garderobe verlassen, erscheint Christine das maskierte Phantom im Spiegel; Christine folgt dem Phantom, in dem sie an seiner Stimme den Engel der Lieder erkennt, in sein Reich, die labyrinthartigen Katakombengänge unter dem Opernhaus. Ein unterirdischer See, den sie durchqueren müssen, führt zu der Behausung des Phantoms; dort beschwört das Phantom Christine, künftig nur noch für ihn zu singen. Christine sieht sich überdies in einem Spiegel als Braut ihres Entführers und verliert durch diesen Schreck ihr Bewußtsein. Nach dem Wiedererwachen aus ihrer Ohnmacht gelingt es Christine, dem Phantom die Maske zu entreißen; sie entdeckt sein schauderhaft entstelltes Gesicht. Wütend droht das Phantom, wer sein Gesicht gesehen habe, dürfe nie wieder frei sein, und bringt Christine zurück auf ihre Bühne.

Dort prahlt der alte Bühnenarbeiter Buquet gerade vor den Mädchen der Ballettgruppe von seinen Kenntnissen bezüglich des Phantoms und eines geheimnisvollen Seils.
Die neuen Direktoren freuen sich über das ausverkaufte Haus, welches auch der medienwirksamen Darstellung der Entführung der Sopranistin zu verdanken ist, jedoch schreibt das Phantom erneut einige Briefe, welche die Freude über das florierende Opernhaus dämpfen: Es erklärt, daß Christine nichts zu befürchten habe, so lange Raoul sie nicht wiedersehen will, es fordert seine monatliche Summe von der Direktion und verlangt von Carlotta, künftig alle Hauptrollen an Christine abzutreten. Man entscheidet sich, auf die Briefe und Forderungen des Phantoms nicht einzugehen. Während einer Aufführung von »Il Muto von Albrizzio«, in der Carlotta die Hauptrolle und Christine nur eine kleine Nebenrolle übernommen haben und in der darüber hinaus Raoul die Loge 5 belegt hat, stört das Phantom mit hallender und erschreckender Stimme das gesamte Operngeschehen. Eilig wird die Vorstellung unterbrochen und die Direktoren verkünden ihre Entscheidung, Christine für Carlotta einzusetzen. Die Pause soll mit einer Ballettnummer überbrückt werden, während man plötzlich Buquet, tot an dem Lasso hängend, entdeckt. In der ausbrechenden Verwirrung flüchten Christine und Raoul auf das Dach des Opernhauses; dort gesteht Raoul seine Liebe zu Christine. Anschließend wird das Stück auf der Bühne zu Ende gespielt; dabei kommt es zu einem neuen Unfall: Das Phantom läßt den riesigen Kronleuchter während des Schlußapplauses direkt vor Christine zu Boden stürzen.
Sechs Monate später: Auf einem Maskenball im Opernhaus überreicht das mit einem Totenkopf und einer roten Robe gekleidete Phantom Monsieur André die Partitur seiner Oper »Don Juan« mit der Forderung nach einer Aufführung, in der Christine eine Hauptrolle übernehmen solle.

Das Phantom entreißt Christine noch Raouls Verlobungsring und verschwindet wieder. Madame Giry berichtet nun von einem in einem Wanderzirkus vorgeführten Gelehrten namens Eric, der eines Tages verschwunden war; sie glaubt, daß Eric das Phantom sei.
Man wagt es nicht, das Stück abzulehnen, obwohl es für ein sehr schlechtes Werk gehalten wird; außerdem glauben alle, daß das Phantom leicht zu fangen und zu töten sei, wenn es der Vorstellung seines eigenen Werkes beiwohne. Während der Proben erlaubt sich der Tenor Piangi, die ihm vorliegende Partitur zu korrigieren, um die Qualität des Werkes zu steigern. Als Reyer, der Korrepetitor, im Verlauf der Korrekturen sein Instrument verläßt, spielt das Klavier allein weiter – genau nach den Partiturvorgaben des Phantoms. Alle Darsteller sind schockiert und singen wie Automaten die Vorgaben nach.
Christine sucht Trost am Grab ihres Vaters, als ihr das Phantom entgegentritt. Raoul, der Christine gefolgt ist, rettet sie vor den Angriffen des Phantoms.
Im Opernhaus wird während der Vorbereitungen zur neuen Oper eine Falle für das Phantom vorbereitet: Sobald man es sieht, sollen alle Türen verriegelt und das Unwesen von Scharfschützen erschossen werden, jedoch zeigt es sich zunächst nicht. In der Schlußszene der Oper, einer Liebesszene, in der Christine als Aminta ihren Liebhaber Don Juan, gespielt von Piangi, treffen soll, merkt Christine, daß nicht Piangi, sondern das Phantom selbst die Rolle übernommen hat und ihr gegenübersteht. Nach dem mißlungenen Versuch, dem Phantom erneut die Maske zu entreißen, wird sie wieder von ihm in die Gewölbe der Oper entführt. Nachdem man den Tenor Piangi tot aufgefunden hat, folgt Raoul den beiden in die Katakomben und wird dort vom Phantom mit dem Lasso bedroht. Das Phantom stellt Christine vor die Wahl: Entweder sie entscheidet sich für das

Phantom oder Raoul wird durch das Lasso getötet. Christine küßt daraufhin ohne Zögern das Phantom, welches sich als Eric zu erkennen gibt; überraschend werden beide daraufhin sofort freigelassen. Das demaskierte Phantom entschwindet kurz danach und läßt nur seine Maske zurück.

CB

SONGS Ouvertüre – Hannibal Rehearsal/Hannibal – Think Of Me/Denk an mich – Angel Of Music/Engel der Lieder – The Phantom Of The Opera/Das Phantom der Oper – The Music Of The Night/Die Musik der Nacht – I Remember; Stranger Than You Dreamt It/Die Erinnerung kommt zurück; Schlimmer als ein Alptraum – Notes; Prima Donna/Briefe vom Phantom; Primadonna – Poor Fool, He Makes Me Laugh/Zum Lachen, dieser Narr – Why Have You Brought Me Here; Raoul, I've Been There; All I Ask Of You/Warum so weit hinauf; Raoul, ich sah ihn; Mehr will ich nicht von dir – Masquerade/Maskenball – Notes; Twisted Every Way/Briefe; Hier steh ich allein – Don Juan, Triumphant/Don Juan, der Sieger – Wishing You Were Somehow Here Again/Könntest du doch wieder bei mir sein – Wandering Child; Bravo, Monsieur/Hilfloses Kind; Bravo, Monsieur – The Point Of No Return/Der letzte Schritt – Down Once More; Track Down This Murderer/Nun hinab; Spürt diesen Mörder auf – Finale

Schallplatte der Londoner Produktion
POLYDOR

Aufnahme der deutschen Bühnenfassung Wien
POLYDOR

Aufnahme der deutschen Bühnenfassung Hamburg
POLYDOR

FILM
1. The Phantom of the Opera; Stummfilm, USA 1925, Regie: Rupert Julian und Edward Sedgwick
2. The Phantom of the Opera, USA 1943, Regie: Arthur Lupin
3. El Fantasma de la Opereta, Mexiko 1961, Regie: Fernando Cortes
4. Phantom of the Opera, Großbritannien 1962, Regie: Terence Fisher

5. Phantom of the Paradise, USA 1974, Regie: Brian De Palma
6. Phantom of the Opera; Fernsehfilm, USA 1983, Regie: Robert Markowitz
7. Phantom of the Opera, USA 1989, Regie: Dwight H. Little
8. Das Phantom der Oper; europäische Fernsehproduktion 1990, Regie: Tony Richardson

Pippin

Buch von Roger O. Hirson
Musik und Gesangstexte von Stephen Schwartz

New York, Imperial Theatre, 23.Oktober 1972

Produzent	Stuart Ostrow
Regie und Choreographie	Bob Fosse

Deutschsprachige Fassung von Robert Gilbert
Wien, Theater an der Wien, 10. Februar 1974

Bühnenverlag Theater an der Wien Betriebs-GmbH, Wien

PERSONEN Der Spielleiter – Karl der Große – Pippin und Ludwig, seine Söhne – Fastrada, seine Gemahlin – Bertha, seine Mutter – Katharina, eine reiche Witwe – Theo, ihr kleiner Sohn – Der Fackelträger, der Höfling, der Baron, der Bittsteller, der abgeschlagene Kopf eines Kriegers, der Straßenkehrer, der Bettler, der Schatzkanzler, der Bauer, der Edelmann, der Krieger, der Feldherr, Hofstaat, Krieger, Jünglinge und Mädchen, Revolutionäre, Mönche, Landarbeiter und ein Liebespaar
ORT UND ZEIT Im Reich Karls des Großen zu Ende des 8. Jahrhunderts

Ohne historische Detailtreue dient das Geschehen um Karl den Großen und dessen Sohn Pippin als Gleichnis für die Notwendigkeit und die Gefahren menschlicher Selbstverwirklichung. Ein die Ereignisse kommentierender Spielleiter unterstreicht den gleichnishaften modernen Charakter des Musicals. Pippin erhält eine umfassende Ausbildung und wird mit einem hohen Anspruch an seine Person, seinen Stand und seine Zukunft erzogen. Zunächst benutzt er seine vielseitigen Talente vor allem dazu, sich wirkungsvoll in Szene zu setzen. Er will als Kriegsheld Ruhm erwerben, muß jedoch einsehen, daß er für dieses blutige Handwerk nicht geschaffen ist. Dann sucht er in sexuellen Exzessen nach Erfüllung und Selbstbestätigung, findet aber auch in diesen oberflächlichen Genüssen keine dauerhafte Befriedigung. So wendet er sich der Politik zu und schwärmt für weltverbessernde revolutionäre Ideale. Um seine politischen Vorstellungen verwirklichen zu können, bringt er seinen Vater um und besteigt den Thron. Er verkündet utopische Reformen und trifft weltfremde politische Entscheidungen. Da es ihm an persönlicher Reife und Erfahrung fehlt, ist er trotz bestem Willen auch hier zum Scheitern verurteilt. So gelangt er schließlich zu der Einsicht, daß es sinnvoller ist, den Vatermord rückgängig zu machen und Karl dem Großen Amt und Verantwortung zurückzugeben. Um vieles gereifter, steht er erneut vor der Frage nach dem Sinn seines Lebens, bis er schließlich Katharina und deren kleinem Sohn Theo begegnet und in der Liebe zu diesen beiden Menschen einen neuen Halt findet. Die Bewältigung alltäglicher Aufgaben, die er zuvor verachtet hat, beginnt ihn mit Stolz zu erfüllen, doch sein Drang nach dem Außergewöhnlichen läßt ihn nicht zur Ruhe kommen. So gerät er in Versuchung, gefährlichen Einflüsterungen zu erliegen und als Märtyrer sterben zu wollen, da es ihm nicht vergönnt war, als Kriegsheld, Liebesabenteurer, Revolutionär oder Staatsmann in die Geschichte einzugehen. Er widersteht jedoch diesen Anfechtungen, ringt sich zur Selbstbescheidung durch und findet in seiner Liebe zu Katharina echtes Lebensglück und schlichte Menschlichkeit.

SONGS Magic to Do (Wir sind voller Magie) – Corner of the Sky (Wo ein Stück vom Himmel für mich liegt) – Welcome Home, Son (Sei gegrüßt, Sohn) – War Is a Science (Krieg will gelernt sein) – Glory (Gloria) – Simple Joys (Ein Sommerabend) – No Time at All (Ja, die Zeit muß man leben) – With You (Mit dir) – Spread a Little Sunshine (Ich möchte so gern Sonnenschein verschenken) – Morning Glow (Morgenrot, leuchte uns) – On the Right Track (Dies ist mein Weg) – Kind of Woman (Einfach eine Frau) – Extraordinary (Etwas ganz Besondres) – Love Song (Von Liebe singen) – I Guess I'll Miss the Man (Mir fehlt der Mann)

Original Broadway-Besetzung
mit Ben Vereen, Eric Berry, John Rubinstein, Leland Palmer, Irene Ryan und Jill Clayburgh
Orchester und Chor unter Leitung von Stanley Lebowsky
MOTOWN RECORDS

Prairie-Saloon

Buch von Heinz Wunderlich
Gesangstexte von Kurt Schwabach und Heinz Wunderlich
Musik von Lotar Olias

Hamburg, Junges Theater, 31. Dezember 1958

Edition Esplanade GmbH, Hamburg

PERSONEN Jimmy – Claire – Mrs. Mary Pennywater – Judy, ihre Nichte – Lilli, Chansonsängerin – Doc – Pinky, Barkeeper – George Pearson, Sheriff – Skip – Butch – Shane – Rotbart
ORT UND ZEIT Im Wilden Westen um 1890

Das Musical ist eine Parodie auf die aus unzähligen Romanen und Filmen bekannten Klischees des Western-Milieus, auf schießwütige Revolverhelden, auf den Sheriff und den Doc, auf Saloon-Raufereien, auf Animiermädchen und Spieler.

Die gelähmte Witwe Mary Pennywater leitet vom Rollstuhl aus den Prärie-Saloon in Horse-City. Saloon-Mädchen und die Sängerin Lilli sorgen für die richtige Stimmung und verstehen außerdem auch recht gut, mit dem Colt umzugehen, wenn die Männer im Saloon zuviel getrunken haben und zu übermütig werden.

Ein Revolverheld, ein Killer, den noch keiner so richtig zu Gesicht bekommen hat, versetzt die Stadt in Schrecken. Ebenso plötzlich, wie er auftaucht und tötet, verschwindet er auch immer wieder. Sogar der Sheriff fällt dem Banditen zum Opfer. Da kommen die Geschwister Jimmy und Claire in die Stadt und werden im Saloon als Greenhorns verulkt, bis sich herausstellt, daß die beiden mit allen Wassern gewaschen sind und vorzüglich schießen können. Jimmy entlarvt den Killer, der sich zur allgemeinen Überraschung als Mary Pennywater entpuppt, die den Rollstuhl nur zur Tarnung benutzt hat. Außerdem ist sie auch gar keine Witwe, denn ihr Mann ist der versoffene Doc, den sie einst vom Galgen gerettet hat.

SONGS Reite, Jimmy – Ja, so ein Western – Voller Geheimnisse ist die Prairie – Na, ganz einfach – Pinky aus Charleston – Dann spielt die Dixieband – My Old Virginia – Moritat von den drei Banditen – Ich bin die Mississippi-Lilli – Pistolen-Blues – Keiner von uns ist schlecht – Piff-paff-puff-Tango – Ach, wenn's doch wahr wär – Sonst ist nichts passiert – Und eines Tages war es dann soweit

Schallplatten-Besetzung
mit Hanne Wieder, Heinz Erhard, Ernst Stankovski, Nana Gualdi, Gus Backus und Bruce Low
Orchester und Chor unter Leitung von James Last
POLYDOR

Schallplatten-Besetzung
mit Hanne Wieder, Peter René Körner, Ralf Paulsen und Greetje Kauffeld
Orchester und Chor unter Leitung von Heinz Geese
LOC (Edition Esplanade, Hamburg)

Melodienfolge
mit Hanne Wieder, Heinz Erhard und Fred Fonda
Dixieband unter Leitung von Manfred Uhlemann
Orchester und Chor unter Leitung des Komponisten
LOC (Edition Esplanade, Hamburg)

Raisin

Nach dem Bühnenstück »A Raisin in the Sun«
von Lorraine Hansberry
Buch von Robert Nemiroff und Charlotte Zaltzberg
Gesangstexte von Robert Brittan
Musik von Judd Woldin

New York, 46th Street Theatre, 18. Oktober 1973

Produzent	Robert Nemiroff
Regie und Choreographie	Donald McKayle

Sankt Gallen, Stadttheater, 3. Februar 1979
(Europäische Erstaufführung in der Originalsprache)

Music International Productions, Clifton Park/New York

PERSONEN Mama Lena Younger – Walter Lee, ihr Sohn, Chauffeur – Ruth, seine Frau – Travis, sein Sohn – Beneatha, seine Schwester, Medizinstudentin – Joseph Asagai, afrikanischer Austauschstudent – Willie Harris – Bobo Jones – Ein Bargirl, seine Freundin – Der Pastor und seine Frau – Mrs. Johnson – Karl Lindner, Vertreter des Clybourne-Park-Vereins – Kirchgänger, Nachbarn, Speditionsarbeiter
ORT UND ZEIT Chicago in den fünfziger Jahren

Mama Younger, deren Mann vor kurzem gestorben ist, lebt mit ihren Kindern im Negerviertel der South Side von Chicago. Ihre Tochter Beneatha ist Medizinstudentin. Ihr Sohn Walter Lee arbeitet als Chauffeur bei einem Weißen und wohnt mit seiner Frau Ruth und dem Sohn Travis ebenfalls bei der Mutter. Mit Hilfe der fälligen Lebensversicherung ihres Mannes möchte Mama Younger den asozialen Verhältnissen des Slums entfliehen und in einem Neubauviertel ein Haus kaufen. Dagegen hat Walter Lee den Ehrgeiz, durch den Handel mit Alkohol schnell und auf leichte Weise reich zu werden. Noch vor Auszahlung der Versicherungssumme schließt er mit den undurchsichtigen Geschäftemachern Willie Harris und Bobo Jones einen Teilhabervertrag und trinkt mit ihnen auf den gemeinsamen Erfolg. Als das Geld dann eintrifft, kauft Mama Younger im Clybourne-Park ein Haus. Aufgebracht über dieses Handeln, das seine Zukunftspläne vereitelt, verläßt Walter Lee die Familie. Man sucht verzweifelt nach ihm, und als ihn die Mutter schließlich in einer Bar findet, gibt sie ihm das nach der Anzahlung für das Haus verbliebene Geld. Er kann damit machen, was er will, lediglich dreitausend Dollar soll er für das Studium seiner Schwester Beneatha auf die Bank bringen. Walter Lee wird von seinen Geschäftspartnern betrogen und will den Verlust dadurch ausgleichen, daß er den Hauskauf rückgängig macht. Das würde zugleich die Forderung der weißen Hausbesitzer im Clybourne-Park-Gebiet erfüllen, die keine Schwarzen in dem neuen Wohnviertel dulden wollen. Die ganze Familie Younger ist bestürzt, denn alle haben sich schon auf ihr eigenes Haus gefreut. Da kommt Walter Lee zur Vernunft, bricht die Beziehungen zu dem Alkoholgeschäft ab und besteht auf dem abgeschlossenen Hauskaufvertrag. So zieht man in das neue Haus in der zuversichtlichen Hoffnung auf eine gemeinsame bessere Zukunft.

SONGS Man Say – Whose Little Angry Man – Runnin' to Meet the Man – A Whole Lotta Sunlight – Booze – Alaiyo – African Dance – Sweet Time – You Done Right – He Come Down This Morning – It's a Deal – Sidewalk Tree – Not Anymore – Walter Lee Yuounger and Son – Measure the Valleys

⊙ Original Broadway-Besetzung
mit Virginia Capers, Joe Morton, Ernestine Jackson, Ralph Carter, Deborah Allen, Robert Jackson, Herb Downer, Marenda Perry und Helen Martin
Chor und Orchester unter Leitung von Howard A. Roberts
COLUMBIA RECORDS – CBS

Original-Besetzung St. Gallen, Stadttheater
mit Sandra Phillips, Nate Barnett, Corliss Taylor-Dunn, Anthony Powell, Jamela, Eric Johnson, Stephen Scott, Geoffrey Newman, Winona Abayomi-Cole, Tony Booker, Vanessa Reid und Sandra Bowie
Orchester und Chor unter Leitung von Charles B. Axton
SCHALLPLATTEN-PRODUKTION DES STADTTHEATERS ST. GALLEN

Die Rocky Horror Show
The Rocky Horror Show

Buch, Songtexte und Musik von Richard O'Brien

London, Theatre Upstairs at the Royal Court Theatre, 19. Juni 1973
Produzent Michael White
Regie Jim Sharman

Deutsche Übertragung von Horst Königstein
Essen, Theater der Stadt Essen, 20. Januar 1980
Regie Walter Bockmayer

PERSONEN Erzähler – Janet Weiss – Brad Majors – Frank'n'-furter, Transvestit aus Transsylvanien – Riff-Raff, sein Diener – Magenta/Usherette/Belasco Popcorn Girl und Columbia, Franks Dienerinnen – Rocky Horror – Eddie, Franks früherer Freund – Dr. Everett Scott, Dozent für Naturwissenschaften und Regierungsbeauftragter
ZEIT UND ORT Frankenstein Place bei der englischen Kleinstadt Denton, Anfang der 1950er Jahre

Brad und Janet sind ein frischverlobtes Pärchen. Auf dem Weg zu ihrem alten Professor Dr. Everett Scott haben sie in dunkler Nacht und menschenleerer Umgebung eine Reifenpanne. Die beiden machen sich auf die Suche nach Hilfe und gelangen in das Schloß von Fran'n'furter, dem transsexuellen Außerirdischen aus der Galaxie Transsylvanien.
Der Schloßherr feiert soeben mit seinen Untergebenen die Erschaffung seines Gespielen Rocky, der seinem sexhungrigen Meister in jeder Weise dienen soll. Brad und Janet sind entsetzt und fasziniert von diesem Geschehen, als sie die Einladung zur Übernachtung annehmen. In der Nacht stillt der Schloßherr seine Lust nacheinander an den beiden, und Janet kommt auf den Geschmack und verführt ihrerseits Rocky.
In derselben Nacht erreicht auch Dr. Scott das Schloß auf der Suche nach seinem Neffen Eddie, der vor der Existenz Rockys die Lust Frank'n'furters befriedigte. Beim Essen serviert Frank den ermordeten Eddie als Hauptgericht. Die entsetzten Verlobten und der Professor werden versteinert und erst für Franks private Show wiederbelebt, die in einer Orgie endet.
In den Augen des buckligen Hausdieners Riff-Raff hat Frank'n'furter in seinem extremen Lebensstil versagt. Er übernimmt mit seiner »geliebten Schwester« Magenta das Kommando und tötet Frank und dessen Geschöpf; selbst die unglücklich in den Schloßherrn verliebte Columbia muß sterben, als sie sich schützend vor ihren Meister stellt. Während das gesamte Schloß nun die Heimreise in seine Galaxie antritt, entkommen Brad, Janet und Dr. Scott nur knapp mit dem Leben und bleiben verletzt und verstört auf der Erde zurück.

TF

SONGS Science Fiction – Dammit Janet – Over The Frankenstein Place – The Time Warp – Sweet Transvestite – The Sword Of Damocles – I Can Make You A Man – Hot Patootie/Bless My Soul – Once In A While – Touch-a, Touch-a, Touch Me – Eddie – Planet, Schmanet, Janet – Rose Tint My World/Floor Show – Fanfare/Don't Dream It – Wild And Untamed Thing – I'm Going Home – Super Heroes

Aufnahme der Londoner Produktion 1973
TELDEC

Aufnahme der deutschen Fassung
ARIOLA

Soundtrack des Films
CASTLE COMMUNICATIONS

FILM The Rocky Horror Picture Show, Großbritannien 1975, mit Tim Curry und Susan Sarandon
Regie: Jim Sharman

Die Romanticks
The Fantasticks

Nach dem Bühnenstück »Les Romanesques« von Edmond Rostand
Buch und Gesangstexte von Tom Jones
Musik von Harvey Schmidt

New York, Sullivan Street Playhouse, 3. Mai 1960

Produzenten	Lorenzo Noto, Sheldon Baron und Dorothy Olim
Regie	Word Baker

Deutschsprachige Fassung von Dieter Roser, Michael Harnisch und Gerhard Bronner unter dem Titel »Die Romanticker«
Wien, Neues Theater am Kärntnertor, 1. Dezember 1965

Deutschsprachige Fassung von Friedhelm Lehmann
Heidelberg, Zimmertheater, 30. Dezember 1974

Bühnenverlag Felix Bloch Erben, Berlin

PERSONEN Das Mädchen (Luisa) – Ihr Vater (Bellomy) – Der junge Mann (Matt) – Sein Vater (Hucklebee) – Der Gaukler (El Gallo) – Zwei Schauspieler (Henry und Mortimer) – Der Stumme
ORT UND ZEIT Irgendwann und irgendwo

In der Form einer Parabel zeigt das Musical, daß romantisches Erleben auch heute noch geeignet ist, das Gefühl zu intensivieren, sich zu bewähren und Selbstbestätigung zu finden. Bellomy, der Vater des Mädchens Luisa, und Hucklebee, der Vater des jungen Matt, beschließen, ihre Kinder miteinander zu verheiraten. Um Luisa und Matt, die seit ihren Kindertagen befreundet sind, noch fester aneinander zu binden, greifen die Väter zu einer List. Sie tun so, als ob sie gegen diese Verbindung wären, errichten eine Mauer zwischen den benachbarten Grundstücken und erschweren den Liebenden auf alle nur erdenkliche Weise das Zusammensein. Dadurch werden Luisa und Matt ihre Phantasie herausforderndc Anstrengungen auferlegt, die das Liebesverlangen steigern. Schließlich engagieren sie die Schauspieler Henry und Mortimer und inszenieren eine Entführung Luisas. Matt muß um seine Geliebte kämpfen und sie aus Gefahren retten. Nach glücklich bestandenen Abenteuern werden die beiden ein Paar. Im zweiten Akt wird die gleiche Grundsituation ohne die das Zusammengehörigkeitsgefühl verstärkenden Hindernisse der Väter entwickelt. Als Bellomy und Hucklebee ihre List gestehen, sind die Liebenden desillusioniert und gehen bald gelangweilt auseinander. Matt zieht mit Henry und Mortimer in die Welt, um sein Glück zu suchen und seine unerfüllte Abenteuerlust zu befriedigen. Luisa weiß nicht, was sie ohne Matt mit ihrem Leben anfangen soll, und folgt dem Gaukler El Gallo in ein Labyrinth voller Abenteuer und Versuchungen. So lernen Luisa und Matt die Höhen und Tiefen des Lebens kennen, werden durch Erfahrungen reifer und finden zum Schluß endgültig zueinander.

SONGS Try to Remember (Träum vom September) – Much More (Viel mehr) – Metaphor (Du bist du) – Never Say No (Sag nie nein) – It Depends on What You Pay (Alles ist so gut, wie das, was man dafür springen läßt) – Soon It's Gonna Rain (Schwalben fliegen tief) – Too Ripe (Diese Birne ist zu weich) – I Can See It (Ich bin high) – Plant a Radish (Säe Radieschen) – Round and Round (Alles dreht sich) – They Were You (Neben dir)

Original-Besetzung New York
mit Rita Gardner, Hugh Thomas, Kenneth Nelson, William Larsen und Jerry Orbach
Julian Stein (p.) und Robert Mac Namee (p.)
MGM RECORDS

Saturday Night Fever

Bühnenadaption von Nan Nighton nach dem gleichnamigen Film von Norman Wexler nach einem Buch von Nik Cohn
Musik von Barry, Robin und Maurice Gibb
Arrangements von Phil Edwards

London, London Palladium, 1998

Produktion	Robert Stigwood in Zusammenarbeit mit Paul Nicholas und David Ian
Regie und Choreographie	Arlene Phillips

Köln, Musical Dome, 11. September 1999

Produktion	Michael Brenner und Thomas Krauth in Zusammenarbeit mit Robert Stigwood
Regie	Matthias Davids
Choreographie	Arlene Phillips

PERSONEN Tony Manero – Stephanie Mangano – Annette – Bobby C – Joey – Double J – Gus – Monty – Frank Manero – Flo Manero – Frank Junior – Linda/Patti – Fusco/Jay – Cesar – Chester – Antonio – Lou – Vinnie – Sal – Maria – Connie – Shirley – Doreen – Sophia – Donna – Lola – Gina
ORT UND ZEIT New York 1976

Der neunzehnjährige Tony Manero will seinem tristen Alltag entfliehen: seinem miesen Job in einem Farbenladen und der schlechten Stimmung zuhause, wo der Vater soeben seine Arbeit verloren und der Bruder sein Priesteramt aufgegeben hat. So geht Tony jeden Samstag in die Diskothek »Odyssee 2001« an der Bay Bridge in Brooklyn, wo er sich mit seinen Freunden, den »Faces«, trifft und von den Mädchen anhimmeln läßt. Deren Annäherungsversuche weist er keinesfalls zurück, doch dürfen sie nicht so weit gehen wie Annette, die sich ihm an den Hals wirft. Denn seine Traumfrau ist Stephanie Mangano, eine blendende Schönheit und großartige Tänzerin. Tony ist entschlossen, mit ihr den großen Tanzwettbewerb der Diskothek zu gewinnen.

Beim Tanztraining mit Annette begegnet er Stephanie wieder, nachdem sie ihn in der Diskothek hatte abblitzen lassen. Auch diesmal gibt sie sich widerspenstig, läßt sich jedoch von Tony überreden, mit ihm zu tanzen. Beide werden zu einem perfekten Tanzteam und können im Wettbewerb vor einem puertoricanischen Pärchen siegen, das eindeutig besser gewesen war. Als Tony daraufhin das Preisgeld an das andere Paar abgibt, kommt es zum Streit zwischen ihm und Stephanie.

Tony und seine Freunde vertreiben sich ihre Sorgen mit Alkohol. Auch Bobby C will zur Gang gehören, deren Lebensmittelpunkt die Diskothek ist. Doch seine Freundin Pauline ist schwanger und will, daß Bobby C sie sofort heiratet. Um sich vor allen zu beweisen und endlich dazuzugehören, klettert er auf die Seile der Bay Bridge. Tony versucht, ihn von diesem lebensgefährlichen Unsinn abzubringen, doch er stürzt in den Tod. Die Freunde sind betroffen, und selbst die arrogante Stephanie wird nachdenklich. Als sie den traurigen und desillusionierten Tony am nächsten Morgen wiedertrifft, eröffnet ihr dieser, daß er nach Manhattan ziehen werde. Beide versprechen sich, daß sie von nun an für immer gute Freunde sein werden.

TF

SONGS Stayin' Alive – Boogie Shoes – Disco Inferno – Night Fever – Disco Duck – More Than A Woman – If I Can't Have You – It's My Neighbourhood – You Should Be Dancin' – Jive Talkin' – First And Last – Tragedy – What Kind Of Fool – Open Sesame – Salsation – Immortality – How Deep Is You Love

⊙ Aufnahme der Londoner Produktion 1998
DECCA

Soundtrack des Films
POLYDOR

FILM Saturday Night Fever, USA 1977, mit John Travolta
(Vorlage des Musicals)
Regie: John Badman

Schinderhannes

Nach dem gleichnamigen Schauspiel von Carl Zuckmayer
Buch und Gesangstexte von Klaus Wirbitzky
Musik von Paul Kuhn

Karlsruhe, Badisches Staatstheater, 31. März 1979

Theaterverlag S. Fischer, Frankfurt am Main

PERSONEN Johann Bückler, genannt Schinderhannes, Räuberhauptmann – Kaspar Bückler, sein Vater – Gottverdippelche, dessen Haushälterin / Die Räuberbande des Schinderhannes: Hans Bast Benedum – Iltis Jacob – Seibert – Zughetto – Benzel – Der rote Fink – Petronellenmichel / Blasius Trommelvater, ein fahrender Bänkelsänger – Julchen und Margaret, seine Töchter – Adam, Gendarm – Froschtöter, ein Spitzel – Ein Reisender – Reiche Bauern und Handwerker, französische und preußische Soldaten, ein Moritatensänger und Volk
ORT UND ZEIT Im Hunsrück und in Mainz zu Anfang des 19. Jahrhunderts

Der Räuberhauptmann Schinderhannes ist eine historische Gestalt. Er hieß eigentlich Johann Bückler, stammte aus dem Taunus und wurde am 21. November 1803 in Mainz hingerichtet. Die vom Volke legendär ausgeschmückten Taten seiner Räuberbande waren durch die Zeitsituation der Revolutions- und napoleonischen Eroberungskriege begünstigt. Die Gebiete am linken Ufer des Mittelrheins waren von Frankreich besetzt, während auf der anderen Seite des Stroms eine deutsche Gegenarmee aufgestellt wurde.
Die Bande des Schinderhannes macht das linksrheinische Waldgebirge des Hunsrücks unsicher. Die Reichen zittern vor dem Räuber, für das Volk aber ist Schinderhannes ein Held, denn er sorgt gewaltsam für soziale Gerechtigkeit und hilft den Armen. Obwohl die Räuberbande den gegen sie eingesetzten französischen Truppen ernsthaft zu schaffen macht, wird sie schließlich von der militärischen Übermacht zersprengt. Schinderhannes, für dessen Ergreifen ein Kopfgeld von fünftausend Gulden ausgesetzt wird, flieht über den Rhein und läßt sich von den Preußen anwerben. Mit seinem geliebten Julchen, der Tochter des Bänkelsängers Blasius Trommelvater, die ihm einen Sohn geboren hat, will er ein neues Leben beginnen. Er wird jedoch von den Räubern Benzel und dem roten Fink verraten, festgenommen und an die Franzosen ausgeliefert. Es kommt zum Prozeß, und Schinderhannes endet mit neunzehn seiner Bandenmitglieder auf dem Schafott.

SONGS Drei schwarze Kreuze – Wir fürchten nicht das Blutgericht – Das ist der Schinderhannes – Ich bin als Protz geboren – Wer mit mir tanzen will – Ich hab ihn gesehn – Mitternacht am Dollbach – Aus deiner Hand will ich lesen – Lauft, was ihr laufen könnt – Niemand gehört's Haus – Wer wird es sein – Fünftausend Gulden – Seit dem ersten Atemzug – Bis hier bin ich gegangen – Soldaten müssen marschieren – Mein Herz schlägt wie ein Stein – In Preußen stehn die Chancen gut – Moritat

Die Schöne und das Biest
Disney's Beauty and the Beast

Buch von Linda Woolverton nach der gleichnamigen Walt-Disney-Zeichentrickfilmversion auf der Grundlage des französischen Märchens »La Belle et la Bête«
Gesangstexte von Howard Ashman und Tim Rice
Musik von Alan Menken

Houston/Texas, Theatre Under The Stars, 1993

Produktion	Walt Disney Productions
Regie	Robert Jess Roth
Choreographie	Matt West

Deutsche Fassung von Lutz Riedel
Wien, Raimundtheater, 28. September 1995 (deutschsprachige Erstaufführung)

Regie	Robert Jess Roth
Choreographie	Matt West

Stuttgart, Musical-Theater, 5. Dezember 1997 (deutsche Erstaufführung)

PERSONEN Zauberin – Junger Prinz – Das Biest – Belle, junges Mädchen – Maurice, ihr Vater – Buchverkäufer – Gaston, junger Mann – Lefou, sein Diener – Drei Mädchen – Cogsworth, Standuhr – Lumière, Leuchter – Babette, Besen – Mrs. Potts, Teekanne – Chip, Teetasse – Chips Sohn – Madame de la Grande Bouche, Kleiderschrank – Salz und Pfeffer – Türmatte – Käsereiber – Monsieur D'Arque, Direktor der Irrenanstalt – Dorfbewohner, Kneipenbesucher, Zauberwesen, eine Stimme
ORT UND ZEIT Unbestimmter Ort und unbestimmte Zeit des Märchens

In der Einleitung beginnt eine Erzählerstimme im Märchenton zu berichten: »Es war einmal ein junger, eitler Prinz in einem wunderschönen Schloß. In einer kalten Winternacht kam eine alte Bettlerin und klopfte an das Tor; sie bot dem Prinz eine Rose, wenn er ihr Schutz vor der bitteren Kälte gewähre. Von ihrem Aussehen abgestoßen, lachte der Prinz sie aus und schickte sie fort. Die Alte warnte ihn, er solle nicht zu sehr auf die äußere Erscheinung achten, sondern innere Schönheit suchen. Der Prinz wies sie jedoch erneut ab. Daraufhin verwandelte sich die alte Frau in eine wunderschöne Zauberin, den Prinzen in eine abscheuliche Bestie und die übrigen Schloßbewohner in verschiedene Möbel, Küchengeräte und andere Haushaltsgegenstände. Die Zauberin hinterließ dem Biest nur einen Spiegel als Fenster zur Außenwelt und eine Rose, deren letztes Blatt nicht gefallen sein dürfe, bevor der verzauberte Prinz die Liebe eines Menschen gewinnen könnte, sonst würde der Zauber sich nicht lösen und er ewig ein Biest bleiben.«
In einem französischen Dorf lebt das von den Bewohnern als hübsches, dennoch aber eigenartiges Wesen empfundene Mädchen Belle. Sie befindet sich auf dem Weg in die Buchhandlung, als Gaston, ein vorlauter junger Mann des Dorfes, ihr eröffnet, daß er sie heiraten wolle. Das Mädchen hält Gaston jedoch für einen unausstehlichen und eingebildeten Menschen; ihr Vater Maurice, der selbst als ein leicht eigenartiger Erfinder skurriler Dinge gilt, rät ihr, sich nicht um das Gerede der Bewohner zu kümmern.
Der Vater ist im Begriff, mit einer seiner Erfindungen zu einer Messe abzureisen, um dort einen Preis zu gewinnen. Während der Abwesenheit des Vaters bedrängt Gaston Belle, sie möge ihn nun heiraten. Belle möchte jedoch weder Gaston zum Mann noch möchte sie länger im Dorf leben.
Maurice verirrt sich im Wald und wird von wilden Wölfen gejagt; er kann ihnen nur durch die Flucht in ein nahegele-

genes Schloß – das Schloß des zum Biest verzauberten Prinzen – entkommen. Das Pferd des Vaters kommt allein nach Hause zurück und weist Belle den Weg zu dem Ort, an dem sich der Vater aufhält. Im Schloß bietet sich Belle dem Biest als Gefangene im Austausch gegen ihren Vater an; das Biest geht auf den Vorschlag ein. Belle darf sich im Schloß frei bewegen, nur der Zugang zum Westflügel bleibt ihr verwehrt. Die im Schloß wohnenden, zu Gegenständen verzauberten Bewohner schließen bald Freundschaft mit ihr.

Im Dorfgasthaus gibt sich Gaston empört, daß Belle ihn nicht heiraten will; die übrigen Kneipenbesucher versuchen, ihn aufzumuntern. Dem Vater Maurice, der sich auch in dem Gasthaus einfindet und vom Biest und seinen Erlebnissen berichtet, glaubt man kein Wort und wirft ihn aus der Kneipe. Gaston kommt bei allen Ereignissen und deren Schilderungen die Idee, wie er Belle doch noch gewinnen könne.

Das Biest ist empört, daß Belle nicht mit ihm essen mag und sich seinen Befehlen widersetzt, da das Mädchen seine Chance ist, sich von der Verzauberung zu befreien; es beschließt, Belle nichts mehr zu essen zu geben, während die verzauberten Gegenstände Belle heimlich ein Festmahl in der Küche bereiten.

Belles Neugier führt sie eines Tages in den verbotenen Westflügel; dort entdeckt sie in einem dunklen Raum unter einer Glasglocke die Rose. Das Biest ertappt sie dabei voller Wut und Belle flieht aus dem Schloß, woraufhin das Biest seinen Fehler erkennt und seine Tat bereut.

Auf der Flucht durch den Wald wird das Mädchen von Wölfen angefallen. Im Moment größter Not eilt das Biest herbei und rettet Belle vor den Wölfen; es verletzt sich dabei schwer und beide schleppen sich zum Schloß zurück. Das Mädchen pflegt nun das verletzte Biest gesund; dabei beginnen das Biest und Belle, sich zu mögen. Die verzauber-

ten Gegenstände sehen die Entwicklung mit Freude, da nur auf dem Wege der Liebe zwischen dem Biest und Belle der Zauber wieder gebrochen werden kann und sie selbst zu normalen Wesen werden können.
Im Dorf bestechen Gaston und Lefou den Leiter einer Irrenanstalt, Monsieur D'Arque, daß er Belles Vater Maurice mitnimmt. Gaston meint, daß Belle einer Hochzeit mit ihm zustimmen würde, wenn er eine Entlassung des Vaters aus der Irrenanstalt erwirkt.
Belle und das Biest haben ihre gegenseitige Zuneigung entdeckt und das Biest gewährt Belle einen Blick in den Zauberspiegel. Dort entdeckt Belle ihren Vater in seiner qualvollen Lage; das Biest erlaubt ihr, den Vater aufzusuchen und den Spiegel mitzunehmen. Belle erreicht das Dorf und überzeugt die Dorfbewohner davon, daß ihr Vater keineswegs verrückt ist und zeigt mit Hilfe des Spiegels, daß das Biest wirklich existiert. Angesichts des Biestes stachelt nun Gaston die Dorfbewohner an, zum Schloß zu eilen, um das Biest zu töten. Am Schloß angelangt, werden alle aufgebrachten Bewohner von den verzauberten Gegenständen in die Flucht geschlagen; nur Gaston erreicht die Zinnen des Schlosses und geht auf das Biest los. Im letzten Augenblick rettet Belle das Biest, indem sie ausruft, daß sie das Biest liebe.
Mit einem Schlag ist der Zauber gebrochen, alle Gegenstände werden wieder zu Menschen zurückverwandelt und vor Belle steht der junge Prinz.

CB

SONGS Ouvertüre – Prologue/Prolog: Die Verzauberung – Belle – No Matter What/Was auch geschieht – Me/Ich – Home/Zuhaus – Gaston – How Long Must This Go On/Wie lange noch soll das gehen – Be Our Guest/Sei hier Gast – If I Can't Love Her/Wie kann ich sie lieben – Something There/Wer hätt's gedacht – Human Again/Mensch wieder sein – Maison des Lunes – Beauty And The Beast/Die Schöne und das Biest – The Mob Song/Tod dem Biest – The Battle/Der Kampf – Transformation/Verwandlung – Finale

Aufnahme der amerikanischen Bühnenfassung
DISNEY

Aufnahme der deutschen Bühnenfassung
POLYDOR

Soundtrack des Films (Original und deutsche Fassung)
DISNEY

FILM

1. Beauty and the Beast; Zeichentrickfilm, USA 1991, Walt Disney Company, deutscher Titel: Die Schöne und das Biest (Vorlage des Musicals)
2. La Belle et la Bête, Frankreich 1946, Regie: Jean Cocteau, deutscher Titel: Es war einmal
3. Beauty and the Beast, USA 1962, Regie: Edward L. Kahn, deutscher Titel: Die Schönheit und das Ungeheuer
4. Beauty and the Beast; Fernsehproduktion, USA 1976, Regie: Fielder Cook

Schwere Jungen, leichte Mädchen
Guys and Dolls

Nach der Erzählung »The Idyll of Miss Sarah Brown«
von Damon Runyan
Buch von Jo Swerling und Abe Burrows
Gesangstexte und Musik von Frank Loesser

New York, 46th Street Theatre, 24. November 1950

Produzenten	Cy Feuer und Ernest Martin
Regie	George S. Kaufman
Choreographie	Michael Kidd

Deutschsprachige Fassung von Janne Furch
Bremen, Theater der Freien Hansestadt, 26. Mai 1969

Bühnenverlag Felix Bloch Erben, Berlin

PERSONEN Sky Masterson – Sarah Brown, Hauptmann der Heilsarmee – Nathan Detroit – Adelaide, Nachtklubsängerin – Big Jule, Prima Prima Johnson, Einbahnstraßen-Benny, Rusty Charlie, Gustav, das Pferd und andere Spieler – Polizeileutnant Brunnigan – Mathilda B. Cartwright, General der Heilsarmee – Ambrosius Abernathy, Calvin, Agathe, Martha und andere Mitglieder der Heilsarmee – Mimi und andere Show-Girls, ein Conférencier, Kellner, Lokalgäste, Animiermädchen, Polizisten und Broadway-Passanten
ORT UND ZEIT New York und Havanna in den fünfziger Jahren

Der Spieler Nathan Detroit wird von der Polizei ebenso argwöhnisch beobachtet wie Sky Masterson und viele andere Ganoven der New Yorker Unterwelt. Nathan ist seit vierzehn Jahren mit der Nachtklubsängerin Adelaide verlobt, drückt sich aber immer wieder davor, sie zu heiraten, denn er liebt seine Freiheit und ist außerdem ständig in Geldschwierigkeiten. So fehlen ihm gerade tausend Dollar, die er dringend braucht, um das von einem Garagenbesitzer geforderte Bestechungsgeld bezahlen und an einem unverfänglichen Treffpunkt mit seinen Kumpanen ungestört dem verbotenen Glücksspiel nachgehen zu können. Deshalb versucht er, den wegen seiner Wettleidenschaft bekannten Sky Masterson hereinzulegen und ihn zu einer Wette um tausend Dollar zu provozieren. Nathan ist überzeugt, daß es Sky nicht gelingen wird, das fromme Heilsarmeemädchen Sarah Brown zu überreden, ihn auf seiner geplanten Reise nach Havanna zu begleiten. Siegessicher geht Sky auf die Wette ein. Er verspricht Sarah, ihr ein Dutzend reumütige Sünder zuzuführen, wenn sie dafür einmal mit ihm essen geht. Sie sagt zu, obwohl sich das von ihm vorgeschlagene Speiselokal in Havanna befindet. Auf dieser Kuba-Reise verlieben sich die beiden ineinander. Um Sarahs guten Ruf zu wahren, gibt Sky vor, die Wette verloren zu haben. Durch Glück im Würfelspiel löst er dann sein Sarah gegebenes Versprechen ein, indem er die Verlierer dazu zwingt, als reuige Sünder an einer Andacht der Heilsarmee teilzunehmen. Zum Schluß gibt es zwei glückliche Paare. Sky heiratet Sarah, und Nathan entschließt sich endlich zu einer Ehe mit Adelaide.

SONGS Fugue for Tinhorns (Ganoven-Fuge) – Follow the Fold (Folget dem Lamm) – The Oldest Established (Spielen in New York) – I'll Know (Ich weiß) – Adelaide's Lament (So'n Fräulein ist sehr häufig verschnupft) – Guys and Dolls – If I Were a Bell (Ding, dong, ding, dong, ding) – My Time of Day (Die Nacht ist mein Tag) – I've Never Been in Love Before (Ich hab bis heut noch nie geliebt) – Take Back Your Mink (Nimm deinen Nerz) – More I Cannot Wish You (Was kann ich dir wünschen) – Luck Be a Lady (Glück sei 'ne Lady) – Sue Me (Verklag mich) – Sit Down, You're Rockin' the Boat (Gib acht, sonst kentert das Boot) – Marry the Man Today (Schlepp ihn zum Traualtar)

Original Broadway-Besetzung
mit Robert Alda, Isabel Bigley, Sam Levene, Vivian Blaine, Stubby Kaye, Johnny Silver, Douglas Deane und Pat Rooney sen.
Orchester und Chor unter Leitung von Irving Actman
DECCA RECORDS

Melodienfolge
mit Gordon Boyd, Adele Leigh und Joyce Blair
ARIOLA-EURODISC / EMI RECORDS – WRC

Original Broadway-Negerbesetzung (1976)
mit James Randolph, Ernestine Jackson, Robert Guillaume und Norma Donaldson
MOTOWN RECORDS

FILM Samuel Goldwyn/MGM (1955)
mit Marlon Brando, Jean Simmons, Frank Sinatra, Vivian Blaine, Robert Keith, Stubby Kaye, B. S. Pully, Johnny Silver, Sheldon Leonard, Dan Dayton, George E. Stone, Regis Toomey, Kathryn Givney, Veda Ann Borg und Mary Alan Hokanson
Regie: Joseph L. Mankiewicz
Choreographie: Michael Kidd

Seidenstrümpfe
Silk Stockings

Nach der Komödie »Ninotschka« von Melchior Lengyel
und dem gleichnamigen Ernst-Lubitsch-Film mit Greta Garbo
Buch von George S. Kaufman, Leueen MacGrath und Abe Burrows
Musik und Gesangstexte von Cole Porter

New York, Imperial Theatre, 24. Februar 1955

Produzenten	Cy Feuer und Ernest Martin
Regie	George S. Kaufman

Deutschsprachige Fassung von Wilfried Steiner
Linz, Landestheater, 5. Oktober 1974

Deutschsprachige Fassung von Johanna von Koczian
Kassel, Hessisches Staatstheater, 5. Oktober 1975

Verlag Josef Weinberger, Wien

PERSONEN Leutnant Nina Joschenko, genannt Ninotschka, sowjetische Kommissarin – Steve Canfield, amerikanischer Filmproduzent – Janice Dayton, amerikanischer Filmstar – Peter Iljitsch Boroff, sowjetischer Komponist – Bibinski, Iwanow und Brankow, sowjetische Kommissare – Wassili Markowitsch, Kommissar für Kunst und Kultur in Moskau – Pierre Bouchard, Zimmerkellner – Monsieur Fabour, Inhaber eines Pariser Modesalons – Ein Angestellter der sowjetischen Botschaft in Paris – Hotelgäste, Hotelpersonal, sowjetische Miliz, Mannequins, amerikanisches Filmteam, Freunde und Nachbarn in Ninotschkas Moskauer Wohngemeinschaft, Musiker, Tänzerinnen und Tänzer
ORT UND ZEIT Paris und Moskau zu Anfang der dreißiger Jahre

Cyd Charisse und Fred Astaire in dem Film »Silk Stockings« (1957)

Ninotschka ist eine hübsche, aber völlig der Partei-Ideologie ergebene sowjetische Funktionärin, die den Auftrag erhält, den berühmten russischen Komponisten Peter Iljitsch Boroff, der nach einer Konzertreise in Paris geblieben ist, nach Moskau zurückzuholen. Vor ihr hatte man bereits die Genossen Bibinski, Iwanow und Brankow in der gleichen Mission nach Paris geschickt, die jedoch ebenfalls ihre Rückkehr immer wieder verzögern und offensichtlich der kapitalistischen Lebensweise erlegen sind. Der amerikanische Filmproduzent Steve Canfield hat inzwischen den Komponisten Boroff dafür gewonnen, die Musik zu seinem nächsten Film zu schreiben. Während sich Janice Dayton, die Hauptdarstellerin des neuen Films, dem Komponisten widmet, um von ihm gute Songs zu erhalten und seine Heimkehr in die Sowjetunion zu verhindern, flirtet der Produzent Steve Canfield mit Ninotschka. Doch die doktrinäre russische Revolutionärin begegnet seinem Charme mit kühler Sachlichkeit. Für sie ist Liebe lediglich eine chemische Reaktion und Flirt nur Zeitverschwendung. Obwohl die Hartnäckigkeit ihres Verehrers und die lebensfrohe Atmosphäre der Weltstadt Paris aus der nüchternen Funktionärin eine glückliche Frau machen, mahnt Ninotschka den Komponisten und die drei Genossen an ihre patriotische Pflicht und fährt mit ihnen in die Heimat zurück. Steve, der sich ernstlich in Ninotschka verliebt hat, setzt nun alles in Bewegung, um sie wiederzusehen, aber seine Briefe bleiben unbeantwortet, und die sowjetische Botschaft verweigert ihm die Einreisegenehmigung. Als Kenner der Pariser Verhältnisse sollen dann die Genossen Bibinski, Iwanow und Brankow ein sowjetisches Kultur- und Propagandazentrum in der französischen Hauptstadt einrichten. Stattdessen eröffnen die drei mit Steve in Paris ein echt russisches Lokal. Auf Umwegen gelangt auch Boroff erneut nach Paris und trifft Janice Dayton wieder. Mit einer List gelingt es Steve, daß schließlich auch Ninotschka im staatlichen Auftrag nach Paris kommt, und so finden die Liebenden für immer zusammen.

SONGS Too Bad (Zu dumm) – Paris Loves Lovers (Paris liebt die Liebe) – Stereophonic Sound* – It's a Chemical Reaction, That's All (Eine chemische Reaktion, sonst nichts) – All of You (Ich mag den Charme von dir) – Satin and Silk (Seide und Samt*) – Without Love (Was ist nur geschehen) – Hail Bibinski (Hoch Bibinski) – As on Through the Seasons We Sail (Wir schweben auf Wolken dahin*) – Joséphine – Siberia (Treffen wir uns in Sibirien) – Silk Stockings* – Red Blues

* Deutsche Songtexte von Rolf Merz und Gerhard Hagen

⊙ Original Broadway-Besetzung
mit Hildegard Knef, Don Ameche, Gretchen Wyler, Leon Belasco, Henry Lascoe, David Opatochu und The Russians
Orchester und Chor unter Leitung von Herbert Greene
RCA RECORDS

Original Film-Soundtrack
mit Fred Astaire, Cyd Charisse/Carol Richards, Janis Paige, Peter Lorre, Jules Munshin, Joseph Buloff und The Russians
Orchester unter Leitung von André Previn und Johnny Green
MGM RECORDS

FILM MGM (1957)
Regie: Rouben Mamoulian
Choreographie: Hermes Pan und Eugene Loring

Show Boat

Nach dem gleichnamigen Roman von Edna Ferber
Buch und Gesangstexte von Oscar Hammerstein II
Musik von Jerome Kern

New York, Ziegfeld Theatre, 27. Dezember 1927

Produzent	Florenz Ziegfeld
Regie	Zeke Colvan in Zusammenarbeit mit Oscar Hammerstein II und Jerome Kern
Choreographie	Sammy Lee

Deutschsprachige Fassung von Janne Furch
Freiburg im Breisgau, Städtische Bühnen, 31. Oktober 1970

Verlag Josef Weinberger, Wien

Deutschsprachige Fassung von Marcel Prawy
Wien, Volksoper, 1. März 1971

Deutsprachige Fassung von Klaus Eidam
Plauen, Stadttheater, 26. März 1972

PERSONEN Kapitän Andy – Parthy, seine Frau – Magnolia, beider Tochter – Gaylord Ravenal – Julia, eine Mulattin – Steve, ihr Mann – Ellie – Frank – Joe, Heizer – Queenie, Köchin – Windy, Steuermann – Pete, Maschinist – Rubberface – Der Sheriff – Zwei Bärenjäger – Jim, Besitzer des »Trocadero« – Jack, Pianist – Baumwoll- und Hafenarbeiter, Frauen und Mädchen, Besucher der Weltausstellung von 1893 in Chicago, Schausteller, ein Hotelportier, Gäste und Personal des »Trocadero«
ORT UND ZEIT In der Hafenstadt Natchez am Mississippi, auf dem Theaterschiff »Cotton Blossom« und in Chicago zwischen 1890 und 1927

Das Show-Boat »Cotton Blossom« ist eines der Theaterschiffe, die im neunzehnten Jahrhundert auf dem Mississippi und seinen zahlreichen Nebenflüssen von Anlegeplatz zu Anlegeplatz fuhren und für die hart arbeitenden Bewohner der Städte, Dörfer und Plantagen oft die einzige Abwechslung und Unterhaltung bedeuteten. Das Repertoire der Theaterschiffe war sehr volkstümlich und bestand vorwiegend aus Schauspiel-, Gesangs- und Tanzdarbietungen.
Die »Cotton Blossom« legt eines Tages in der kleinen Hafenstadt Natchez an und wird von der Bevölkerung mit Begeisterung begrüßt. Kapitän Andy stellt den Schaulustigen die Mitglieder seiner Theatertruppe vor und lädt zur Abendvorstellung ein. Star der Truppe ist die Mulattin Julia, die mit einem Weißen, dem Schauspieler Steve Baker, verheiratet ist. Da Steve gegen den seiner Frau nachstellenden Schiffsmaschinisten Pete handgreiflich geworden war, zeigt Pete die im Staate Mississippi verbotene Mischehe an. Durch eine List können Steve und Julia zwar der Verhaftung entgehen, müssen aber flüchten. Um trotzdem weiterspielen zu können, übernimmt Magnolia, die Tochter von Kapitän Andy und dessen resoluter Ehefrau Parthy, die Rollen von Julia, obwohl Parthy eigentlich dagegen ist, daß ihr Kind Schauspielerin wird. Als Magnolias Partner bietet sich Gaylord Ravenal an, ein Abenteurer und Glücksspieler, der Schwierigkeiten mit der Polizei hat und deshalb diese Chance nutzt, aus der Gegend zu verschwinden. Die beiden verlieben sich ineinander und heiraten bald darauf. Einige Jahre später verlassen sie das Show-Boat und gehen nach Chicago. Dort verfällt Ravenal wieder dem Glücksspiel, und da er damit seine Frau und die kleine Tochter Kim nicht ernähren kann, trennt er sich von ihnen. In ihrer Verzweiflung wendet sich Magnolia an Ellie und Frank, die einst auch auf der »Cotton Blossom« gearbeitet haben und nun im modernen Show-Business Karriere machen. Sie schlagen Magno-

lia vor, sich ebenfalls in dem Nachtlokal »Trocadero« zu bewerben, wo außer ihnen auch die Mulattin Julia auftritt, die inzwischen von ihrem weißen Mann verlassen wurde und Zuflucht im Alkohol sucht. Als Julia erfährt, daß Magnolia dringend eine Anstellung braucht, gibt sie heimlich ihr Engagement auf, um Magnolia ihren Platz zu überlassen.
Nach langen Jahren treffen dann Magnolia und Ravenal, der die Trennung bereut und endgültig von seiner Spielleidenschaft geheilt ist, auf der »Cotton Blossom« wieder zusammen.

SONGS Cotton Blossom (Baumwollblüte) – Where's the Mate for Me (Weiß nicht, wohin mich das Glück führt) – Make Believe (Mach die Augen zu und träume) – Ol' Man River (Mississippi) – Can't Help Lovin' Dat Man (Lieb ihn, weil ich ihn lieben muß) – Misery Song / Text von Janne Furch (Wer ist elend wie wir) – Life Upon the Wicked Stage (Geh nicht zum Theater) – Queenie's Ballyhoo (Hey, Queenie zieht 'ne Show ab) – I Might Fall Back on You – Till Good Luck Comes My Way – You Are Love (Bleib bei mir) – The Wedding (Die Hochzeit) – At the Chicago World's Fair (Weltausstellung in Chicago) – Why Do I Love You (Schön ist jeder Tag) – In Dahomey – Bill / Text von Pelham Grenville Wodehouse und Oscar Hammerstein II – After the Ball / Musik und Text von Charles K. Harris (Nie blühn die roten Rosen so wie im letzten Jahr) – Good-bye, Ma Lady Love / Musik und Text von Joseph E. Howard (Baby, du bist mein Fall) – Hey, Feller – Dance Away the Night
Die Songs »Ah Still Suits Me« und »I Have the Room above Her« schrieb Jerome Kern für die Film-Version von 1936, den Song »Nobody Else But Me« für die Broadway-Produktion von 1946.

Original-Besetzung London, Drury Lane Theatre (1928)
mit Edith Day, Howett Worster, Marie Burke
und Paul Robeson
Orchester und Chor unter Leitung von Herman Finck
EMI RECORDS – WRC

Original Broadway-Besetzung, Casino Theatre (1932)
mit Helen Morgan und Paul Robeson
Orchester und Chor unter Leitung von Victor Young
COLUMBIA RECORDS – CBS

Original Radio Broadcast (1940)
mit Irene Dunne, Allan Jones und Charles Winninger
SUNBEAM RECORDS

Original Broadway-Besetzung, Ziegfeld Theatre (1946)
mit Jan Clayton, Charles Fredericks, Carol Bruce, Kenneth Spencer, Helen Dowdy und Colette Lyons
Orchester und Chor unter Leitung von Edwin McArthur
COLUMBIA RECORDS – CBS

Original-Besetzung New York, Lincoln Center (1966)
mit Barbara Cook, Stephen Douglass, Constance Towers, William Warfield, Rosetta Le Noire, Allyn Ann McLerie und Eddie Phillips
Orchester und Chor unter Leitung von Franz Allers
RCA RECORDS

Original-Besetzung London, Adelphi-Theatre (1971)
Musikalische Gesamtaufnahme
mit Lorna Dallas, André Jobin, Cleo Laine, Thomas Carey, Ena Cabayo, Jan Hunt und Kenneth Nelson
Orchester und Chor unter Leitung von Ray Cook
STANYAN RECORDS / EMI RECORDS

Schallplatten-Besetzung
mit Barbara Cook, John Raitt, William Warfield, Anita Darian, Fay De Witt und Louise Parker
Orchester und Chor unter Leitung von Franz Allers
COLUMBIA RECORDS – CBS

Schallplatten-Besetzung
mit Marlys Watters, Don McKay, Shirley Bassey, Inia Te Wiata, Isabelle Lucas, Dora Bryan und Geoffrey Webb
Orchester und Chor unter Leitung von Michael Collins
STANYAN RECORDS / EMI RECORDS

Melodienfolge
mit Patrice Munsel, Robert Merrill, Risë Stevens, Katherine Graves, Janet Pavek und Kevin Scott
Orchester und Chor unter Leitung von Lehman Engel
RCA RECORDS

Melodienfolge
mit Anne Jeffreys, Howard Keel und Gogi Grant
Orchester unter Leitung von Henri René
RCA RECORDS

Melodienfolge
mit Nana Mouskouri, Gerhard Wendland und Owen Williams
Orchester und Chor unter Leitung von Franz Allers
PHONOGRAM – Philips

Melodienfolge
mit Lorna Dallas, Peter Minich, Marianne Mendt und William Ray
Orchester und Chor unter Leitung von Heinz Gietz
EMI Electrola

Original Film-Soundtrack
mit Kathryn Grayson, Howard Keel, Ava Gardner, William Warfield, Marge und Gower Champion
Orchester unter Leitung von Adolph Deutsch
MGM RECORDS

FILM Universal (1929)
Mit Laura La Plante, Joseph Schildkraut, Alma Rubens, Stepin Fetchitt und Otis Harlan
Regie: Harry Pollard

Universal (1936)
mit Irene Dunne, Allan Jones, Helen Morgan, Paul Robeson und Charles Winninger
Regie: James Whale

MGM (1951)
Regie: George Sidney
Choreographie: Robert Alton

Sorbas
Zorbá

Nach dem Roman »Alexis Sorbas« von Nikos Kazantzakis
Buch von Joseph Stein
Gesangstexte von Fred Ebb
Musik von John Kander

New York, Imperial Theatre, 17. November 1968

Produzenten	Harold Prince und Ruth Mitchell
Regie	Harold Prince
Choreographie	Ronald Field

Deutschsprachige Fassung von Robert Gilbert und Gerhard Bronner
Wien, Theater an der Wien, 28. Januar 1971

Bühnenverlag Theater an der Wien Betriebs-GmbH, Wien

PERSONEN Alexis Sorbas – Nikos Kazantzakis – Madame Hortense, eine französische Chansonette, genannt Bubulina – Surmelina, eine junge Witwe – Mawrandonis, Bürgermeister – Pawlis, sein Sohn – Manolakos, dessen Vetter – Zacharias, ein Pope – Eine Bauchtänzerin – Ein Kellner – Ein Polizist – Kretische Männer und Frauen – Die Erzählerin – Sänger, Sängerinnen, Tänzer, Tänzerinnen und Bouzouki-Spieler
ORT UND ZEIT In Piräus und auf Kreta um 1920

Der junge Universitätsdozent und Schriftsteller Nikos hat ein stillgelegtes Bergwerk auf Kreta geerbt. Auf dem Wege dorthin trifft er in einem Café am Hafen von Piräus den alten Sorbas, einen urwüchsigen Griechen aus Makedonien, der seine Frau und seine Kinder verlassen hat, um sich dem Abenteuer des Lebens hinzugeben. Der junge Intellektuelle ist von der Kraft und dem Witz des Alten so fasziniert, daß er sofort zusagt, als ihm dieser seine Dienste anbietet. Sie reisen gemeinsam nach Kreta und quartieren sich bei der einstigen französischen Chansonette Madame Hortense ein, die auf diese Insel verschlagen wurde und nur noch in den Erinnerungen an ihre bewegte Vergangenheit lebt. Sorbas macht der lebenshungrigen Madame Hortense sofort den Hof. Um das für die Instandsetzung des Bergwerks nötige Material zu beschaffen, fährt Sorbas in die Hauptstadt Kandia und verjubelt dort das ihm von Nikos anvertraute Geld mit einer Bauchtänzerin. Um Madame Hortense, die sich in Sorbas verliebt hat, zu trösten, wird sie von Nikos in dem Glauben bestärkt, daß Sorbas sie nach seiner Rückkehr heiraten wird. Inzwischen hat sich Nikos in die junge Witwe Surmelina verliebt, die auch von Pawlis, dem Sohn des Bürgermeisters Mawrandonis, begehrt wird. Als Pawlis entdeckt, daß Nikos in der Dämmerung heimlich in das Haus der Witwe schleicht, ertränkt er sich aus Eifersucht im Meer. Mawrandonis schwört, den Tod seines Sohnes zu rächen und verwehrt der Witwe, die zur Ostermesse gehen will, den Eintritt in die Kirche. Die Dorfbewohner fordern ihren Tod. Vergeblich versuchen Nikos und Sorbas, das Schlimmste zu verhüten. Während Sorbas und Manolakos, der Vetter von Pawlis, miteinander kämpfen, ersticht Mawrandonis die Witwe. Als dann das alte Bergwerk bei einer Sprengung einstürzt und Madame Hortense nach einer schweren Erkrankung stirbt, faßt Nikos den Entschluß, Kreta wieder zu verlassen. Die Insel hat ihm zwar kein Glück gebracht, aber er

Yossi Yadin und Luise Ullrich in »Sorbas«
Wien, Theater an der Wien (1971)

hat durch Sorbas gelernt, daß zum Leben nicht nur Wissen, sondern auch spontane Daseinsfreude gehört.

SONGS Life Is (Leben) – The First Time (Jedesmal ist das erste Mal) – The Top of the Hill (Auf dem Berg steht ein Haus) – No Boom Boom (Kein Bum-Bum) – Vive la difference – The Butterfly (Der Schmetterling) – Goodbye, Canavaro (Adieu, Canavaro) – Grandpapa (Großpapa) – Only Love (Nur Liebe zählt) – The Bend of the Road (Geh die Straße entlang) – Y'assou (Bubulina) – Why Can't I Speak (Was macht mich stumm) – The Crow (Die Krähen) – Happy Birthday (Gratuliere zum Geburtstag) – I Am Free (Ich bin frei)

Original Broadway-Besetzung
mit Herschel Bernardi, John Cunningham, Maria Karnilova, Carmen Alvarez und Lorraine Serabian
Orchester und Chor unter Leitung von Harold Hastings
CAPITOL RECORDS

Original-Besetzung Wien, Theater an der Wien
mit Yossi Yadin, Peter Fröhlich, Luise Ullrich, Olivia Molina, Dagmar Koller, Jörg Maria Berg, Klaus Gerboth, Peter Göller, Alexandru Grozav, Rudolf Wasserlof und Heinz Zuber
Orchester und Chor unter Leitung von Johannes Fehring
PREISER RECORDS

The Sound of Music

Nach den Memoiren »The Story of the Trapp Family Singers«
von Maria Augusta Trapp
und dem Wolfgang-Liebeneiner-Film »Die Trapp-Familie«
Buch von Howard Lindsay und Russel Crouse
Gesangstexte von Oscar Hammerstein II
Musik von Richard Rodgers

New York, Lunt-Fontanne Theatre, 16. November 1959
Produzenten Laland Hayward, Richard Halliday,
Richard Rodgers und Oscar Hammerstein II
Regie Vincent J. Donehue

Deutschsprachige Fassung von Ute Horstmann und Eberhard Storch unter dem Titel »The Sound of Music (Die Trapp-Familie)«
Hildesheim, Stadttheater, 9. März 1982

Bühnenverlag Felix Bloch Erben, Berlin

PERSONEN Maria Rainer, Postulantin des Salzburger Nonnbergklosters – Die Äbtissin – Schwester Margarethe, Schwester Bertha, Schwester Sophie und andere Nonnen, Novizinnen und Postulantinnen – Baron Georg Trapp, ehemaliger österreichischer U-Boot-Kapitän – Liesel, Friedrich, Louise, Kurt, Brigitte, Martha und Gretel, seine Kinder aus erster Ehe – Baronesse Else Schrader, seine Verlobte – Max Dettweiler – Rolf Gruber – Frau Schmidt, Haushälterin – Franz, Hausdiener – Ursula – Herr Zeller – Baron Elberfeld – Admiral von Schreiber – Nachbarn und Chorsänger
ORT UND ZEIT Salzburg und Umgebung zu Beginn des Jahres 1938

Maria, die junge Postulantin des Salzburger Nonnbergklosters, wird von ihrer Äbtissin mit der Erziehung der sieben Kinder des verwitweten Barons Trapp betraut, da sie für das Klosterleben noch nicht reif genug ist. Baron Trapp ist ein ehemaliger U-Boot-Kapitän des Ersten Weltkriegs, der seine Kinder nach militärischem Reglement zu Ordnung und Disziplin erzieht. Maria, der diese Erziehungsmethoden fremd sind, gewinnt die Herzen der Kinder durch ihre Güte und Natürlichkeit. Sie singt, spielt und scherzt mit ihnen, und bald kann sich auch Baron Trapp dem besonderen Reiz Marias nicht mehr entziehen, und seine Verlobung mit der Baronesse Schrader geht aus politischen Gründen auseinander. Maria beichtet der Äbtissin, daß sie den Baron liebt, und erhält von ihr den Rat, sich den Forderungen ihres neuen Lebens nicht zu entziehen und den Kindern eine gute Mutter zu sein. Maria und der Baron werden im Nonnbergkloster getraut. Als sie von ihrer Hochzeitsreise zurückkehren, hat Max Dettweiler, ein alter Freund der Familie Trapp, die Teilnahme der Kinder an einem großen Salzburger Sängerwettstreit arrangiert, aus dem sie dann als Sieger hervorgehen. Inzwischen sind Hitlers Truppen in Österreich einmarschiert, und die Nazis versuchen, den ehemaligen österreichischen U-Boot-Kapitän für ihre Zwecke zu gewinnen. Da Baron Trapp zu keinen politischen Kompromissen bereit ist, gerät er in Schwierigkeiten. So beschließt Maria, mit ihm und den Kindern Österreich zu verlassen und in Amerika ein neues Leben zu beginnen.

SONGS Dixit Dominus – Morning Hymn (Rex admirabilis) – Alleluia (Halleluja) – The Sound of Music (Das Lied der Berge) – Maria – My Favourite Things (Meine kleinen Schwächen) – Do-Re-Mi (C-D-E) – Sixteen Going on Seventeen (Du bist sechzehn) – The Lonely Goatherd (Der junge Geißhirt) – How Can Love Survive (Lebt die Liebe noch) – So Long, Farewell (Bis dann, lebt wohl) – Climb Ev'ry Mountain (Die höchsten Berge steige hinauf) – No Way to Stop It (Und kein Mensch kann es ändern) – An Ordinary Couple (Ein Paar wie jedes andre) – Gaudeamus omnes in Domino – Confitemini Domino – Edelweiss (Edelweiß)

Original Broadway-Besetzung
mit Mary Martin, Theodore Bikel, Marion Marlowe, Kurt Kasznar, Brian Davies, Patricia Neway, Muriel O'Malley, Elizabeth Howell, Karen Shepard, Lauri Peters, William Snowden, Kathy Dunn, Joseph Stewart, Marilyn Rogers, Mary Susan Locke und Evanna Lien
Orchester und Chor unter Leitung von Frederick Dvonch
COLUMBIA RECORDS – CBS

Original-Besetzung London, Palace Theatre (1961)
mit Jean Bayless, Roger Dann, Eunice Gayson, Harold Kasket, Barbara Brown, Nicholas Bennett und Constance Shacklock
Orchester und Chor unter Leitung von Robert Lowe
EMI RECORDS

Original Film-Soundtrack
mit Julie Andrews, Christopher Plummer, Peggy Wood, Dan Truhitte, Charmian Carr, Nicholas Hammond, Heather Menzies, Duane Chase, Angela Cartwright, Debbie Turner und Kym Karath
Orchester und Chor unter Leitung von Irwin Kostal
RCA RECORDS

FILM 20th Century Fox (1965)
Regie: Robert Wise
Choreographie: Marc Breaux und Dee Dee Wood

South Pacific

Nach den Erzählungen »Our Heroine« und »Fo' Dolla« aus der Sammlung »Tales of the South Pacific« von James Albert Michener
Buch von Oscar Hammerstein II und Joshua Logan
Gesangstexte von Oscar Hammerstein II
Musik von Richard Rodgers

New York, Majestic Theatre, 7. April 1949

Produzenten	Richard Rodgers und Oscar Hammerstein II mit Leland Hayward und Joshua Logan
Regie	Joshua Logan

PERSONEN Emile de Becque, französischer Pflanzer – Nellie Forbush, Krankenschwester – Leutnant Joe Cable – Bloody Mary, eine Eingeborene – Liat, ihre Tochter – Offiziere und Soldaten der amerikanischen Marine, Seeleute und Inselbewohner
ORT UND ZEIT Auf zwei Inseln im südlichen Pazifik während des Zweiten Weltkriegs

Der auf einer Insel im südlichen Pazifik stationierte amerikanische Marineleutnant Joe Cable liebt das Eingeborenenmädchen Liat. Ihre Mutter Bloody Mary will Liat unter allen Umständen mit Joe verheiraten, doch dieser ist zu einer Ehe mit einer Eingeborenen nicht bereit. Da erhält er den Auftrag, auf einer Nachbarinsel eine Beobachtungsstation einzurichten, mit deren Hilfe der bevorstehende Angriff der Japaner rechtzeitig gemeldet werden kann. Zur Erfüllung dieses Auftrags überredet er den ortskundigen französischen Pflanzer Emile de Becque, ihm dabei zu helfen. Emile ist in die amerikanische Krankenschwester Nellie Forbush verliebt und lehnt deshalb zunächst ab, an dem gefährlichen Unternehmen teilzunehmen. Da Nellie aber seinen Heiratsantrag ausschlägt, weil er farbige Kinder aus einer Ehe mit einer Eingeborenen hat, beteiligt er sich an der militärischen Operation. Die Beobachtungsstation wird eingerichtet, und Emile gibt bald darauf die Meldung über den beginnenden Angriff der Japaner durch. Zugleich signalisiert er, daß Joe an einer schweren Verwundung gestorben ist. Dann bricht die Verbindung ab. Auch Emile scheint dem Angriff der Japaner zum Opfer gefallen zu sein. Nun nimmt sich Nellie, die ihr Handeln bereut, seiner verwaisten Kinder an. Doch Emile lebt. Nach tagelangen Strapazen im Dschungel kann er sich retten, und so finden Nellie und Emile doch noch zueinander.

SONGS Dites-moi – A Cockeyed Optimist – Twin Soliloquies (Wonder How I'd Feel) – Some Enchanted Evening – Bloody Mary – There Is Nothin' Like a Dame – Bali Ha'i – I'm Gonna Wash That Man Right Outa My Hair – I'm in Love with a Wonderful Guy – Younger than Springtime – This Is How It Feels – Happy Talk – Honey Bun – Carefully Taught – This Nearly Was Mine

Original Broadway-Besetzung
mit Ezio Pinza, Mary Martin, William Tabbert und Juanita Hall
Orchester und Chor unter Leitung von Salvatore Dell'Isola
COLUMBIA RECORDS – CBS

Melodienfolge
mit Frank Sinatra, Sammy Davis jr., Bing Crosby, Dinah Shore, Jo Stafford, Keely Smith, Debbie Reynolds und Rosemary Clooney
Orchester und Chor unter Leitung von Morris Stoloff
REPRISE

Melodienfolge
(Deutsche Songtexte von Willy Dehmel)
mit Rex Gildo und Gitte
Orchester und Chor unter Leitung von Wolfram Röhrig
EMI Electrola

Original Film-Soundtrack
mit Rossano Brazzi/Giorgio Tozzi, Mitzi Gaynor, John Kerr/Bill Lee und Juanita Hall/Muriel Smith
Orchester und Chor unter Leitung von Alfred Newman
RCA RECORDS

FILM 20th Century Fox (1958)
Regie: Joshua Logan
Choreographie: Le Roy Prinz

Space Dream

Buch von Harry Schärer unter Mitwirkung von Peter Schwinger als Koautor (Songtexte)
Musik von Harry Schärer

Baden bei Zürich, 15. April 1994, anläßlich einer Gewerbeausstellung, danach im eigenen Veranstaltungsort Baden bei Zürich, ab 1. März 1995
Regie Harry Schärer

Berlin, Flughafen Tempelhof, Hangar II, 27. Februar 1997
Produktion Art Performance Music
Regie Burkhard Jahn
Choreographie Mark Wuest

PERSONEN Reachel – Rodin – Roboto – Macchina – Solara – Sira – Ruven – Aquilon – Lumino – Kai – 2WD
ORT UND ZEIT Ein unbestimmter Ort in der Gegenwart und fiktive Reiche im Weltall

Die junge Frau Reachel wird von ihrem Freund verlassen; zwischen Trauer und Wut versucht sie ohne Erfolg, ihn zu halten.
Kurze Zeit später will Reachel sich an dieses Ärgernis nicht mehr erinnern und ihrer Trauer entfliehen; sie studiert den »Rendezvous-Markt« ihrer Zeitung und entdeckt ein Inserat, welches ihr Interesse weckt. Noch bevor sie dem dort Inserierenden, einem jungen Mann, mit einem Brief antworten kann, verfällt sie wie verzaubert in einen tiefen Schlaf und beginnt zu träumen.
Im Traum erscheint Lumino, ihre Schicksalsfigur, der sie auf den geheimnisvollen Planeten Hexxor entführt. Dort wohnen zwei Stämme, die Cruhls und die Tetons, in Feindschaft, ohne einander jedoch zu bekriegen; beide Völker sind durch eine verbotene Zone voneinander getrennt. Sira, die Tocher des Teton-Königs Aquilon, wagt sich dennoch in die verbotene Zone, wird dort aber von Rodin, dem Sohn des Königs Ruven, erwischt. Trotz des anstehenden Space-Rennens zwischen beiden Völkern, welches über Prestige und Schmach entscheidet, läßt Rodin Sira frei.
Die Sonnengöttin Solara öffnet für die Zeit des Rennens die verbotene Zone und alle Beteiligten sind auf den Sieg eingestellt – bis auf Roboto, der sehr in die Blechfrau Macchina aus der gegnerischen Mannschaft verliebt ist.
Im Verlauf aller dieser Geschehnisse hat Rodin noch eine Panne mit seinem Raumschiff. Er sieht sich gezwungen, auf der Erde notzulanden, und wählt als Landeplatz Reachels Garten. Rodin stellt Reachel seine Mannschaft vor, repariert das Schiff und lädt Reachel vor dem Weiterflug auf einen Besuch auf Hexxor ein.
Während das Rennen zwischen den beiden Völkern in vollem Gange ist, hat Sira eine Vision: Ein riesiger Meteor rast mit hoher Geschwindigkeit auf Hexxor zu und droht, großes Unheil anzurichten. Sira informiert die Könige beider

Völker, welche das Rennen sofort unterbrechen; alle beschließen, den Meteor gemeinsam zu bekämpfen.
Roboto und Macchina wollen den Meteor vernichten, indem sie mit ihrem eigenen Raumschiff eine Kollision mit dem Meteor planen. Beide werden von ihren Mannschaften betrübt verabschiedet; die Aufgabe ist ein Himmelfahrtskommando, von dem sie nicht zurückkehren werden.
Nachdem der Meteor vernichtet und die Bedrohung beseitigt ist, wird auf Hexxor ausgelassen gefeiert; nur Reachel hat keinen Anlaß zur Feier, da sie in Rodin verliebt ist, der sie aber zurück auf die Erde schickt. Dennoch kann auch Rodin Reachel nicht vergessen.
Reachel erwacht nun aus ihrem Traum, noch völlig verwirrt durch die Ereignisse auf Hexxor, da taucht plötzlich Rodin vor ihr auf.
Was ist nun Traum, wo ist die Realität?
Ehe sie sich zur Beantwortung dieser Frage sammeln kann, nimmt Rodin sie an der Hand und führt sie in den Traum zurück, den sie gemeinsam träumen. Zurück in Hexxor feiern und lachen sie mit allen Wesen beider Völker, die nun auch das Ende der Streitigkeiten und Vorurteile feiern und einer friedfertigen Zukunft entgegensehen. Zur Freude aller kehren nun auch Roboto und Macchina unbeschadet von ihrer Mission zurück.

CB

SONGS Overture – My Dream – Lumino – Hexxor People – Solara – Pole Position – Take Off – Champ And Challenger – Robotic Love – Dreamdance – Look To The Stars – Lunatic World – The Prophecy – Pyromaniac – Tin Heroes – From The Darkness – Space Dream – Dreams Are Not Real – Find Your Way – Finale Part I, II – Poetry In Space

Aufnahme der Schweizer Produktion
EDEL

Starlight Express

Songtexte von Richard Stilgoe
Musik von Andrew Lloyd Webber

London, Apollo Victoria Theatre, 27. März 1984

Produktion	Really Useful Theatre Company Ltd.
Regie	Trevor Nunn
Choreographie	Arlene Phillips

Deutsche Textfassung von Sabine Grohmann
Bochum, Starlight Express Theater, 12. Juni 1988

Produzent	Rolf Deyhle
Regie	Dion McHugh
Choreographie	Arlene Phillips
Veranstalter	Stella Musical AG

PERSONEN als Eisenbahnloks und Wagen: Greaseball, Diesellok – Rusty, alte Dampflok – Electra, Elektro-Lok – Ashley, Raucherwagen – Buffy, Buffetwagen – C. B., Bremswagen – Rocky I–III, drei Güterwagen – Flat Top, Plattformwagen – Dustin, Schwergutwagen – Poppa, alte Dampflok – Belle, Schlafwagen – Tank, Kesselwagen – Dinah, Speisewagen – Weltschaft (auch: Ruhrgold), deutsche Lok – Espresso, italienische Lok – Hashamoto, japanische Lok – Turnov, russische Lok – Bobo, französische Lok – Pearl, neuer Waggon – weitere Schlafwagen, Krupp, Wrench, Joule, Volta, Purse, Loob, Gook, Starlight Express
ORT UND ZEIT Ein Eisenbahn-Phantasieland der Gegenwart

Ein Junge, von seiner Mutter ermahnt, seine Spielzeugeisenbahn endlich aus der Hand zu legen und schlafen zu gehen, träumt sein Spiel weiter: Es ist eine Meisterschaft der internationalen Lokomotiven angesagt; daher melden sich die in einen Bahnhof einfahrenden Züge zur Teilnahme an. Alle Loks müssen als Begleiter einen Anhänger haben. Im Traum erhalten die Eisenbahnzüge menschliche Eigenschaften: Greaseball, der Titelverteidiger, beginnt, mit seinen Fähigkeiten zu prahlen, während die verrostete alte Lok Rusty sich das Rennen nicht zutraut und gegen Electra, eine hypertechnisierte Lok, keine Chance sieht.
Die Loks suchen nun ihre Anhänger, Partner, um die sie in charakteristischer Weise werben: Greaseball erhält Dinah, Pearl, eigentlich Rustys Freundin, wird von Electra geworben, und anstelle von Rusty, der als veraltete Dampflok seinen Kräften nicht vertraut, tritt in letzter Minute Poppa mit dem schwergewichtigen Dustin als Partner zum Rennen an. Zu den Teilnehmern kommen weitere Kandidaten wie der charmante Bobo aus Frankreich, der pünktliche deutsche Weltschaft (Ruhrgold), der temperamentvolle Espresso aus Italien, der strenge Hashamoto aus Japan sowie der russische Turnov. Alle finden ihre Begleiter und gehen an den Start.
Im Verlauf des ersten Rennens, das Greaseball gegen Espresso und Hashamoto gewinnt, bremst C. B. in unfairer Weise und behindert die Teilnehmer. Die Vorentscheidung wird von Poppa noch bewältigt, im Endlauf jedoch fehlt ihm die wesentliche Kraft. Er versucht, Rusty davon zu überzeugen, sich am Start zu melden; Starlight Express, der unsichtbare, stets aber anwesende Zug, soll helfen.
Rusty entdeckt schließlich den Starlight Express im letzten Rennen und glaubt an die ihm vermittelten Fähigkeiten; die Kraft zum Gewinn eines solchen Rennens kommt nicht aus High-Tech-Maschinen oder purer Muskelkraft, sondern aus

Ernest Marchain in »Starlight Express«
Bochum, Starlight Express Theater (1988)

dem Glauben an sich selbst und das eigene Können. Die alte Dampflok gewinnt zum Schluß gegen Diesel und Technik, und sie gewinnt auch Pearl zurück, die nun begreift, daß ihrem Partner Rusty ihre eigentliche Zuneigung gehört.

CB

SONGS Ouvertüre – Rolling Stock – Engine Of Love/Liebesexpreß – Call Me Rusty/Rustys Demütigung – A Lotta Locomotion/Ne Lok mit Locomotion – Pumping Iron – Freight/Fracht – AC/DC – Hitching And Switching/Pearl, welche Ehre – Make Up Ma Heart/Hilf mir verstehn – Race-Heat One/Das 1. Rennen – There's Me/Dein Freund – Poppa's Blues/Papas Blues – Race-Heat Two/Das 2. Rennen – The Sleeping Car/Bummellok – Starlight Express – The Rap/Parade – U.N.C.O.U.P.L.E.D./G.E.K.U.P.P.E.L.T. – Girls' Rolling Stock – C. B./Mein Spiel – Race-Heat Three/Das 3. Rennen – Right Place, Right Time/Nicht der rechte Zeitpunkt, nicht der rechte Ort – I Am The Starlight/Starlight Sequenz – Race-Downhill Finale/Rusty and Dustin – No Comeback/Dinahs Trennung – One Rock'n Roll Too Many/Ein Rock'n Roll zuviel – Only You/Du allein – Light At The End Of The Tunnel/Ein Licht ganz am Ende des Tunnels

Schallplatte der Londoner Produktion
POLYDOR

Live-Album der deutschen Bühnenproduktion
STELLA, POLYDOR

Studioaufnahme der New Yorker Fassung
MCA

Studioaufnahme der deutschen Fassung
CBS

Sunset Boulevard

Buch und Gesangstexte von Don Black und Christopher Hampton unter Verwendung des Filmdrehbuchs »Sunset Boulevard« von Billy Wilder
Musik von Andrew Lloyd Webber

London, Adelphi Theatre, 12. Juli 1993

Produktion	The Really Useful Theatre Company
Regie	Trevor Nunn
Choreographie	Bob Avian

Deutsche Fassung von Michael Kunze
Niedernhausen, Rhein-Main-Theater, 8. Dezember 1995

PERSONEN Norma Desmond, Stummfilmstar – Joe Gillis, Drehbuchautor – Max von Mayerling, Normas Butler, ihr erster Regisseur und erster Ehemann – Sheldrake, Filmboss – Betty Schaefer, Redakteurin – Cecil B. DeMille, Produzent und Regisseur – Heather, DeMilles Assistentin – Artie Green, Regieassistent und Joe Gillis' Freund – Ein Schriftsteller – Jonesy, Wächter – Ein junger Wächter – Zwei Schuldeneintreiber – Myron, Regisseur – Manfred, Kurzwarenhändler – Sieben Angestellte des Kurzwarenhändlers – Richard A., Richard T., Cliff, John, Adam, Sany, Lisa, Katherine, Mark, Anita und Dann, junge Künstler – Polizeidirektor – Victor Mattere, Filmstar – Heidi Lamas, Filmstar – Drei Harem-Girls – Choreograph – Morino, Agent von Joe – Hog Eye, Beleuchter – Joanna, Schriftstellerin – Astrologin, Ärztin, Psychiaterin, zwei Masseurinnen, drei Kosmetikerinnen
ORT UND ZEIT 1950 in Hollywood, im großzügigen, aber verfallenen Haus der Stummfilmdiva Norma Desmond am Sunset Boulevard, in den Studios der Paramount-Film und an verschiedenen Schauplätzen um Hollywood

Im Garten einer Villa treibt eine männliche Leiche im Swimmingpool; ein Erzähler, Joe Gillis, der im weiteren Verlauf seinen eigenen Tod mit der Darstellung der folgenden Geschichte erläutert, tritt auf und beginnt, jene Begebenheiten zu schildern, die ein halbes Jahr zuvor stattfanden: In den Paramount-Studios sitzt Joe Gillis mit anderen Künstlern; alle warten auf die Chance eines Engagements oder anderer Arbeit, als zwei Schuldeneintreiber Joe dort aufspüren, um die noch offenstehenden 300 Dollar für sein Auto einzutreiben.

Die Suche nach Arbeit wird noch dringlicher: Joe fragt seinen Agenten Morino, der ihn jedoch ebenso abweist wie der Produzent Sheldrake, dessen Redakteurin Betty mit Joe romantische Gefühle verbinden.

Joe gelingt schließlich die Flucht vor den Schuldeneintreibern; er flieht mit seinem Auto und versteckt es nach einer Reifenpanne in der Garage einer alten Villa. Der Butler Max von Mayerling bringt Joe zur Besitzerin des Anwesens, in der Joe die Stummfilmdiva Norma Desmond erkennt. Norma, die gerade den Tod ihres Hausschimpansen beklagt, will Joe zunächst hinauswerfen, entscheidet sich jedoch bald, Joe für die Arbeit am Drehbuch zu »Salome« einzusetzen, welches ihr ein spektakuläres Comeback mit Hilfe der Paramount und des Regisseurs Cecil B. DeMille sichern soll. Joe erklärt sich mit der Überarbeitung des von Norma verfaßten Buchs einverstanden, da Norma verspricht, ihm zu helfen und er darüber hinaus das Leben in der Villa, am Pool und den Luxus des Reichtums genießt.

Ein Besuch in Schwabs Drugstore, in dem sich Joe mit Betty Schaefer und anderen Filmkünstlern trifft, um die Überarbeitung eines alten Buchs »Blind Windows« von Betty zu besprechen, wird ihm von Norma über den Butler Max zum Vorwurf gemacht; Joe fügt sich unwillig in sein Dasein und arbeitet weiter an der zweiten Karriere Normas.

Das Drehbuch, welches Normas Comeback sichern soll, ist mittlerweile fertiggestellt; Max liefert es bei Paramount ab und erfährt dort, daß die Filmgesellschaft an dem Buch und an Norma absolut nicht interessiert ist, sondern lediglich an Normas altem Luxuswagen, der in einem Film als Requisit geplant ist. Joe will sich von Norma nach Fertigstellung des Buchs verabschieden, was Norma jedoch verhindert, indem sie ihn zu einer eigenen Silvesterparty einlädt, obwohl er bei Betty und Artie, einem gemeinsamen Freund, feiern wollte.
Joe bemerkt auf der Silvesterparty, bei der er der einzige Gast bleibt, und durch die Geschenke, die Norma ihm überreicht, wie sehr er sich in ihre Abhängigkeit begeben hat; er flieht zu seinen Freunden, bei denen er vom Butler Max erfährt, daß Norma sich umbringen wollte. Daraufhin eilt er zurück und wird von Norma erneut aufgenommen.
Norma informiert Betty von ihrem Zusammenleben mit Joe, die daraufhin zu Norma fährt, um sich selbst davon zu überzeugen, daß ihr Geliebter Joe sich von der alternden Schauspielerin aushalten läßt. Es kommt dabei zu einem heftigen Streit zwischen Norma und Joe, der ihr eröffnet, daß es keine Chance für eine neue Karriere gibt, da ihr Film nie gedreht werden sollte und daß er sie nun endgültig verlassen will.
In ihrer Verzweiflung erschießt sie Joe und wird schließlich – völlig ihrer Traumwelt ergeben – in ihrem Salome-Kostüm als Mörderin abgeführt.

CB

SONGS Ouvertüre – I Guess It Was 5 A.M. – Let's Have Lunch – Every Movie's A Circus/Dann bis bald – Car Chase – Surrender/Aufzugeben – With One Look/Nur ein Blick – The Greatest Star Of All/Kein Star wird jemals größer sein – Girl Meets Boy/Sie trifft ihn – Back At The House On Sunset – New Ways To Dream/Träume aus Licht – Completion Of The Script – The Lady's Paying/Die Rechnung zahlt die Dame – New Year's Eve – The Perfect Year/Ein gutes Jahr –

This Time Next Year/Nur noch ein Jahr – Sunset Boulevard – Journey To Paramount – As If We Never Said Goodbye/Als hätten wir niemals Goodbye gesagt – Eternal Youth Is A Worth A Little Suffering/Wer ewig jung sein will, muß eben leiden – Poor Norma – Too Much In Love To Care/Viel zu sehr – The Phone Call – Final Scene

Aufnahme der Londoner Produktion 1993 mit Patti LuPone als Norma Desmond
POLYDOR

Aufnahme der amerikanischen Produktion 1994 mit Glenn Close als Norma Desmond
POLYDOR

CD der deutschen Produktion 1996
POLYDOR

FILM Sunset Boulevard, USA 1949, deutscher Titel: Boulevard der Dämmerung (Vorlage des Musicals)
Regie: Billy Wilder

Sweet Charity

Nach dem Federico-Fellini-Film »Le Notti di Cabiria«
Buch von Neil Simon
Gesangstexte von Dorothy Fields
Musik von Cy Coleman

New York, Palace Theatre, 29. Januar 1966

Produzenten	Robert Fryer, Lawrence Carr, Sylvia und Joseph Harris
Regie und Choreographie	Bob Fosse

Deutschsprachige Fassung von Marianne Schubart und Karl Vibach
Wiesbaden, Hessisches Staatstheater, 7. Februar 1970

Deutschsprachige Fassung von Marianne Schubart und Thomas Woitkewitsch
Hamburg, Thalia-Theater, 15. November 1975

Bühnenverlag Sikorski KG, Hamburg

PERSONEN Charity Hope Valentine, Nickie, Helene und andere Animiermädchen der Fandango-Bar – Charly, genannt Sonnenbrille, ein Ganove – Vittorio Vidal, italienischer Filmstar – Ursula, seine Freundin – Manfred, sein Butler – Oscar Lindquist, Buchhalter – Hermann, Geschäftsführer der Fandango-Bar – Barney, Besitzer eines mexikanischen Restaurants – Daddy Brubeck, Sektenführer – Straßenpassanten, Polizisten, ein Pförtner, eine Angestellte und Besucher der Volkshochschule, Sektenmitglieder, Lokalgäste, Kellner, Tänzerinnen und Tänzer
ORT UND ZEIT New York in unserer Zeit

Charity Hope Valentine ist ein Animiermädchen in einem New Yorker Nachtlokal. Trotz schlimmer Erfahrungen, die bei diesem Job zwangsläufig sind, bewahrt sie ihren gutmütigen Charakter. Ihr Glaube an das Gute im Menschen ist durch nichts zu erschüttern. Obwohl sie von den Männern immer wieder enttäuscht wird, verliert sie nicht ihre Lebensfreude und die Hoffnung auf Erfüllung ihrer naiven Träume vom Glück. Sie ist ein typisches Produkt des großstädtischen Nachtlebens, wird als Lustobjekt benutzt und dann sogar beraubt und beinahe umgebracht, bis sie schließlich den neurotisch gehemmten jungen Buchhalter Oscar Lindquist kennenlernt. Aus Furcht vor seiner spießigen Kleinbürgermoral verheimlicht sie ihre Lebensweise und läßt ihn in dem Glauben, eine Bankangestellte zu sein. Doch auch diese krampfhafte Illusion von einer Ehe und einer stabilen Zukunft mit Oscar wird zerstört. Als Oscar die Wahrheit über Sweet Charity, die für ihn der Inbegriff weiblicher Reinheit und Unschuld war, erfährt, warnt er sie vor seiner krankhaften Eifersucht. Da sie ihn dennoch zu halten versucht und sich wie eine Klette an ihn klammert, stößt er sie ins Wasser. Wieder einmal rettet Sweet Charity mit Mühe ihre Haut und hofft optimistisch auf ein neues Wunder.

SONGS You Should See Yourself (Du siehst Klasse aus) – Big Spender – Charity's Soliloquy (Charitys Selbstgespräch) – If My Friends Could See Me Now (Das nimmt mir niemand ab) – Too Many Tomorrows (Ich brauch deine Liebe) – There's Gotta Be Something Better than This (Ein Job, der mir gefällt) – I'm the Bravest Individual (Reizt mich nicht, ich bin Choleriker) – The Rhythm of Life (Der Rhythmus der Welt) – Baby, Dream Your Dream (Laß dir Zeit) – Sweet Charity – Where Am I Going (Wie geht es weiter) – I'm a Brass Band (Mensch, jemand liebt mich) – I Love to Cry at Weddings (Ich heul' bei jeder Hochzeit)

⊙ Original Broadway-Besetzung
mit Gwen Verdon, John McMartin, James Luisi, Helen Gallagher, Thelma Oliver, Arnold Soboloff, Harold Pierson, Eddie Gasper, John Wheeler und Michael Davis
Orchester und Chor unter Leitung von Fred Werner
COLUMBIA RECORDS – CBS

Original-Besetzung London, Prince of Wales Theatre (1967)
mit Juliet Prowse, Rod McLennan, John Keston, Josephine Blake und Paula Kelly
Orchester und Chor unter Leitung von Alyn Ainsworth
CBS

Original Film-Soundtrack
mit Shirley MacLaine, John McMartin, Sammy Davis jr., Stubby Kaye, Chita Rivera und Paula Kelly
Orchester und Chor unter Leitung von Joseph Gershenson
DECCA RECORDS

FILM Universal (1969)
Regie und Choreographie: Bob Fosse

Tanz der Vampire

Buch und Gesangstexte von Michael Kunze nach dem Film »The Fearless Vampire Killers« von Roman Polanski
Musik von Jim Steinman

Wien, Raimundtheater, 4. Oktober 1997

Stuttgart, Musical Hall, 31. März 2000 (deutsche Erstaufführung)

PERSONEN Graf von Krolock, Fürst der Vampire – Alfred, ein junger Mann – Abronsius, ein Professor – Chagal, ein jüdischer Wirt – Rebecca, Chagals Frau – Sarah, Chagals Tochter – Herbert, Krolocks Sohn – Magda, Chagals Magd – Koukol, Krolocks buckliger Diener

Professor Abronsius begibt sich mit seinem Assistenten Alfred auf eine Expedition nach Transsylvanien, um die Existenz von Vampiren zu beweisen. Beide geraten in einen Schneesturm, können sich aber in ein Gasthaus retten, das über und über mit Knoblauch und Kruzifixen ausgestattet ist. Der Professor vermutet sofort, daß dies ein Hinweis auf Vampire sein muß, stößt aber bei allen seinen Nachfragen auf eine Mauer des Schweigens. Auf dem Weg ins Nachtquartier erblickt Alfred die badende Sarah, die Tochter des Gastwirtes Chagal, und verliebt sich sofort in sie. Chagal hingegen versucht die Tochter zu verbergen und vernagelt deren Tür.

Während Alfred und Sarah voneinander träumen, schleicht sich Chagal zu seiner heimlichen Geliebten, der Magd Magda. Seine Frau Rebecca bemerkt sein Verschwinden und macht sich, mit einer Salami bewaffnet, auf die Suche, verwechselt Chagal jedoch im Dunkeln mit dem ebenfalls erwachten Abronsius und schlägt diesen nieder. Sarah, die davon nichts mitbekommen hat, hört plötzlich die Stimme des im nahen Schloß wohnenden Grafen von Krolock, der wie Alfred ein Auge auf die schöne Wirtstochter geworfen hat. Am nächsten Tag erscheint Koukol, der bucklige Diener des Grafen, im Gasthaus, um Kerzen zu holen. Die beiden Vampirforscher beobachten die Szene und schöpfen angesichts des seltsamen Verhaltens der Wirtsleute erneut Verdacht. Am Abend hört Sarah, wie Alfred sich im Nebenzimmer ein Bad bereitet, und taucht plötzlich bei ihm auf. Als Alfred sich schon Hoffnungen machen will, schenkt sie ihm ihren Schwamm und drängt ihn hinaus. Alsbald erscheint Graf von Krolock, um Sarah zum Mitternachtsball in seinem Schloß einzuladen. Alfred entdeckt die Anwesenheit des Grafen und schlägt Alarm, doch bevor Chagal und Rebecca eintreffen, ist der Graf geflüchtet, und auch Abronsius kann an Sarah keine Bißwunden entdecken.

In der Nacht schleicht sich Koukol wieder zum Wirtshaus, um Sarah ein Geschenk des Grafen zu überbringen. Sarah läuft hinaus und begegnet Alfred, der ihr seine Liebe gesteht. Als Sarah ihm vom Mitternachtsball erzählt, versucht Alfred sie verzweifelt davon abzubringen, die Einladung anzunehmen. Doch Sarah kann ihn loswerden, öffnet das Geschenkbündel und findet ein Paar rote Stiefel. Sie beginnt vom Ball des Grafen zu träumen und macht sich schließlich auf den Weg zum Schloß. Alfred, der dies inzwischen entdeckt hat, schlägt wieder Alarm, und Chagal, der ahnt, was seine Tochter vorhat, läuft ihr nach.
Die Dorfbewohner trauern um den verschwundenen Chagal, als der Wirt steifgefroren hereingetragen wird. Der Professor entdeckt Bißwunden an seinem Körper und sieht seine Theorie über die Vampire bestätigt, während die Menge davon nichts wissen will und den gefährlichen Wölfen die Schuld gibt. Nun verlassen die Dorfbewohner das Wirtshaus, und Abronsius versucht der trauernden Rebecca klarzumachen, daß ihr Mann gepfählt werden muß, woraufhin diese ihn davonjagt. Später kommt Magda zu dem Toten, bemerkt jedoch zu spät, daß sich Chagal wieder zu regen beginnt. Chagal beißt die Magd und versteckt sie unter dem Leichentuch. Als Alfred und der Professor zurückkehren, um den Wirt zu pfählen, entdecken sie ihn unter dem Tisch. Von ihrem Pflock bedroht, erklärt er sich bereit, die beiden Forscher zum Schloß des Grafen zu führen. Vor dem Schloß werden sie sogleich von Krolock begrüßt, der sich als Bewunderer der Bücher von Abronsius ausgibt und den Professor einlädt, die Nacht im Schloß zu verbringen. Bald nähert sich auch Herbert, der Sohn des Grafen, der sich auf den ersten Blick in Alfred verliebt und diesen ebenfalls ins Schloß führen kann.
Im Schloß begegnet Sarah dem Grafen, der jedoch beschließt, sich den Biß für den am nächsten Tag stattfinden-

den Ball aufzuheben. Zur selben Zeit hat Alfred, der in der Nähe mit Abronsius in einem Himmelbett schläft, einen Alptraum, in dem erst er und dann Sarah von den Vampiren gebissen wird. Er wacht auf, als Koukol das Frühstück bringt, und ist wieder überzeugt, daß er Sarah finden und befreien kann.

Der Professor und Alfred entdecken die Familiengruft. Als Abronsius am Treppengeländer hängen bleibt, soll Alfred die Vampire allein pfählen. Doch er bringt es nicht über sich, dem Grafen den Pflock ins Herz zu stoßen. Beide verlassen unverrichteterdinge die Gruft. Danach öffnet sich ein weiterer Sarg und Chagal und Magda klettern heraus, werden aber von Koukol wieder zurückgetrieben.

Die Forscher durchstreifen weiter das Schloß. Der Professor bleibt in der Bibliothek zurück, Alfred findet Sarah im Badezimmer, kann sie jedoch nicht zur Flucht bewegen. Sie zeigt ihm ein rotes Ballkleid, das ihr der Graf geschenkt hat. In die Bibliothek zurückgekehrt, beginnt Alfred ebenfalls zu stöbern und findet einen »Ratgeber für Verliebte«. Wieder hört er Gesang aus dem Badezimmer, stößt dort jedoch auf Alfred, der ihn festhält und vom bevorstehenden Mitternachtsball schwärmt. Schließlich gesteht er ihm seine Liebe, nachdem Alfred entsetzt bemerkt hat, daß Herbert nicht im Spiegel zu sehen ist. Der Professor findet seinen nach Hilfe rufenden Assistenten und rettet ihn vor Herberts Biß.

Alfred folgt Abronsius auf die Zinnen des Schlosses. Der Graf erscheint, prophezeit ihnen eine düstere Zukunft und verschwindet wieder. Nun stoßen die beiden auf den Schloßfriedhof, auf dem die Vampire soeben aus ihren Gräbern steigen. Alle begeben sich in den Ballsaal.

Im Ballsaal verstecken sich Alfred und Abronsius hinter einer Wendeltreppe und können zwei der eintreffenden Vampire überwältigen, um sich mit deren Kleidern zu tar-

Kevin Tarte in »Tanz der Vampire«
Stuttgart, Musical Hall (2000)

nen. Sie beobachten, wie der Graf von Krolock Sarah beim Tanzen in den Hals beißt. Seinen Gästen möchte der Graf als Überraschung die beiden Forscher präsentieren, ahnt jedoch nicht, daß diese sich bereits unter den Ballgästen befinden. Nach einem gemeinsamen Menuett werden Abronsius, Alfred und Sarah von den Vampiren in der großen Spiegelwand des Saales entdeckt; sie können flüchten, weil der Professor die Vampire mit Hilfe eines Kreuzes aufhalten kann, das er aus zwei Kerzenständern bildet. Der Graf befiehlt Koukol, die Flüchtenden zu verfolgen.
Nachdem Koukol abgehängt werden konnte, bricht Sarah neben Alfred zusammen. Der Professor vertraut seinem Notizbuch die frohe Botschaft vom Erfolg seiner Expedition an, die beiden jungen Leute sinken sich in die Arme und Sarah beißt Alfred in den Hals.

TF

SONGS Ouvertüre – He, ho, Professor – Knoblauch – Eine schöne Tochter ist ein Segen – Ein Mädchen, das so lächeln kann – Gott ist tot/Sei bereit – Alles ist hell – Du bist wirklich sehr nett – Einladung zum Ball – Draußen ist Freiheit – Die roten Stiefel – Stärker als wir sind – Wusha Busha – Tot zu sein ist komisch – Seid bereit – Wohl der Nacht – Totale Finsternis – Carpe Noctem – Ein guter Tag – An so einem Tag – Jeder saugt das Blut des andern – Bücher – Gott sei Dank, du lebst – Für Sarah – Wenn Liebe in dir ist – Ewigkeit – Die unstillbare Gier – Seid willkommen – Tanz der Vampire

Aufnahme der Wiener Produktion 1997
POLYDOR

FILM The Fearless Vampire Killers, Großbritannien 1966
(Vorlage des Musicals)
Regie: Roman Polanski

Tingel-Tangel

Buch und Gesangstexte von Klaus Wirbitzky
Musik von Dieter Zimmermann

Berlin, Hebbel-Theater, 16. Dezember 1977

Meisel Bühnenverlage, Berlin

PERSONEN im ersten Teil: Jakob Schilinsky, Besitzer des Cabarets – Felix von Strehlow, Gigolo – Marlene Sommer, Cabaret-Sängerin – Molly und andere Cabaret-Girls – Rudolf Blaschke – Hildegard, seine Frau – Johann Treitschke, Kammerdiener – Winkler, Gerichtsvollzieher – Meyer, Spediteur – Winkler, Parteigenosse – von Kessel, Oberst a. D. – Ein Pianist, ein Leierkastenmann, ein Inspizient, Cabaret-Gäste und ein Nummern-Boy / im zweiten Teil: Alex Bayer, Filmproduzent – Doris, seine Frau – Zander, Senatsrat – Elchberger, Filmregisseur – Peter Hansen, Filmschauspieler – Susanne Peters, Filmschauspielerin – Rosy, Starlet – Kusicke, Inspizient – Ein Kameramann, ein Tonassistent, ein Nummern-Boy, Girls, Filmkomparserie, Partygäste, Serviermädchen und ein Kabarett-Ensemble
ORT UND ZEIT Berlin, Mitte der zwanziger und zu Anfang der dreißiger Jahre, im August 1961 und heute

Das »Tingel-Tangel« ist ein Berliner Amüsier-Cabaret der zwanziger Jahre, das vorwiegend von Spekulanten, Schiebern und Neureichen besucht wird. Der verarmte Baron Felix von Strehlow arbeitet dort als Gigolo. Er liebt die Cabaret-Sängerin Marlene Sommer. Als der Stammgast Rudolf Blaschke eines Abends verlangt, daß Marlene in einer gläsernen Badewanne nackt in Sekt baden soll, verliert Felix seine Stellung, weil er das sich weigernde Mädchen verteidigt und den die Forderung des Gastes unterstützenden Wirt ohrfeigt. Da nach diesem Zwischenfall die reichen Gäste ausbleiben, macht das »Tingel-Tangel« Pleite, und Felix gerät mit Marlene in eine hoffnungslose wirtschaftliche Situation, lehnt aber trotzdem die Offerten der ihm nachlaufenden Gattin des reichen Rudolf Blaschke ab. Zu Beginn der dreißiger Jahre wird Felix als Geschäftsführer und Conférencier des neueröffneten »Tingel-Tangel« engagiert. Blaschke, der neue Besitzer der Lokals, ist inzwischen aktiver Nationalsozialist geworden und fordert von Felix, ein deutschnationales Kabarett zu organisieren. Da Felix jedoch mehr an einem zeitkritischen literarischen Kabarett interessiert ist, läßt er sich zu seiner Absicherung mit Blaschkes Frau ein. Die von einer Amerika-Tournee zurückkehrende Marlene Sommer tritt dann wieder im »Tingel-Tangel« auf, doch Blaschkes militante Forderung nach einem nationalsozialistischen Kabarett läßt keine Kompromisse mehr zu. Im 1961 spielenden zweiten Teil des Musicals wird ein Unterhaltungsfilm über das alte Berliner »Tingel-Tangel« gedreht. Während der Dreharbeiten zu diesem Film, der aus geschäftlichem Kalkül den politischen Background der zwanziger und dreißiger Jahre unterschlägt und die Handlung in das Berlin der Nachkriegszeit und der Wirtschaftswunderjahre verlegt, werden die Beteiligten durch die Nachricht, daß an der Sektorengrenze zwischen Ost- und West-Berlin eine Mauer gebaut wird, für kurze Zeit aus ihrer opportunistischen Oberflächlichkeit gerissen. Das gegenwartsbezogene Kabarett-Finale resümiert die Musicalhandlung und verkündet den ungebrochenen Lebenswillen der Stadt Berlin, deren wechselvolles Schicksal eine eindringliche Geschichtslektion erteilt.

SONGS Tingel-Tangel – Wir sind ja schließlich wer – O Rudolf – Felix, du warst der Liebling aller Damen – Als der Familie letzter Sproß – Eine Frau um die vierzig will mehr – Im Tingel-Tangel ist heut Ball paradox – Ich bin bankrott – Ja, wir sind die Girls vom Tingel-Tangel – Auf diesem Stuhl – Laß dir meine Träume schenken – Ein richtiger Strohmann – Wir singen von gestern das Lied – Girls, Girls, Girls, Girls – Ich hab versucht, dich zu vergessen – Willkommen zu unserem Weltstadtprogramm – Mit meinen Augen fang ich euch ein – Party-Song – Untern Linden, Untern Linden, davon singt ein altes Lied – Denn Berlin bleibt doch Berlin

Tommy

Buch und Musik von Pete Townshend als Neugestaltung der 1969 entstandenen Rock-Oper »Tommy« und dem Film von Ken Russell (1975) unter Hinzufügung zusätzlicher Kompositionen und Gesangstexte von John Entwistle und Keith Moon

San Diego, La Jolla Playhouse, 30. Juni 1992
New York, St. James Theatre, 22. April 1993 (Premiere der Neubearbeitung)

Offenbach, Musicaltheater an der Goethestraße, 28. April 1995

Produzenten	Peter Rieger und Jutta Schremmer-Rieger
Regie	Des McAnuff
Choreographie	Wayne Cilento
Veranstalter	Peter Rieger, Musical Tommy GmbH

PERSONEN Tommy (4jährig) – Tommy (10jährig) – Tommy (als Teenager) – Captain Walker – Walkers Frau – Onkel Ernie – Pfarrer – Pfarrers Frau – Krankenschwester – Zwei britische Offiziere – Zwei alliierte Soldaten – Liebhaber – Richter – Cousin Kevins – Kevins Vater – Kevins Mutter – Hawker, Zuhälter – Mundharmonikaspieler – Acid Queen, Prostituierte – Zwei Pinballspieler – Ärzte – Assistenzärzte – Sally Simpson – Mrs. Simpson – Mr. Simpson – Disk Jockey – Leibwächter – Jungen aus der Nachbarschaft – Ensemble
ORT UND ZEIT London und England im Jahr 1940, ein Kriegsgefangenenlager in Deutschland 1941 und 1945, verschiedene Orte in England bis 1960

Im Jahr 1940 wird Captain Walker, Fallschirmspringer der britischen Armee, in seiner Hochzeitsnacht zu einem Fronteinsatz befohlen. Er gerät mit seiner Einheit beim Absprung auf Frankreich in deutsche Gefangenschaft. Seine Frau, die inzwischen ein Kind erwartet, wird von den Behörden davon unterrichtet, daß ihr Mann vermißt sei und als gefallen gelte. Mrs. Walker bringt ihren Sohn Tommy in einem Londoner Krankenhaus zur Welt.
Im Jahr 1945, dem Jahr des Sieges der alliierten Truppen, wird der noch lebende Captain Walker aus der Gefangenschaft entlassen und kehrt nach Hause zu seiner Frau zurück. Bei seiner Ankunft findet Walker seine Frau, ihren 21. Geburtstag in den Armen ihres Geliebten feiernd, und seinen inzwischen vierjährigen Sohn Tommy vor. In einem heftigen Streit mit dem Rivalen kommt es zu einem Kampf, in dessen Verlauf Walker seinen Nebenbuhler erschießt. Tommy, der die Szene durch einen Spiegel mitverfolgen konnte, ist durch den Schock traumatisiert. Seine Eltern ermahnen ihn, das Geschehene niemals zu erzählen und zu vergessen. Tommy reagiert darauf, indem er taub, stumm und blind wird und nur noch mit einem Spiegelbild Kontakt aufnimmt. Dieses Spiegelbild stellt Tommy als 17jährigen dar, kann jedoch nur von Tommy selbst wahrgenommen werden und wird zum Begleiter des Kindes. Tommys Vater, nach langen Ermittlungen freigesprochen, und seine Mutter versuchen nun, ihr Kind in ärztliche Betreuung zu geben, um es zu heilen; jeder Versuch schlägt jedoch fehl. Im Verlauf seines isolierten Daseins, während dem er nur mit seinem Spiegelbild kommuniziert, muß er den Mißbrauch seines Onkels Ernie ebenso über sich ergehen lassen wie die Hänseleien seines Cousins Kevin und seiner Freunde. In einem Club wird Tommy von Kevin, der auf ihn aufpassen soll, vor einen Flipperautomaten gesetzt. Hier spielt Tommy zum Erstaunen aller plötzlich an dem Automaten, gewinnt

fortwährend und wird zum Flipperkönig des Viertels. Daraufhin schöpfen die Eltern neuen Mut und glauben an die Heilwirkung der Behandlung ihres Sohnes bei einem Psychiater, aber auch dieser Versuch scheitert. Nun wird Mr. Walker von einer geheimnisvollen Person auf Tommy angesprochen; er überläßt ihr Tommy, auf Heilung hoffend, und muß wenig später feststellen, daß er seinen Sohn einer drogensüchtigen Prostituierten anvertraut hat. Daraufhin entreißt Walker seinen Sohn der Wunderheilerin wieder, was zur Folge hat, daß sich am Zustand Tommys auf Jahre hinaus nichts ändert.

Sieben Jahre später hat Tommy das Alter seines Spiegelbildes erreicht; er ist bestaunter Flipperspieler, der zum Idol der Jugendgang seines Viertel wird.

Mr. Walker berichtet seiner Frau von einem neuen Spezialarzt, den er entdeckt hat und den sie daraufhin hoffnungsvoll konsultieren wollen; aber auch diese Behandlung bleibt erfolglos. Verzweifelt über Tommys Verhalten und sein fortwährendes Starren in den Spiegel, das der Arzt sogar in seiner Hilflosigkeit befürwortet, zerschlägt Tommys Mutter den Spiegel, woraufhin Tommy, der eben noch sich selbst als Vierjährigen in der Mordnacht im Spiegel beobachtet hatte, seine Fähigkeit des Sehens, Hörens und Sprechens wieder zurückgewinnt. Durch diese Heilung wird Tommy zum Superstar; Onkel Ernie wird zu seinem Manager und reizt die kommerziellen Möglichkeiten völlig aus, indem er Tommy in Massenveranstaltungen vorführt.

Während einem dieser Auftritte gelingt es dem Mädchen Sally Simpson, zu Tommy auf die Bühne zu klettern und ihn zu berühren. In einer tumultartigen Szene stößt Tommy seinen Fan von sich, woraufhin Tommys Leibwächter das Mädchen brutal verprügeln. Tommy erkennt nun den völlig überzogenen Starkult um seine Person und dessen Folgen, hilft dem Mädchen auf und bricht die Show ab, um alle

Zuschauer zu sich nach Hause einzuladen, den Ort, an den er sich zurücksehnt.
Dort fragt Sally ihn vor den laufenden Kameras und Mikrofonen der Reporter, wie man so werden kann wie Tommy, woraufhin Tommy antwortet, daß nicht er, sondern sie vollkommen sei. Die Journalisten, Neugierige und Fans wenden sich aufgrund dieser entlarvenden und ernüchternden Aussage ihres Idols mehr und mehr von Tommy ab; Tommy ergreift nun die Chance, sich verständnisvoll seinen Eltern zuzuwenden und sein isoliertes Dasein aufzugeben.

CB

SONGS Ouvertüre – Captain Walker – It's a Boy – We've Won – Twenty-One – Amazing Journey – Sparks – Christmas – See Me, Feel Me – Do You Think It's All Right – Fiddle About – Cousin Kevin – Sensation – Eyesight To The Blind – Acid Queen – Pinball Wizard – There's A Doctor – Go To The Mirror – Listening To You – Tommy, Can You Hear Me? – I Believe My Own Eyes – Smash The Mirror – I'm Free – Miracle Cure – Tommy's Holiday Camp – Sally Simpson – Welcome – Sally's Question – We're Not Going To Take It – Finale

Schallplatten-Album der Urfassung mit der Gruppe
»The Who« (London 1969)
POLYDOR

Aufnahme der Broadway-Produktion 1993
RCA VICTOR

Soundtrack des Films
POLYDOR

FILM Tommy, Großbritannien 1974, mit Roger Daltrey
Regie: Ken Russell

Vasantasena

Nach dem altindischen Schauspiel »Vasantasena oder Das irdene Wägelchen« (»Mritschakatika«) des legendären Königs Sudraka
und nach der deutschen Bühnenversion von Lion Feuchtwanger
Buch und Gesangstexte von Peter Ensikat
Musik von Guido Masanetz

Berlin, Metropol-Theater, 8. September 1978

Henschelverlag Kunst und Gesellschaft, Berlin

PERSONEN Vasantasena, Bajadere – Ihre Zofe – Tscharudatta, Brahmane – Maitreja, sein Diener – Prinz Samsthanaka, der Schwager des Königs – Arjaka, ein Hirt – Eine dicke Bajadere – Viraka, Hauptmann der Palastwache – Mathura, Anführer der Reichen – Assaka, Anführer der Armen – Ein Gefängniswärter – Ein Ausrufer – Wachen, Reiche und Arme, Straßenhändler, Gaukler, Bajaderen, Musiker, Tänzerinnen und Tänzer
ORT UND ZEIT Im alten Indien zu sagenhafter Zeit

Vasantasena ist eine indische Bajadere. Prinz Samsthanaka, der anmaßende Schwager des Königs Palaka, will Vasantasena zur Liebe zwingen. Auch Viraka, der Hauptmann der königlichen Wache, stellt Vasantasena nach. Sie flüchtet vor seinen Zudringlichkeiten in das Haus des Brahmanen Tscharudatta. Der einst wohlhabende Brahmane hat seinen Reichtum unter die Armen verteilt, um einen Ausgleich zwischen arm und reich zu schaffen. Tscharudatta und Vasantasena verlieben sich ineinander, da sie jedoch verschiedenen Kasten angehören, ist nach den gesellschaftlichen Konventionen eine gemeinsame Zukunft unmöglich. So versucht der Brahmane, seine Zuneigung durch Meditation zu überwinden. Wegen einer Prophezeiung, daß der Hirt Arjaka den König stürzen wird, suchen die Wachen nach dem Hirten. Um der Verhaftung zu entgehen, bittet Arjaka den Brahmanen Tscharudatta, dessen Güte und Gerechtigkeit allgemein bekannt ist, um Schutz vor den Verfolgern. Aber Prinz Samsthanaka entdeckt den Hirten und läßt ihn ins Gefängnis werfen. Mit Unterstützung der Bajaderen gelingt es Tscharudattas Diener Maitreja, die Wachen zu überlisten und den Hirten zu befreien. Vasantasena und auch Tscharudatta drohen der Willkür des Prinzen Samsthanaka zum Opfer zu fallen. Da erhebt sich das Volk gegen die Tyrannei, der König wird getötet, Prinz Samsthanaka und die bestechlichen Hofbeamten werden aus dem Land gejagt, und Arjaka wird vom Volk zum neuen Herrscher ausgerufen. Fortan sollen alle Menschen gleich sein, und nun kann der Brahmane Tscharudatta die Bajadere Vasantasena heiraten.

SONGS Es grüßt euch im Namen der uralten Ahnen – Den Rebellen keine Schonung – Komm schon, Kleine – Was nützt die Weisheit dem Brahmanen – Was hilft schon Weisheit gegen Weiber – Wie sollte man je solche Schönheit beschreiben – Meditation – Bin nur Bajadere – Die Sonne geht schlafen – Sa Ga Ma Pa Ni – Mal mager, mal füllig – Wir sind keine Frau'n wie die andern – Mein Schwager, der König, läßt grüßen – Die Liebe, mein Herr, ist ein seltsames Ding – Sagte ich nein – Gruß, Tscharudatta – Um das Licht sammeln sich die Fliegen – Gab einst der König dem Minister einen Tritt – Brahmane, Bajadere, Mann und Frau – Chor der Reichen und Armen – Gruß dir, Arjaka – Die Liebe verjüngt, was alt ist – Wer hilft den Armen, wenn nicht der arme Mann – Fällt die Nacht auf die Stadt – Die Liebe, sie ist mein Beruf – Die Liebe und der Alkohol – Es lieben die Flüsse zu fließen – Hoch Arjaka, Hirt und Rebell

Wer kennt Jürgen Beck

Buch und Gesangstexte von Klaus Wirbitzky
Musik von Dieter Zimmermann

Gelsenkirchen, Musiktheater im Revier, 30. September 1973

Meisel Bühnenverlage, Berlin

PERSONEN Dave, Pop-Star – Daniela, Groupie-Mädchen – Stan, Manager – Yvonne, seine Sekretärin – Fred, Pop-Musiker – Leon, Disc-Jockey – Die Mutter von Jürgen Beck – Pop-Musiker und Fans, Hallenarbeiter, Jugendliche in der Discothek, ein Baarkeeper, Presseleute und Photographen
ORT UND ZEIT In der Pop-Szene zu Anfang der siebziger Jahre

Dieses Musical zeigt das Schicksal einer verlorenen Generation, die mit Hippie- und Jesus-People-Idealen begann, in die Hände gewissenloser Geschäftemacher fiel, im Drogenrausch einen Ausweg suchte und in Hoffnungslosigkeit und Selbstmord endete. Der unbekannte Jürgen Beck, dessen Mutter in der Drogenszene verzweifelt nach ihrem verlorenen Sohn sucht, ist für diese jungen Menschen ebenso ein Symbol wie der von Groupies umschwärmte Dave, Top-Star einer erfolgreichen Pop-Gruppe, der sich durch Rauschgift immer mehr zerstört. Weder sein Manager Stan noch das Groupie-Mädchen Daniela helfen ihm über diese Lebenskrise hinweg. Vom Showgeschäft desillusioniert und um seine Ideale betrogen, flüchtet Dave immer stärker in den Drogenrausch. Als er dann keinen Erfolg mehr hat, läßt ihn sein nur am Geschäft interessierter Manager skrupellos fallen. Mit einer Überdosis Rauschgift scheidet der körperlich und seelisch verbrauchte Dave freiwillig aus dem Leben. Inzwischen wurde Daniela, die mit einem von Dave geschriebenen Song ihren ersten Erfolg als Schlagersängerin hatte, von dem Manager Stan zum Hitparaden-Star aufgebaut und als »Stimme der siebziger Jahre« lanciert. Zu spät erkennt Daniela, daß sie nur an ihre Karriere gedacht und Dave verantwortungslos im Stich gelassen hat. Als der Manager dann Daves tragischen Tod für einen neuen Verkaufsboom seiner Schallplatten ausnutzt, beschließt Daniela, nicht mehr einem zweifelhaften Ruhm nachzujagen, sondern anderen begabten jungen Menschen zu helfen, die aus Enttäuschung über ihre kommerzialisierten Träume dem Drogenrausch verfallen.

SONGS Über den Gräbern von Hoffnung und Glück – Freedom – Dein Name ist Groupie – Deine Liebe ist Hoffnung – Fixer-Song – Paper Clips – Give Me a Joint – Befreiung und Rausch – Laß deine Haare mir durch die Hände wehn – Die Blüten der Blumen – Light and Easy – Ich weiß Bescheid – Ich will dich sehen – Scheinwerfer-Tango – Roher Schinken auf Toast – Presse-Song – Eat Art – Paranoia – I Cry – Meine Gedanken – Peace, Your Name is Halleluja

Original-Besetzung Gelsenkirchen
mit Lutz U. Flöth, Ingeborg Piontek, Herbert Adler
und Norman Ascot
Orchester und Chor unter Leitung des Komponisten
HANSA/ARIOLA-EURODISC

West Side Story

Nach einer Konzeption von Jerome Robbins
Buch von Arthur Laurents
Gesangstexte von Stephen Sondheim
Musik von Leonard Bernstein

New York, Winter Garden Theatre, 26. September 1957
Produzenten Robert E. Griffith und Harold Prince
Regie und Choreographie Jerome Robbins

Deutschsprachige Fassung von Marcel Prawy
Wien, Volksoper, 25. Februar 1968

Bühnenverlag Sikorski KG, Hamburg

PERSONEN Die Jets: Riff – Tony – Action – A-rab – Baby John – Snowboy – Big Deal – Diesel – Gee-Tar – Mouthpiece – Tiger –
Die Mädchen: Graziella – Velma – Minnie – Clarice – Pauline – Anybodys
Die Sharks: Bernardo – Chino – Pepe – Indio – Luis – Anxious – Nibbles – Juano – Toro – Moose –
Die Mädchen: Maria, Bernardos Schwester – Anita – Rosalia – Consuela – Teresita – Francisca – Estella – Margarita –
Doc, Drugstore-Besitzer – Schrank und Krupke, Polizisten – Glad Hand, Mitarbeiter eines Jugendklubs
ORT UND ZEIT New York in den fünfziger Jahren

In der West Side, einem großen Stadtgebiet von New York, bekämpfen sich zwei Banden jugendlicher Halbstarker. Die Jets sind die Mitglieder einer aus eingesessenen amerikanischen Jugendlichen bestehenden Bande, die Sharks sind eine Gang eingewanderter Puertoricaner. Neben typischen sozialen Problemen der amerikanischen Großstadtjugend spielen bei den mit brutaler Gewalt geführten Auseinandersetzungen vor allem Rassenprobleme eine entscheidende Rolle. Tony gehört zu den Jets, ist aber schon über das Halbstarkenalter hinaus und entschlossen, sich vom Bandenleben zurückzuziehen, um einer geregelten Arbeit nachzugehen und ein normales Leben zu führen. Er verliebt sich in Maria, die Schwester Bernardos, des Chefs der puertoricanischen Gang der Sharks. Da dic Jcts beabsichtigen, ein für allemal mit den Sharks abzurechnen, wird Tony von Maria beschworen, eine blutige Konfrontation zu verhindern. Tony bemüht sich darum und wird deshalb von Bernardo der Feigheit bezichtigt. Da Tony auf diese Provokation nicht reagiert, greift Riff, der Anführer der Jets, zum Messer, um die Ehre seine Bande zu verteidigen. Tony will den Kampf zwischen Riff und Bernardo abwenden, wird aber von seinen Freunden zurückgehalten. Riff zögert im tödlichen Stoß, und diese Gelegenheit benutzt Bernardo, seinen Gegner zu erstechen. Rasend vor Wut, stürzt sich Tony auf Bernardo und tötet ihn. Später erklärt er Maria, wie er dazu getrieben wurde, ihren Bruder umzubringen. Sie verzeiht ihm und schützt ihn vor der Polizei. Der Puertoricaner Chino, den Bernardo mit Maria verheiraten wollte, fordert Vergeltung für den Tod seines Freundes. Durch eine List wird Tony aus seinem Versteck gelockt und hinterrücks von Chino erschossen. Marias Verzweiflung über das sinnlose Morden bringt die Jugendlichen vor Tonys Leiche dazu, sich zu versöhnen und auf eine lebenswerte Zukunft ohne Rassenhaß zu hoffen.

SONGS Jet Song (Ein echter Jet) – Something's Coming (Etwas fliegt auf mich zu) – Maria – Tonight (Heut nacht) – America (Schön ist es hier in Amerika) – Cool (Bleib kühl, Boy) – One Hand, One Heart (Ein Herz, ein Schlag) – I Feel Pretty (Weil ich nett bin) – Somewhere (Irgendwo, irgendwann) – Gee, Officer Krupke (Mein werter Herr Inspektor) – A Boy Like That (Ein Kerl wie der) – I Have a Love (Lieb hab ich ihn)

Original-Broadway-Besetzung
mit Carol Lawrence, Larry Kert, Mickey Calin, Chita Rivera, Reri Grist, Marilyn Cooper, Carmen Guiterrez, Elizabeth Taylor, Eddie Roll und Grover Dale
Orchester und Chor unter Leitung von Max Goberman
COLUMBIA RECORDS – CBS

Melodienfolge
mit Adele Leigh und Peter Hudson
ARIOLA-EURODISC / EMI RECORDS – WRC

Schallplatten-Besetzung
mit Jill Martin, David Holliday, Franklyn Fox, Norman Furber, Vince Logan, Leo Karibian, Mary Preston, Venitia Ernandes, Lorraine Hart und Lorraine Smith
Orchester und Chor unter Leitung von Alyn Ainsworth
EMI RECORDS – MFP

Original-Besetzung der Wiener Volksoper
mit Julia Migenes, Adolf Dallapozza, Helge Grau, Arline Woods, Monique Lobasa, Nives Stambuk, Melitta Ogrise, Hedi Rychter, Hely Swoboda, Elisabeth Stelzer, Britt Bern und Florian Liewehr
Orchester und Chor unter Leitung von Lawrence Leonard
CBS

Melodienfolge
(Deutsche Songtexte von Max Colpet und Walter Brandin)
mit Monika Dahlberg und Peter Beil
Orchester und Chor unter Leitung von Richard Müller-Lampertz
PHONOGRAM – Philips

Melodienfolge
(Deutsche Songtexte von Max Colpet und Walter Brandin)
mit Ingeborg Hallstein, Heinz Hoppe, Peter Rubin, Wolfgang Kieling und Wolfgang Anheisser
Orchester und Chor unter der Leitung von Heinz Geese
POLYDOR

⊙ Melodienfolge
(Deutsche Songtexte von Max Colpet und Walter Brandin)
mit Ralf Bendix, Paul Kuhn und Günter Pfitzmann
Orchester und Chor unter Leitung von Paul Kuhn
EMI Electrola

Schallplatten-Gesamtaufnahme (1985)
mit Kiri Te Kanawa, José Carreras, Tatiana Troyanos, Kurt Ollmann, Louise Edeiken, Angelina Reaux, Stella Zambalis, David Livingston, Marty Nelson, Stephen Bogardus, Peter Thom, Todd Lester, Richard Harrell und Marilyn Horne
Orchester und Chor unter Leitung des Komponisten
DEUTSCHE GRAMMOPHON

Original Film-Soundtrack
mit Natalie Wood, Richard Beymer, Russ Tamblyn, Rita Morena, Yvonne Othon und Tucker Smith
Orchester und Chor unter Leitung von Johnny Green
CBS

FILM United Artists (1961)
Regie: Robert Wise und Jerome Robbins
Choreographie: Jerome Robbins

Das Wirtshaus im Spessart

Nach dem gleichnamigen Film-Musical
Buch von Curt Hanno Gutbrod
Gesangstexte von Günther Schwenn und Willy Dehmel
Musik von Franz Grothe

Gelsenkirchen, Musiktheater im Revier, 2. April 1977

Ahn & Simrock – Crescendo Bühnen- und Musikverlage GmbH, München

PERSONEN Der Graf von Sandau – Franziska, seine Tochter – Baron von Sperling, ihr Verlobter – Barbara, ihre Zofe – Pfarrer Haug – Felix und Peter, Handwerksburschen – Die Wirtin – Bettina, Kellnerin und Räuberliebchen – Der Hauptmann, Knoll, Funzel, Korporal, Bullenbeißer, Lulatsch und andere Mitglieder der Räuberbande – Obrist von Teckel und seine Soldaten – Parucchio, Gaukler und Moritatensänger – Diener
ORT UND ZEIT Im Spessart um 1800

Im Spessart treibt eine Räuberbande ihr Unwesen. Die Gauner Knoll und Funzel heben eine Fallgrube aus, in der dann, wie geplant, die Kutsche der Komtesse Franziska von Sandau steckenbleibt. Als hilfsbereite Holzfäller eilen Knoll und Funzel herbei, um der Komtesse, dem mit ihr verlobten Baron von Sperling, ihrer Zofe und Pfarrer Haug beizustehen. Sie raten der Reisegesellschaft, in einem nahegelegenen Wirtshaus zu übernachten. Dort werden die Reisenden von den Handwerksburschen Felix und Peter vor den Räubern gewarnt. Es ist aber schon zu spät. Man hat sie in einen Hinterhalt gelockt, und nun fordern die Räuber ein Lösegeld von zwanzigtausend Gulden. Es gelingt der Komtesse, mit dem Handwerksburschen Felix die Kleider zu tauschen und in Männerkleidung zu fliehen. Als vermeintliche Komtesse bleibt Felix mit den anderen in der Gewalt der Räuber. Franziska bedrängt ihren Vater, das Lösegeld zu zahlen, doch Graf von Sandau läßt Truppen gegen die Räuber marschieren. Über die Herzlosigkeit und den Geiz ihres Vaters empört, schließt sich Franziska den Räubern an, wobei sie vorgibt, ein besonders verwegener Bursche zu sein. Während die Räuber mit ihren Gefangenen auf das Lösegeld warten, durchschaut der Hauptmann den Rollentausch der Komtesse und des Handwerksburschen und verliebt sich in Franziska. Als die Soldaten das Lager stürmen, kann der Hauptmann mit Franziska entkommen. Er erklärt ihr, daß er nicht aus Gewinnsucht zum Räuber wurde, sondern nur die ihm als Sohn des in Armut verstorbenen Grafen von Rupertsburg zustehenden zwanzigtausend Gulden fordert, die ihr Vater einst von seinem Vater geliehen, jedoch nicht zurückgezahlt hat. Inzwischen hat Graf von Sandau sich dazu durchgerungen, die Forderung der Räuber zu erfüllen, und übergibt das Lösegeld dem Baron von Sperling, den die Räuber als Unterhändler zu ihm geschickt haben. Auf dem Rückweg wird der Baron von Knoll und Funzel abgefangen,

Liselotte Pulver in dem Film »Das Wirtshaus im Spessart« (1957)

die das Geld zur Verwirklichung ihres Traums von einem ehrbaren Leben als friedliche Bürger benutzen wollen. Schließlich kommt es zu einem guten Ende. Knoll und Funzel erhalten eine Anstellung im Schloß des Grafen von Sandau, dem sie dafür das geraubte Geld zurückgeben. Franziska heiratet nicht den Baron von Sperling, sondern Ferdinand von Rupertsburg, und da dieser großzügig auf die Rückzahlung der Schuldsumme verzichtet, gibt Graf von Sandau dem glücklichen Paar um so lieber seinen väterlichen Segen.

SONGS Ballade des Parucchio (In den tiefen, dunklen Wäldern) – Das Wirtshaus im Spessart – Ich bin arm und du bist arm – Ein freies Leben führen wir – Ich pfeife auf die Konvention – Ach, das könnte schön sein – Pfui, Papa – Hilfe, Hilfe, Überfall – Man kann die Liebe nicht erklären – O Herr dort oben – Eine Stunde laß uns träumen – Zack, zack – Die will ich haben – Tempo, Tempo – Hier ist er nicht, dort ist er nicht – Wünsch dir das nicht

Schallplatten-Besetzung (1982)
mit Grit van Jüten, Norbert Orth, Klaus Havenstein, Hans Jürgen Diedrich und Fred Bertelmann
Orchester unter Leitung des Komponisten
UFA

Original Film-Soundtrack
mit Liselotte Pulver, Rudolf Vogel, Wolfgang Müller und Wolfgang Neuss
Orchester unter Leitung des Komponisten
EMI Electrola

FILM Constantin (1957)
Regie: Kurt Hoffmann

Wonderful Chicago

Buch von Heinz Wunderlich
Gesangstexte von Charly Niessen und Heinz Wunderlich
Musik von Charly Niessen

Wiesbaden, Hessisches Staatstheater, 30. Juni 1965

Meisel Bühnenverlage, Berlin

PERSONEN Carlo Filippi, Gangsterboß – Loretta, seine Frau – Prediger Taylor alias Micky Risotto, Gangsterboß – Laura Salza, seine Frau – Dorothy Hitchcock, seine Tochter – Tom Donelli, Gangsterboß – Frank Palmer, sein Sohn – Bruno, Te-te, Pellegrino und Stinky Miller, Gangster – Zwei Leibwächter und ein Polizeisergeant
ORT UND ZEIT Chicago während der Prohibition in den zwanziger Jahren

Das Musical ist eine Parodie auf die amerikanischen Gangsterkriege während der Prohibitionszeit. Die drei Gangsterbosse Carlo Filippi, Tom Donelli und Micky Risotto haben jeweils eine gut funktionierende Organisation aufgebaut und kontrollieren den als Milchhandel getarnten Alkoholschmuggel in Chicago. Wie bei allen florierenden Geschäften, so gibt es auch hier einen harten Konkurrenzkampf. Jeder der Bosse hat den Ehrgeiz, die drei Organisationen unter seiner Oberleitung zu vereinigen. Um den Gegner zu täuschen, führen die Gangster ein groteskes Doppelleben und schlüpfen in die Rollen harmloser Existenzen. So hat Filippis Gang ihr Hauptquartier in einer kleinen Pension aufgeschlagen, deren Inhaber der Bandenchef persönlich ist, während seine Frau Loretta als Sekretärin auftritt und dic Gangster Bruno, Te-te und Pellegrino mehr oder weniger glaubwürdig vornehme Pensionsgäste mimen. Schließlich gelingt es Filippi, mit Donelli zu fusionieren, was ihn jedoch nicht daran hindert, seinen neuen Partner mit vergiftetem Whisky umbringen zu wollen. Te-te, ein zu Filippis Bande gehörender, aber von Donelli bestochener Gangster, verhindert den Anschlag. Die Folge dieses mißlungenen Coups ist, daß sich Filippi nun Donelli unterordnen muß. Da entpuppt sich der fromme Prediger Taylor, der sich in Filippis Pension eingemietet hat und ständig über die wachsende Wirtschaftskriminalität lamentiert, als Gangsterboß Micky Risotto. Er hat den Überraschungseffekt auf seiner Seite, fusioniert mit Donelli und macht sich zum Oberhaupt des nunmehr konkurrenzlosen Großunternehmens. Durch die Hochzeit von Micky Risottos Tochter Dorothy mit Donellis Sohn Frank erhält dann das neue Bündnis eine familiäre Bekräftigung.

SONGS Wonderful Chicago – Das ist der Tango der großen Welt – Man muß sowieso mal ins Bett – Five o'clock – In Napoli war alles ganz anders – Mann aus der Unterwelt – Ich kenn die Fehler von dir – Eine kleine Stadt – Ein bißchen Kleingeld – Ein Whisky zuviel – Nekrolog für Tom Donelli – Eine feine Dame wirst du nie – Meine Witwe wird mal 'ne reiche Frau – Die Begleitmusik für ein großes Glück

⊙ Original-Besetzung Berlin, Tribüne (1972)
mit Gerhard Schinschke, Marianne Berendsdorf, Horst Pönichen, Ursula Alexa, Edith Hancke, Klaus Sonnenschein, Rainer Behrend, Horst Pinnow, Horst Schultheis, H.H. Müller, Jean André Kunze und Helo Gutschwager
Orchester unter Leitung von Horst A. Hass
EMI Electrola

Die Komponisten

Adler, Richard, geb. 3. 8. 1921 in New York; amerikanischer Komponist und Textdichter. Er studierte an der University of North Carolina und arbeitete dann als Songwriter. 1950 lernte er den jungen Komponisten und Texter → Jerry Ross kennen, mit dem er gemeinsam Songs sowie die Musicals *The Pajama Game* (1954) und *Damn Yankees* (1955) schuf. Nach dem frühen Tod von Jerry Ross schrieb er u.a. noch das Musical *Kwamina* (1961).

Bacharach, Burt, geb. 12.5.1928 in Kansas City/Missouri; amerikanischer Komponist und Pianist. Er studierte an der McGill University in Montreal, an der New School for Social Research sowie an der Music Academy West in Santa Barbara/Kalifornien und war u.a. Schüler von Darius Milhaud und Henry Dixon Cowell. Danach arbeitete er als Pianist und Arrangeur und schrieb dann vor allem Songs und Filmmusik. 1968 hatte er mit seinem Musical *Promises, Promises* den ersten großen Bühnenerfolg am Broadway.

Bart, Lionel (Lionel Begleiter), geb. 1.8.1930 in London; englischer Komponist und Textdichter. Er ist Autodidakt, begann zunächst als Songwriter und hatte dann nach dem Musical *Fings Ain't Wot They Used t'Be* (1960) im gleichen Jahr mit *Oliver* seinen ersten großen internationalen Bühnenerfolg. Außerdem schrieb er Filmmusiken sowie die Musicals *Blitz* (1962), *Maggie May* (1964), *Twang* (1965) und *La Strada* (1969).

Berlin, Irving (Israel Baline), geb. 11.5.1888 in Temun/Sibirien; amerikanischer Komponist russischer Herkunft. Ohne musikalische Ausbildung, machte er sich ab 1909 zunächst mit Songs einen Namen. Seit seinem 1911 erschienenen Welthit »Alexander's Ragtime Band« gehörte er zu den führenden Unterhaltungskomponisten Amerikas. Dann wandte er sich der Bühnen- und Filmmusik zu, schrieb für die Ziegfeld Follies, eine Vielzahl eigener Revuen und Shows und schließlich auch Musicals. Viele seiner Songs aus Filmen und Bühnenwerken sowie zahlreiche Einzelnummern sind noch heute weltweit bekannt. Er schrieb die Musicals *Louisiana Purchase* (1940), *Annie Get Your Gun* (1946), *Miss Liberty* (1949), *Call Me Madam* (1950) und *Mr. President* (1962).

Bernstein, Leonard, geb. 25.8.1918 in Lawrence/Massachusetts; amerikanischer Dirigent, Pianist, Komponist, Musikpädagoge und Schriftsteller. Er studierte an der Harvard University in Cambridge/Massachusetts und am Curtis Institute of Music in Philadelphia und machte sich dann als Dirigent und Pianist einen internationalen Namen. Er schrieb u.a. mehrere Instrumental- und Vokalwerke, darunter Symphonien, das szenische Oratorium *Mass* sowie die Musicals *On the Town* (1944), *Wonderful Town* (1953), *Candide* (1956), *West Side Story* (1957) und *1600 Pennsylvania Avenue* (1976).

Bock, Jerry, geb. 23.11.1928 in New Haven/Connecticut; amerikanischer Komponist. Er erhielt schon früh Musikunterricht und vervollständigte seine Ausbildung an der University of Wisconsin. Er begann bereits am College zu komponieren, schrieb dann Film- und Fernsehmusiken sowie Songs für eine erfolgreiche Broadway-Revue und die Musicals *Mr. Wonderful* (1956), *The Body Beautiful* (1958), *Fiorello* (1959), *Tenderloin* (1960), *She Loves Me* (1963), *Fiddler on the Roof* (1964), *The Apple Tree* (1966) und *The Rothschilds* (1970).

Burkhard, Paul, geb. 21.12.1911 in Zürich, gest. 6.9.1977 in Zell im Zürcher Tößtal; Schweizer Komponist und Dirigent. Er studierte am Konservatorium in Zürich und wirkte dann vor allem als Bühnen- und Rundfunkdirigent. Er schrieb u. a. Kirchenmusik und zahlreiche Bühnenwerke, vor allem Operetten und musikalische Lustspiele, darunter *Feuerwerk* (1950), das zu den frühen europäischen Musicals gehört. Drei Monate nach seinem Tode wurde in Basel sein Musical *Regenbogen* uraufgeführt.

Coleman, Cy, geb. 14.6.1929 in New York; amerikanischer Komponist und Pianist. Er studierte am New Yorker College of Music und trat bereits mit sechs Jahren als Konzertpianist auf. Später wandte er sich der Unterhaltungsmusik zu, arbeitete als Supper-Club-Pianist und schrieb erfolgreiche Songs, Film- und Fernsehmusiken sowie die Musicals *Wildcat* (1960), *Little Me* (1962), *Sweet Charity* (1966), *Seesaw* (1973), *I Love My Wife* (1977) und *On the Twentieth Century* (1978).

Eichhorn, Bernhard, geb. 17. 4. 1904 in Köthen/Anhalt, gest. 6. 2. 1980 in Miesbach/Obb.; deutscher Komponist, Dirigent und Schriftsteller. Er studierte an der Universität und an der Musikakademie in München, arbeitete dann als Theaterdirigent und schrieb u. a. zahlreiche Film- und Bühnenmusiken, Auftragswerke für Rundfunk und Fernsehen sowie gemeinsam mit → Roland Sonder-Mahnken das Musical *Das Glas Wasser* (1977).

Forrest, George (George Forrest Chichester), geb. 31.7.1915 in Brooklyn/New York; amerikanischer Komponist, Pianist, Orchesterleiter und Textdichter. Er begann seine Musikerlaufbahn als Barpianist und leitete dann auch ein eigenes Tanzorchester. Mit → Robert Wright ging er nach Hollywood und schrieb mit ihm zahlreiche Songs für viele MGM-Filme. Auch sein weiteres Schaffen entstand dann gemeinsam mit Robert Wright, wobei beide an Musik und Text ihrer Bühnenwerke, die vorwiegend Adaptionen klassischer Kompositionen sind, den gleichen Anteil haben. Sie schrieben u. a. die Musicals *Song of Norway* (1944) nach Edvard Grieg, *Gypsy Lady* (1946) nach Victor Herbert, *Magdalena* (1948) nach Heitor Villa-Lobos, *Kismet* (1953) nach Alexander Borodin, *The Love Doctor* (1959), *Kean* (1961) und *Anya* (1965) nach Sergej Rachmaninow.

Gershwin, George, geb. 26.9.1898 in Brooklyn/New York, gest. 11.7.1937 in Beverly Hills/Kalifornien; amerikanischer Komponist und Pianist. Er erhielt privaten Musikunterricht und arbeitete schon mit fünfzehn Jahren als Pianist für einen Musikverlag. So lernte er die Praktiken des amerikanischen Musikgeschäfts genau kennen. Nach harten Lehrjahren hatte er dann mit einigen Songs erste Erfolge und machte sich zugleich als Pianist einen Namen. Bald gehörte er zu den vielseitigsten und originellsten Persönlichkeiten der modernen amerikanischen Musik, wobei die Texte fast alle seiner Welthits von seinem Bruder Ira Gershwin stammen. Er schrieb u. a. Orchesterwerke, Klaviermusik, die Oper *Porgy and Bess* (1935), Revuen, Filmmusiken, Songs sowie die Musicals *La La Lucille* (1919), *Our Nell* (1922), *The Rainbow* (1923), *Sweet Little Devil* (1924), *Primrose* (1924), *Lady Be Good* (1924), *Tell Me More* (1925), *Tip-Toes* (1925), *Songs of the Flame* (1925), *Oh Kay* (1926), *Funny Face* (1927), *Rosalie* (1928), *Treasure Girl* (1928), *Show Girl* (1929), *Strike Up the Band* (1930), *Girl Crazy* (1930), *Of Thee I Sing* (1931), *Pardon My English* (1933) und *Let 'Em Eat Cake* (1933).

Grothe, Franz, geb. 17. 9. 1908 in Berlin, gest. 12. 9. 1982 in Köln; deutscher Komponist, Pianist und Dirigent. Er studierte an der Musikhochschule in Berlin und begann seine Musikerlaufbahn 1926 als Pianist im Tanz- und Unterhaltungsorchester Dajos Béla. Zugleich arbeitete er als Arrangeur und wurde dann einer der erfolgreichsten deutschen Filmkomponisten. Als Dirigent leitete er vor allem Film-, Rundfunk- und Fernsehorchester sowie das von ihm mitbegründete Deutsche Tanz- und Unterhaltungsorchester. Er schrieb u. a. Instrumentalmusik und Lieder, vorwiegend aber Film- und Bühnenmusiken, Chansons und Schlager sowie die Musicals *Moral* (1974) und *Das Wirtshaus im Spessart* (1977).

Halletz, Erwin, geb. 12.7.1923 in Wien; österreichischer Komponist und Dirigent. Er studierte an der Staatsakademie in Wien und machte sich dann vor allem als Dirigent großer Tanz- und Unterhaltungsorchester einen Namen. Er schrieb u.a. zahlreiche Film- und Fernsehmusiken, Chansons und Schlager sowie die Musicals *Träume von Glück* (1959) und *Die Gräfin vom Naschmarkt* (1978).

Hamlisch, Marvin, geb. 2.6.1944 in New York; amerikanischer Komponist, Pianist und Dirigent. Er studierte an der Juilliard School of Music in New York. Danach wirkte er als Pianist und Dirigent, schrieb erfolgreiche Songs, Film- und Fernsehmusiken sowie die Musicals *A Chorus Line* (1975) und *They're Playing Our Song* (1979).

Hawkins, John, geb. 28.6.1929 in Portsmouth/Hampshire; englischer Komponist und Dirigent. Er erhielt schon als Kind Musikunterricht, studierte an der Royal Academy of Music in London und spielte dann u. a. Saxophon, Klarinette und Klavier in verschiedenen Big Bands. Von 1953 bis 1960 wirkte er in Paris als Komponist, Arrangeur und Dirigent u.a. für die großen Revuetheater und Music-Halls »Lido«, »La Nouvelle Eve«, »Moulin Rouge« und »Olympia«. Er schrieb vor allem Songs, Chansons, Bühnen-, Film- und Fernsehmusiken sowie gemeinsam mit dem Komponisten → Richard Hill das Musical *Canterbury Tales* (1968).

Herman, Jerry, geb. 10.7.1933 in New York; amerikanischer Komponist und Textdichter. Er studierte an der University of Miami sowie der Parsons School of Design und wandte sich schon früh der Bühnenmusik zu, wobei er zugleich Komponist und Texter seiner Songs ist. Seine ersten drei Musicals *I Feel Wonderful* (1955), *Nightcap* (1958) und *Parade* (1960) waren Off-Broadway-Produktionen. Mit dem Musical *Milk and Honey* (1961) hatte er dann seinen ersten großen Broadway-Erfolg. Es folgten die Musicals *Hello, Dolly* (1964), *Mame* (1966), *Dear World* (1969) nach dem Schauspiel »Die Irre von Chaillot« von Jean Giraudoux, *Mack and Mabel* (1974), *The Grand Tour* (1979) nach dem Schauspiel »Jacobowsky und der Oberst« von Franz Werfel und *La Cage aux Folles* (1983). Außerdem schrieb er u. a. Songs, Film- und Fernsehmusiken.

Hill, Richard, geb. 22.8.1942 in Glasgow; englischer Komponist und Posaunist. Er studierte am Royal College of Music in London und war u.a. Schüler von Sir Adrian Boult. Zunächst wirkte er im Orchester der Covent Garden Opera und war dann Mitbegründer des Londoner Gabrieli Brass Ensembles. Er schrieb vorwiegend Songs, Film- und Fernsehmusiken sowie gemeinsam mit dem Komponisten → John Hawkins das Musical *Canterbury Tales* (1968).

Jürgens, Udo (Udo Jürgen Bockelmann), geb. 30.9.1934 auf Schloß Ottmanach bei Klagenfurt in Kärnten; österreichischer Komponist, Pianist und Sänger. Er studierte am Konservatorium in Klagenfurt, wurde durch zahlreiche Konzerttourneen und Fernsehauftritte als Entertainer international bekannt und schrieb u. a. Schlager und Chansons sowie das Musical *Helden, Helden* (1972).

Kalman, Charles, geb. 17.11.1929 in Wien als Sohn des Operettenkomponisten Emmerich Kálmán; amerikanischer Komponist österreichischer Herkunft. Er verbrachte seine Jugendzeit in Amerika und studierte an der Riverdale Country School of Music und an der Columbia University in New York sowie später am Pariser Conservatoire. Bereits in Amerika war er als Musicalkomponist erfolgreich. 1951 kehrte er nach Europa zurück, zog mit seinem Vater nach Paris und ließ sich nach dessen Tod in München nieder. Er schrieb vorwiegend Instrumentalwerke, Chansons, Bühnen- und Filmmusiken sowie die Musicals *Rendezvous mit dem Leben* (1969), *Antonia* (1969), *Alfie* (1969), *Frau Warrens Gewerbe* (1974) und *Isteni Komédia* (Budapest 1982).

Kander, John, geb. 18.3.1927 in Kansas City/Missouri; amerikanischer Komponist. Er studierte an der Columbia University in New York, schrieb Songs u. a. für Barbra Streisand und Liza Minnelli, Film- und Fernsehmusiken sowie die Musicals *A Family Affair* (1962), *Flora, the Red Menace* (1965), *Cabaret* (1966), *The Happy Time* (1968), *Zorbá* (1968), *70, Girls, 70* (1971), *Chicago* (1975) und *The Act* (1977).

Kern, Jerome, geb. 27.1.1885 in New York, gest. 11.11.1945 in New York; amerikanischer Komponist. Er studierte am New Yorker College of Music, ging dann nach Europa und begann seine Komponistenlaufbahn in London. Als er 1904 nach Amerika zurückkehrte, mußte er zunächst als Pianist und Arrangeur arbeiten, bis er sich mit Songs, die als Einlagen zu Bühnenwerken anderer Komponisten gespielt wurden, durchsetzen konnte. 1912 wurde sein erstes vollständig selbst komponiertes Bühnenwerk, die Operette *The Red Petticoat,* uraufgeführt. Er gehörte dann zu den erfolgreichsten Broadway-Komponisten und schuf neben Revuen und Shows eine Fülle von Operetten und Musicals: *Oh I Say* (1913), *90 in the Shade* (1915), *Rosy Rapture* (1915), *Nobody Home* (1915), *Miss Information* (1915), *Very Good, Eddie* (1915), *Theodore & Co* (1916), *Have a Heart* (1917), *Love o' Mike* (1917), *Oh Boy* (1917), *Leave It to Jane* (1917), *Oh Lady, Lady* (1918), *Toot-Toot* (1918), *Head Over Heels* (1918), *Rock-a-bye Baby* (1918), *She's a Good Fellow* (1919), *Night Boat* (1920), *Sally* (1920), *Good Morning, Dearie* (1921), *The Cabaret Girl* (1922), *The Bunch and Judy* (1922), *The Beauty Prize* (1923), *Stepping Stones* (1923), *Sitting Pretty* (1924), *Dear Sir* (1924), *Sunny* (1925), *The City Chap* (1925), *Criss Cross* (1926), *Lucky* (1927), *Blue Eyes* (1928), *Sweet Adeline* (1929), *The Cat and the Fiddle* (1931), *Music in the Air* (1932), *Roberta* (1933), *Three Sisters* (1934) und *Very Warm for May* (1939). Außerdem schrieb er Orchesterwerke, zahlreiche Filmmusiken und Einzelsongs. In seinem Hauptwerk, dem Musical *Show Boat* (1927), strebte er erstmals die Schaffung einer durchkomponierten amerikanischen Volksoper an.

Kneifel, Gerhard, geb. 26. 5. 1927 in Trebbin/Bezirk Potsdam; deutscher Komponist. Er wollte ursprünglich Kaufmann werden, wandte sich dann jedoch der Musik zu, spielte in einer Berliner Tanzkapelle und machte sich als Arrangeur einen Namen. Später begann er selbst zu komponieren und schrieb vorwiegend Bühnenwerke, von denen das Musical *Bretter, die die Welt bedeuten* (1970) bisher am erfolgreichsten war.

Kreuder, Peter, geb. 18. 8. 1905 in Aachen, gest. 28. 6. 1981 in Salzburg; deutscher Komponist, Pianist und Dirigent. Er studierte am Sternschen Konservatorium in Berlin, arbeitete zunächst als Pianist und Hauskomponist verschiedener Theater und Kabaretts und wurde dann einer der erfolgreichsten deutschen Filmkomponisten. Er schrieb u.a. Instrumentalmusik, zahlreiche Film- und Bühnenmusiken, Chansons und Schlager sowie die Musicals *Madame Scandaleuse* (1958), *Bel Ami* (1960), *Lady aus Paris* (1964) und *Wedding-Mary* (1976).

Kuhn, Paul, geb. 12.3.1928 in Wiesbaden; deutscher Komponist, Orchesterleiter, Pianist und Sänger. Er studierte am Konservatorium in Wiesbaden, wandte sich dann der Jazzmusik zu, wurde 1953 Pianist des Kölner Tanz- und Unterhaltungsorchesters beim Westdeutschen Rundfunk und 1968 Leiter der Big Band des Senders Freies Berlin. Durch zahlreiche Fernsch-Shows und Konzerttourneen wurde er international bekannt und machte sich auch als Schlagersänger einen Namen. Er schrieb u.a. Tanz- und Unterhaltungsmusik, Schlager sowie die Musicals *Fanny Hill* (1972) und *Schinderhannes* (1979).

Lane, Burton (Burton Levy), geb. 2.2.1912 in New York; amerikanischer Komponist. Er arbeitete zunächst als Pianist und war bald mit Songs erfolgreich. Außerdem schrieb er Film- und Fernsehmusiken sowie die Musicals *Hold on to Your Hats* (1940), *Laffing Room Only* (1944), *Finian's Rainbow* (1947) und *On a Clear Day You Can See Forever* (1965).

Leigh, Mitch (Irwin Mitchnick), geb. 30.1.1928; amerikanischer Komponist. Er studierte an der Yale University in New Haven/Connecticut und war dort Schüler von Paul Hindemith. Er schrieb zunächst Auftragsarbeiten für Rundfunk und Fernsehen und hatte dann 1965 mit dem Musical *Man of La Mancha* einen durchschlagenden Erfolg. 1970 folgte das Musical *Cry for Us All.*

Loesser, Frank, geb. 29.6.1910 in New York, gest. 28.7.1969 in New York; amerikanischer Komponist und Schriftsteller. Er erhielt den ersten Musikunterricht von seinem Vater, der als Musiklehrer tätig war, und bildete sich dann privat weiter. Seine ersten Erfolge hatte er als Textdichter und bald darauf auch mit eigenen Songs. Er arbeitete sehr vielseitig als Schriftsteller und Komponist und hatte dann nach dem II. Weltkrieg seinen großen Durchbruch als Film- und Musicalkomponist. Er schrieb u.a. zahlreiche Songs sowie die Musicals *Where's Charley* (1948), *Guys and Dolls* (1950), *The Most Happy Fella* (1956), *Greenwillow* (1960) und *How to Succeed in Business Without Really Trying* (1961).

Loewe, Frederick, geb. 10.6.1904 in Berlin; amerikanischer Komponist und Pianist österreichischer Herkunft. Er erhielt eine umfassende musikalische Ausbildung und war Schüler von Ferruccio Busoni, Eugen d'Albert und Nikolaus von Reznicek. Er trat bereits mit dreizehn Jahren als Konzertpianist auf und hatte zwei Jahre später den ersten großen Erfolg als Schlagerkomponist. 1924 ging er nach Amerika, wo es ihm zunächst nicht gelang, an seine frühen Erfolge anzuknüpfen. Erst Ende der dreißiger Jahre konnte er sich im amerikanischen Musiktheater durchsetzen und trat dann auch wieder als Konzertpianist auf. Er schrieb u.a. Songs, Film- und Fernsehmusiken sowie die Musicals *Salute to Spring* (1937), *Great Lady* (1938), *Life of the Party* (1942), *What's Up* (1943), *The Day Before Spring* (1945), *Brigadoon* (1947), *Paint Your Wagon* (1951), *My Fair Lady* (1956), *Camelot* (1960), *Gigi* (1973) und das Film-Musical *The Little Prince* (1974) nach Antoine de Saint-Exupéry.

MacDermot, Galt, geb. 19.12.1928 in Montreal/Kanada; amerikanischer Komponist kanadischer Herkunft. Über seine Ausbildung und sein Leben ist nichts zuverlässig bekannt. Vermutlich wuchs er in Südafrika auf, war dann Kirchenorganist und später Musiker in einer Tanzkapelle. Offenbar lebte er lange Zeit unter Hippies. Als Komponist wurde er erstmals durch seinen »African Waltz« bekannt. Sein Musical *Hair* (1967) wurde ein Welterfolg. Später wandte er sich immer mehr der kommerziellen Unterhaltungsmusik zu, ohne an seine früheren Erfolge anknüpfen zu können. Er schrieb außerdem die Musicals *Isabel's a Jezebel* (1970), *Two Gentlemen of Verona* (1971), *Dude* (1972) und *Via Galactica* (1972).

Masanetz, Guido, geb. 17.5.1914 in Friedek/Nordmähren; deutscher Komponist, Dirigent und Chorleiter. Er studierte in Mährisch-Schönberg und in Pilsen und wirkte dann vor allem als Theaterkapellmeister und Chordirigent. Seit 1954 lebt er als freischaffender Komponist in Berlin. Er schrieb u.a. Chor- und Bühnenwerke, darunter die Musicals *In Frisco ist der Teufel los* (1956) und *Vasantasena* (1978).

Monnot, Marguerite, geb. 26.5.1903 in Decize/Departement Nièvre, gest. 12.10.1961 in Paris; französische Komponistin und Pianistin. Sie studierte bei ihrem Vater Klavier und war dann Schülerin von Alfred Cortot und Nadja Boulanger. Sie wirkte als Pianistin und schrieb Filmmusiken und viele erfolgreiche Chansons sowie das Musical *Irma la Douce* (1956).

Natschinski, Gerd, geb. 23.8.1928 in Chemnitz (Karl-Marx-Stadt); deutscher Komponist und Dirigent. Er erhielt schon als Kind privaten Musikunterricht, studierte später kurze Zeit am Konservatorium in Dresden und vervollständigte dann seine Ausbildung in Chemnitz und als Meisterschüler von Hanns Eisler an der Akademie der Künste in

Berlin. Er begann früh zu komponieren, arbeitete zunächst als Musikpädagoge, widmete sich dann vor allem der Unterhaltungs- und Filmmusik und machte sich auch als Dirigent einen Namen. Von 1978 bis 1981 war er Intendant des Berliner Metropol-Theaters. Er schrieb u. a. Tanz- und Unterhaltungsmusik, Chansons und Lieder sowie zahlreiche Film- und Bühnenmusiken, darunter die Musicals *Messeschlager Gisela* (1960), *Servus, Peter* (1961), *Mein Freund Bunbury* (1964), *Terzett* (1974), *Casanova* (1976), das aus zwei abendfüllenden Teilen bestehende *Dekameronical* (1979) nach Boccaccio, *Ein Fall für Sherlock Holmes* (1982) und *Planet der Verliebten* (1984).

Niessen, Charly, geb. 22.8.1925 in Wien; deutscher Komponist und Textdichter. Er studierte an der Musikakademie und an der Universität in Wien, wollte ursprünglich Opernregisseur werden, ging dann aber als Pianist zum Kabarett und konzentrierte sich später ganz auf seine Arbeit als Komponist und Textdichter zahlreicher Chansons und Schlager sowie mehrerer Bühnenwerke, darunter die Musicals *Wonderful Chicago* (1965), *Kiek mol wedder in* (1969), *Der schönste Mann von der Reeperbahn* (1972), *Poker mit Dame* (1974), *Unser gemeinsamer Mann* (1979) und *Trio zu viert* (1980).

Olias, Lotar, geb. 23.12.1913 in Königsberg/Ostpreußen; deutscher Komponist. Er studierte am Klindworth-Scharwenka-Konservatorium sowie am Sternschen Konservatorium in Berlin. Zunächst arbeitete er für das Kabarett und schrieb dann vor allem Film- und Bühnenmusiken, Chansons und Schlager sowie die Musicals *Wenn die Großstadt schläft* (1949), *Heimweh nach St. Pauli* (1954), *Gib acht auf Amélie* (1957), *Prairie-Saloon* (1958), *Eine »feine« Familie* (1962), *Charleys neue Tante* (1966), *Millionen für Penny* (1967) und *Die Frauen des Herrn S.* (1980).

Porter, Cole, geb. 9.6.1891 in Peru/Indiana, gest. 15.10.1964 in Santa Monica/Kalifornien; amerikanischer Komponist und Textdichter. Er studierte an der Yale University in New Haven/Connecticut, an der Harvard Law School und an der Harvard School of Music sowie an der Schola Cantorum in Paris. Er sollte Jurist werden, entschied sich aber für die Musik. Er begann seine Laufbahn als Songwriter und gehörte bald zu den führenden amerikanischen Unterhaltungskomponisten seiner Zeit. In den zwanziger Jahren lebte er vorwiegend in Paris, ging 1928 nach Amerika zurück, unternahm aber später immer wieder größere Europa-Reisen. Viele seiner Songs, zu denen er auch selbst die Texte schrieb, wurden international populär. Außerdem schuf er zahlreiche Filmmusiken, Revuen und die Musicals *See America First* (1916), *Paris* (1928), *Fifty Million Frenchmen* (1929), *The New Yorkers* (1930), *Gay Divorce* (1932), *Nymph Errant* (1933), *Anything Goes* (1934), *Jubilee* (1935), *Red, Hot and Blue* (1936), *You Never Know* (1938), *Leave It to Me* (1938), *DuBarry Was a Lady* (1939), *Panama Hattie* (1940), *Let's Face It* (1941), *Something for the Boys* (1943), *Mexican Hayride* (1944), *Seven Lively Arts* (1944), *Around the World in 80 Days* (1946), *Kiss Me, Kate* (1948), *Out of This World* (1950), *Can-Can* (1953) und *Silk Stockings* (1955).

Rodgers, Richard, geb. 28. 6. 1902 in New York, gest. 30. 12. 1979 in New York; amerikanischer Komponist. Er studierte an der Columbia University und am Institute of Musical Art in New York. Er stammt aus einem musikliebenden Haus und spielte schon als Kind vorzüglich Klavier. Wenige Jahre später begann er zu komponieren und war bereits 1920 am Broadway erfolgreich. Als Student lernte er Lorenz Hart kennen, der ebenfalls an der Columbia University studierte und dann sein ständiger Textdichter wurde.

Rogers gehört zu den produktivsten und erfolgreichsten amerikanischen Unterhaltungskomponisten und schrieb Songs, Revuen und Shows, Film- und Fernsehmusiken, vor allem aber Operetten und Musicals. In Zusammenarbeit mit seinem Textdichter Lorenz Hart entstanden *Poor Little Ritz Girl* (1920), *Dearest Enemy* (1925), *The Girl Friend* (1926), *Lido Lady* (1926), *Peggy-Ann* (1926), *Betsy* (1926), *One Dam Thing After Another* (1927), *A Connecticut Yankee* (1927), *She's My Baby* (1928), *Present Arms* (1928), *Chee-Chee* (1928), *Spring Is Here* (1929), *Heads Up* (1929), *Simple Simon* (1930), *Ever Green* (1930), *America's Sweetheart* (1931), *Jumbo* (1935), *On Your Toes* (1936), *Babes in Arms* (1937), *I'd Rather Be Right* (1937), *I Married an Angel* (1938), *The Boys from Syracuse* (1938), *Too Many Girls* (1939), *Higher and Higher* (1940), *Pal Joey* (1940) und *By Jupiter* (1942).
Nach dem Tode von Lorenz Hart im Jahre 1943 wurde Oscar Hammerstein II sein ständiger Textdichter. In Zusammenarbeit mit ihm schrieb er die Musicals *Oklahoma* (1943), *Carousel* (1945), *Allegro* (1947), *South Pacific* (1949), *The King and I* (1951), *Me and Juliet* (1953), *Pipe Dream* (1955), *Flower Drum Song* (1958) und *The Sound of Music* (1959).
Als Oscar Hammerstein II im Jahre 1960 starb, schuf Rodgers seine Songtexte selbst und arbeitete dann auch mit verschiedenen anderen Textdichtern zusammen. So entstanden die Musicals *No Strings* (1962), *Do I Hear a Waltz* (1965), *Two by Two* (1970), *Rex* (1976) und *I Remember Mama* (1979).

Rome, Harold, geb. 27.5.1908 in Hartford/Connecticut; amerikanischer Komponist, Pianist und Textdichter. Er studierte an der Yale University in New Haven/Connecticut, an der Yale Law School und an der School of Architecture.

Nach seiner vielseitigen Ausbildung arbeitete er zunächst in einem Architekturbüro, widmete sich aber bald ausschließlich der Musik. Er begann Songs zu schreiben und hatte dann 1937 mit der Kabarett-Show *Pins and Needles,* zu der er Musik und Texte geschrieben hat und die er selbst am Klavier begleitete, den ersten großen Broadway-Erfolg. Danach schrieb er u.a. weitere Kabarett-Shows, Songs, Klaviermusik sowie die Musicals *Wish You Were Here* (1952), *Fanny* (1954), *Destry Rides Again* (1959), *I Can Get It for You Wholesale* (1962) und das 1970 in Tokio uraufgeführte Musical *Scarlett* nach dem Roman »Vom Winde verweht« von Margaret Mitchell, das in der Londoner Produktion von 1972 den Titel *Gone with the Wind* erhielt.

Ross, Jerry (Jerold Rosenberg), geb. 9.3.1926 in New York, gest. 11.11.1955 in New York; amerikanischer Komponist und Textdichter. Als Kind sang er im Chor einer Synagoge und war dann Mitglied einer jüdischen Theatertruppe, arbeitete als Songwriter und erhielt Kompositionsunterricht an der New York University. 1950 lernte er den Komponisten und Texter → Richard Adler kennen und schrieb mit ihm gemeinsam Songs sowie die Musicals *The Pajama Game* (1954) und *Damn Yankees* (1955).

Schmidt, Harvey, geb. 12.9.1929 in Dallas/Texas; amerikanischer Komponist, Schriftsteller und Graphiker. Er studierte an der University of Texas. Danach arbeitete er vor allem als Graphiker und Schriftsteller und konzentrierte sich dann immer mehr auf die Musik. Er schrieb u.a. Film- und Fernsehmusiken, Revuen sowie die Musicals *The Fantasticks* (1960), *110 in the Shade* (1963), *I Do, I Do* (1966) und *Celebration* (1969).

Schwartz, Stephen, geb. 6.3.1948 in New York; amerikanischer Komponist und Textdichter. Er studierte an der Juilliard School of Music, begann schon früh zu komponieren und arbeitete zunächst als Songwriter. Nach den Off-Broadway-Musicals *The Last Sweet Days of Isaac* und *The Survival of Saint Joan* hatte er dann 1971 mit *Godspell* den ersten internationalen Erfolg. Außerdem schrieb er den Text zu dem szenischen Oratorium *Mass* von → Leonard Bernstein, die Songs zu *The Magic Show* (1974) sowie die Musicals *Pippin* (1972) und *The Baker's Wife* (1976).

Sonder-Mahnken, Roland, geb. 13.5.1915 in Lübeck; deutscher Komponist und Dirigent. Er studierte am Vogtschen Konservatorium in Hamburg und wirkte dann vor allem als Konzert- und Theaterdirigent. Er schrieb u.a. mehrere große Vokal- und Instrumentalwerke, vor allem aber Bühnen- und Filmmusiken sowie die Musicals *Der Schlafwagenkontrolleur* (1971), *Götter auf Urlaub* (1972) und gemeinsam mit → Bernhard Eichhorn *Das Glas Wasser* (1977).

Sondheim, Stephen, geb. 22.3.1930 in New York; amerikanischer Komponist und Textdichter. Er studierte am Williams College in New York und war dann Schüler des amerikanischen Komponisten Milton Byron Babbitt. Seinen ersten großen Erfolg hatte er als Textdichter mit seinen Songtexten zu → Leonard Bernsteins Musical *West Side Story*. Außerdem schuf er die Songtexte zu den Musicals *Gypsy* von → Jule Styne und *Do I Hear a Waltz* von → Richard Rodgers. Als Komponist machte er sich vor allem mit Film- und Schauspielmusiken und Musicals einen Namen. Seine Doppelbegabung als Komponist und Textdichter dokumentieren die Musicals *A Funny Thing Happened on the Way to the Forum* (1962), *Anyone Can Whistle* (1964), *Company* (1970), *Follies* (1971), *A Little Night Music* (1973) und *Pacific Ouvertures* (1976).

Spoliansky, Mischa, geb. 28.12.1898 in Bialystok; deutsch-englischer Komponist russischer Herkunft. Er erhielt schon als Kind Klavierunterricht und kam über Königsberg und Dresden zu Anfang des I. Weltkriegs nach Berlin, wo er am Sternschen Konservatorium studierte und dann als Pianist, Bühnen- und Filmkomponist wirkte und zahlreiche Chansons sowie Tanz- und Unterhaltungsmusik schrieb. Mit seiner im Auftrag von Max Reinhardt entstandenen Bühnenmusik zu Somerset Maughams Komödie *Victoria* (1926), seinen Kabarett-Revuen *Es liegt in der Luft* (1928), *Wie werde ich reich und glücklich* (1930) und *Alles Schwindel* (1931), dem Revue-Stück *Zwei Krawatten* (1929) sowie der Kabarett-Oper *Rufen Sie Herrn Plim* (1932) schuf er Frühformen eines modernen deutschsprachigen Musicals. 1933 emigrierte er nach London und schrieb dann vor allem Musiken für englische und amerikanische Filme. Nach dem II. Weltkrieg wurden in München seine beiden Musicals *Katharina Knie* (1957) und *Wie lernt man Liebe* (1967) nach Richard Brinsley Sheridans Gesellschaftskomödie »The School for Scandal« uraufgeführt.

Strouse, Charles, geb. 7.6.1928 in New York; amerikanischer Komponist. Er studierte an der Eastman School of Music und war außerdem Schüler von Aaron Copland und Nadja Boulanger. Sein kompositorisches Schaffen konzentriert sich weitgehend auf Filmmusiken und das Musiktheater. Er schrieb die Musicals *Bye Bye Birdie* (1960), *All American* (1962), *Golden Boy* (1964), *It's a Bird / It's a Plane / It's a Superman* (1966), *Applause* (1970), *I and Albert* (1972) und *Annie* (1977).

Styne, Jule (Julius Kerwin Stein), geb. 31.12.1905 in London; amerikanischer Komponist und Pianist englischer Herkunft. Er studierte am Chicago College of Music und an der Northwestern University. Er trat schon im Alter von neun Jahren als Konzertpianist auf und arbeitete später als Pianist in Night-Clubs und bei verschiedenen Tanzorchestern. Er schrieb vor allem Film- und Fernsehmusiken, Songs und die Musicals *High Button Shoes* (1947), *Gentlemen Prefer Blondes* (1949), *Two on the Aisle* (1951), *Hazel Flagg* (1953), *Bells Are Ringing* (1956), *Say Darling* (1958), *Gypsy* (1959), *Do Re Mi* (1960), *Subways Are for Sleeping* (1961), *Funny Girl* (1964), *Fade Out, Fade In* (1964), *Hallelujah, Baby* (1967), *Darling of the Day* (1968), *Look to the Lilies* (1970), *Sugar* (1972) und *Lorelei* (1974).

Trovaioli, Armando, geb. 2.9.1917 in Rom; italienischer Komponist, Pianist und Dirigent. Er wurde zunächst von seinem Vater, der Violinist war, unterrichtet und studierte dann an der Accademia di Santa Cecilia. Er wirkte als Pianist und Dirigent und machte sich dann auch als Filmkomponist einen Namen. Außerdem schrieb er u. a. die Musicals *Rugantino, Ciao Rudy* und *Aggiungi un posto a tavola* (1974).

Webber, Andrew Lloyd, geb. 22.3.1948 in Westminster; englischer Komponist. Seine musikalische Begabung zeigte sich schon früh und wurde vom Vater, der Komponist und Leiter des College of Music in London war, maßgeblich gefördert. Er schrieb vor allem Film- und Bühnenmusiken. Vor seinem Erfolgsmusical *Jesus Christ Superstar* (1971) hatte er bereits in dem Bühnenwerk *Joseph and the Amazing Technicolor Dreamcoat* (1967) einen biblischen Stoff bearbeitet, und 1984 wurde von ihm ein *Requiem* uraufgeführt. Außerdem schrieb er die Musicals *Evita* (1978), *Cats* (1981), *Song and Dance* (1982), *Starlight Express* (1984) und *The Phantom of the Opera.*

Weill, Kurt, geb. 2.3.1900 in Dessau, gest. 3.4.1950 in New York; amerikanischer Komponist deutscher Herkunft. Er studierte in Dessau und Berlin und war u.a. Meisterschüler von Engelbert Humperdinck und Ferruccio Busoni. Er begann mit experimenteller Instrumental- und Vokalmusik und hatte 1928 mit seiner Musik zu Bert Brechts *Dreigroschenoper* sensationellen Erfolg. 1933 emigrierte er mit seiner Frau, der Schauspielerin und Chansonsängerin Lotte Lenya, zunächst nach Frankreich, zwei Jahre später nach Amerika und wurde 1943 amerikanischer Staatsbürger. In Amerika schrieb er vor allem Bühnenwerke, darunter die Musicals *Johnny Johnson* (1936), *Knickerbocker Holiday* (1938), *Lady in the Dark* (1941), *One Touch of Venus* (1943) und *Love Life* (1948).

Willson, Meredith (Robert Meredith Reiniger), geb. 18.5.1902 in Mason City/Iowa; amerikanischer Komponist, Dirigent, Flötist und Schriftsteller. Er studierte am Damrosch Institute of Musical Art, wirkte dann als Flötist u.a. in der Kapelle des amerikanischen Marschkomponisten John Philip Sousa und später als Dirigent in San Francisco. Er schrieb Instrumental- und Chorwerke, Songs, Filmmusiken und die Musicals *The Music Man* (1957), *The Unsinkable Molly Brown* (1960) und *Here's Love* (1963).

Wilson, Sandy, geb. 19.5.1924 in Sale/Cheshire; englischer Komponist und Schriftsteller. Er studierte in Oxford Literaturwissenschaft und bildete sich musikalisch vorwiegend als Autodidakt. Zunächst machte er sich als Textdichter einen Namen, dann begann er auch Songs, Bühnen- und Fernsehmusiken zu komponieren. Außer seinem Erfolgsmusical *The Boy Friend* (1954) schrieb er die Musicals *The Buccaneer* (1955), *Valmouth* (1959), *Divorce Me, Darling* (1964), *As Dorothy Parker Once Said* (1969) und *His Monkey Wife* (1971).

Woldin, Judd, geb. 30.5.1925 in Somerville/New Jersey; amerikanischer Komponist und Pianist. Er begann sich schon früh der Jazzmusik zuzuwenden und spielte dann als Pianist mit so bedeutenden Jazzmusikern wie Dizzy Gillespie, Coleman Hawkins und Lester Young. Er vervollständigte seine Ausbildung am Black Mountain College in North Carolina und studierte Zwölftonmusik bei Heinrich Jalowetz, einem Schüler von Arnold Schönberg. Später wurde er in New Mexico von Ernst Křenek unterrichtet. Trotz vieler kompositorischer Aufgaben arbeitet Woldin auch heute noch als Jazz-Pianist. 1963 schrieb er die Ballettmusik zu der Broadway-Revue »The Beast in Me« von Don Elliot und wurde dann von dem Dirigenten und Musical-Theoretiker Lehman Engel zu einem Musical angeregt. So entstand sein erfolgreiches Bühnenwerk *Raisin* (1973).

Wright, Robert, geb. 25.9.1914 in Daytona Beach/Florida; amerikanischer Komponist und Textdichter. Er studierte an der University of Miami und schrieb zusammen mit → George Forrest zunächst zahlreiche Songs für viele MGM-Filme. Auch sein weiteres Schaffen entstand dann gemeinsam mit George Forrest, wobei beide an Musik und Text ihrer Bühnenwerke, die vorwiegend Adaptionen klassischer Kompositionen sind, den gleichen Anteil haben. Sie schrieben u. a. die Musicals *Song of Norway* (1944) nach Edvard Grieg, *Gypsy Lady* (1946) nach Victor Herbert, *Magdalena* (1948) nach Heitor Villa-Lobos, *Kismet* (1953) nach Alexander Borodin, *The Love Doctor* (1959), *Kean* (1961) und *Anya* (1965) nach Sergej Rachmaninow.

Youmans, Vincent, geb. 27.9.1898 in New York, gest. 5.4.1946 in Denver/Colorado; amerikanischer Komponist und Pianist. Er spielte schon als Kind Klavier, wollte aber Ingenieur werden. Auf Veranlassung des Vaters arbeitete er dann in einem Maklerbüro, wurde 1917 zur Marine einberufen und begann dort zu komponieren. Nach dem I. Weltkrieg entschloß er sich, Musiker zu werden, und arbeitete als Pianist in einem Verlag sowie als Thcaterrepetitor. Nach ersten Erfolgen mit einigen Songs schrieb er die Bühnenwerke *Two Little Girls in Blue* (1921), *Wildflower* (1923), *Mary Jane McKane* (1923), *Lollipop* (1924), *Oh, Please* (1926), *Hit the Deck* (1927), *Rainbow* (1928), *Great Day* (1929), *Smiles* (1930), *Through the Years* (1932) und *Take a Chance* (1932).

Vincent Youmans war in den zwanziger Jahren neben → George Gershwin und → Jerome Kern eine der wichtigsten und crfolgreichsten Persönlichkeiten der amerikanischen Unterhaltungsmusik, konnte aber mit seinen späteren Werken, in denen er ein anspruchsvolleres Musiktheater anstrebte, nicht an seine frühen Erfolge anknüpfen. Sein Hauptwerk *No, No, Nanette* (1925) gehört zu den klassischen Werken der amerikanischen Musical-Literatur.

Zimmermann, Dieter, geb. 1.12.1943 in Berlin, gest. 2.10.1978 in München; deutscher Komponist, Schlagzeuger und Orchesterleiter. Er studierte am Konservatorium in Berlin und arbeitete zunächst als Schlagzeuger und Arrangeur. Später schrieb er für populäre Sänger und Instrumentalsolisten Erfolgsschlager, außerdem Filmmusiken sowie die Musicals *Wer kennt Jürgen Beck* (1973), *Robinson soll nicht sterben* (1975) und *Tingel-Tangel* (1977).

Nachtrag

Berlin, Irving, gest. 22.9.1989 in New York.

Bernstein, Leonard, gest. 14.10.1990 in New York.

Gibb, Barry, geb. 1.9.1946, und Robin und Maurice Gibb, geb. 22.12.1949; Mitglieder der Gruppe »Bee Gees«. Barry und die Zwillinge Robin und Maurice wurden auf der Isle of Man geboren, wuchsen in Manchester auf und hatten dort ihre ersten Auftritte. 1958 emigrierte die Familie nach Australien. In Brisbane begann die Karriere der »Bee Gees« mit Konzerten und Plattenaufnahmen. Bis in die neunziger Jahre wechselnde Erfolge; eine besonders erfolgreiche Phase der Band setzte mit der Musik zum Film *Saturday Night Fever* (1977) ein.

Holly, Buddy (Charles Hardin Holley), geb. 7.9.1936 in Lubbock/Texas, gest. 3.2.1959 bei Mason City/Iowa (Flugzeugabsturz); amerikanischer Sänger. Holly begann als Country-Sänger, erlangte jedoch als Rock'n-Roll-Musiker mit der Gruppe »The Crickets« wesentliche Bedeutung für die nachfolgende Musikergeneration.

Hummel, Franz, geb. 1939 in Altmannstein; deutscher Pianist und Komponist. Hummel trat zunächst als Pianist auf und komponiert seit zwei Jahrzehnten Sinfonien, Konzerte, Kammermusik, Opern, Ballett- und Filmmusiken. Seine Partitur für das Musical *Ludwig II.* verbindet zahlreiche Musikstile aus Vergangenheit und Gegenwart.

Jacobs, Jim, geb. 1942 in Chicago; amerikanischer Gitarrist, Schauspieler, Komponist und Textdichter. Er spielte in verschiedenen Bands und arbeitete für das Theater; gemeinsam mit Warren Casey (1935–1988) schrieb er Musik und Texte für das Musical *Grease* (1972).

Lane, Burton, gest. 5.1.1997 in New York.

Levay, Sylvester, geb. in Ungarn; Dirigent, Pianist, Arrangeur und Komponist. Levay kam in den sechziger Jahren nach Deutschland und arbeitete mit verschiedenen europäischen Orchestern. Zusammen mit Michael Kunze schrieb er Songs für Interpreten wie Udo Jürgens, Gitte Henning und Katja Ebstein, in den siebziger Jahren auch für Elton John und Donna Summer. Seit zwanzig Jahren lebt Levay in Hollywood und widmet sich der Komposition von Filmmusik.

Loewe, Frederick, gest. 14.2.1988 in Palm Springs.

Menken, Alan, geb. 22.7.1949 in La Rochelle/New York; amerikanischer Komponist. Während des Studiums arbeitete er mit Lehmann Engel beim »BMI Musical Theatre Workshop« zusammen. Seinen ersten Erfolg hatte er 1982 mit der Musik zu *Little Shop of Horrors*. Es folgten Partituren für zahlreiche Walt-Disney-Filme, darunter *Pocahontas*, *Aladdin*, *The Little Mermaid*, *The Hunchback of Notre Dame* und *Hercules*, für die er mit mehreren Oscars ausgezeichnet wurde. Die Disney-Produktion *Beauty and the Beast* wurde 1993 mit seiner Musik als Musical bearbeitet.

Niessen, Charly, gest. 21.2.1990 in Prien/Chiemsee.

O'Brien, Richard, geb. 25.3.1942 in Gloucestershire; englischer Musiker und Komponist. Nach dem Erfolg von *The Rocky Horror Picture Show* folgten weitere Arbeiten für Bühne, Film und Fernsehen, u. a. das Musical *Disgracefully Yours* (1995).

Olias, Lotar, gest. 21.10.1990 in Hamburg.

Rome, Harold, gest. 26.10.1993 in New York.

Schneider, Marco, geb. 13.9.1953 in Basel; Schweizer Musiker, Komponist und Plattenproduzent. Er wurde zunächst Grundschullehrer, sammelte aber später Erfahrungen als Rockmusiker und Produzent. Gemeinsam mit Marco Rima (geb. 7.4.1961 in Winterthur) schrieb er das Musical *Keep cool* (1992), das in Zürich als bestes Musical des Jahres mit dem »Prix Waldo« ausgezeichnet wurde.

Schönberg, Claude-Michel, geb. 6.7.1944; französischer Komponist und Plattenproduzent. Schönberg arbeitet seit 1973 mit dem Textdichter Alain Boublil (geb. 5.3.1941 in Tunis) zusammen. Die erste gemeinsame Arbeit war das Rockmusical *La Révolution Française*, es folgten *Les Misérables* (1985), *Miss Saigon* (1989) und *Martin Guerre* (1996).

Steinman, Jim, geb. 1948 in Claremont/Calif.; amerikanischer Komponist und Produzent. Nach einer klassischen Klavierausbildung in New York trat er in den siebziger Jahren erstmals am Broadway auf, schrieb Songs für Rockmusiker sowie das Musical *Never Land* (1977, zusammen mit Meat Loaf) und arbeitete mit Andrew Lloyd Webber zusammen.

Styne, Jule, gest. 20.9.1994 in New York.

Wachter, Gregory, geb. 1965; schweizerisch-amerikanischer Musiker und Komponist. Er studierte in Zürich und am Berkelee College of Music in Boston. Er schrieb die Songs zu *Keep cool* (1992) und produzierte die Studioaufnahme des Musicals.

Wildhorn, Frank, geb. in New York; amerikanischer Komponist. Er schrieb Songs für Sammy Davis Jr., Liza Minelli und Julie Andrews. Neben der Musik zu *Jekyll & Hyde* (1997) komponierte er die Musicals *The Scarlett Pimpernell* (1997) und *The Civil War* (1999).

Willson, Meredith, gest. 15.6.1984 in Santa Monica/Calif.

Index

Die fettgedruckten Musical-Titel sind ausführlich besprochen.

Bildquellennachweis

Archiv des Staatstheaters am Gärtnerplatz, München: S. 198
Bilderdienst des Süddeutschen Verlags, München: S. 19, 29, 102, 107, 189, 206, 259, 323
Brinkhoff/Mögenburg, Hamburg: S. 346, 359 und Umschlagfoto
Buddy KG, Hamburg: S. 52
Deutsches Institut für Filmkunde, Wiesbaden: S. 23
Fayer, Wien: S. 88
Hochschule für Fernsehen und Film, München: S. 55, 122/123
Pedro Kramreiter, Wien: S. 72
Victor Mory, Wien: S. 135
Palffy, Wien: S. 114, 232, 333
Schauspielhaus Graz: S. 131
Stella Entertainment: S. 128, 288
Karen Stuke: S. 82
Sabine Toepffer, München: S. 152, 170, 224
Witt/Constantin/ringpress – Vogelmann: S. 380

Brockhaus Riemann
Musiklexikon
in 5 Bänden
Serie Musik
ATLANTIS · SCHOTT